A outra face de Jesus

John MacArthur

A outra face de Jesus

*Descubra o lado questionador, ousado
e revolucionário do Filho de Deus*

2ª edição

Traduzido por
Valéria Lamim Delgado Fernandes

Thomas Nelson
BRASIL®

Rio de Janeiro, 2022

As citações bíblicas são da *Nova Versão Internacional* (NVI), da Bíblica, Inc., a menos que seja especificada outra versão da Bíblia Sagrada.

As posições doutrinárias e teológicas desta obra são de responsabilidade do autor, não refletindo necessariamente a posição da Thomas Nelson Brasil, da HarperCollins Christian Publishing ou de sua equipe editorial.

Título original
The Jesus you can't ignore

Copyright © 2008 por John MacArthur
Edição original por Thomas Nelson, Inc. Todos os direitos reservados.
Copyright da tradução© Thomas Nelson Brasil, 2010.

PUBLISHER	Omar de Souza
EDITORES	Aldo Menezes e Samuel Coto
COORDENAÇÃO DA PRODUÇÃO	Thalita Ramalho
TRADUÇÃO	Valéria Lamim Delgado Fernandes
COPIDESQUE	Marcelo Barbão
REVISÃO	Margarida Seltmann,
	Magda de Oliveira Carlos
	e Joanna Barrão Ferreira
DIAGRAMAÇÃO	Julio Fado
CAPA	Wesley Mendonça

CIP-BRASIL. CATALOGAÇÃO NA FONTE
SINDICATO NACIONAL DOS EDITORES DE LIVROS, RJ

M429o
2ª ed

MacArthur, John, 1939-
  A outra face de Jesus: descubra o lado questionador, ousado e revolucionário do Filho de Deus / John MacArthur; [tradução Valéria Lamim Delgado Fernandes]. - 2ª edição - Rio de Janeiro: Thomas Nelson Brasil, 2016.

Tradução de: The Jesus you can't ignore
Inclui bibliografia
ISBN 978.85.7860.791-3

1. Jesus Cristo. 2. Verdade - Aspectos religiosos - Cristianismo. 3. Vida cristã. 4. Apologética. I. Título.

CDD: 232.95
CDU: 232.9

Todos os direitos reservados à Thomas Nelson Brasil
Rua da Quitanda, 86, sala 218 – Centro – 20091-005
Rio de Janeiro – RJ – Brasil
Tel.: (21) 3175-1030
www.thomasnelson.com.br

Dedicatória

Com gratidão a Kent Stainback, um amigo bom e generoso com quem compartilho um profundo amor pela Verdade.

Sumário

Agradecimentos 9
Prólogo 11
Introdução 19

1. Quando é errado ser "simpático" 41
2. Duas Páscoas 65
3. Uma entrevista à meia-noite 89
4. Este homem diz blasfêmias 115
5. Violando o sábado 141
6. Dura pregação 169
7. O pecado imperdoável 207
8. Ai 225

Epílogo 243
Apêndice: Josefo acerca das principais seitas judaicas 253
Notas 257

Agradecimentos

Minha profunda gratidão, como sempre, vai para a equipe da Grace to You, que mantém e distribui o arquivo de sermões dos quais extraio todo o material para meus livros. Estudo, prego e passo para a próxima passagem a cada semana. A equipe da Grace to You grava, transcreve e edita meus sermões para transmissão, além de catalogar tudo o que sempre digo no púlpito. Um livro como este, que examina todo o ministério público de Cristo, é extraído de centenas de sermões que incluem três dos evangelhos, representando quarenta anos de pregações de versículo por versículo. Sem o trabalho de tantas pessoas que se lembram do que digo e gravam minhas palavras, recobrar pensamentos e compilar o material que, inicialmente, elaborei há anos seria difícil para mim. O trabalho de escrever um livro como este — do jeito que consome tempo — seria totalmente impossível para mim sem a ajuda de tantas pessoas.

Agradeço especialmente a Arlene Hampton, que transcreve todos os meus sermões (e já faz isso há anos); a Mike Taylor, que supervisiona a parte editorial, a produção e o arquivamento de tudo o que publicamos por meio da Grace to You; a Garry Knussman, que edita e revisa o material (normalmente em prazo bem curto); e ao restante da equipe talentosa da Grace to You, na qual praticamente todos, em algum momento, já ajudaram a cuidar das gravações, das transcrições e de outros elementos que figuram em um livro deste teor. Essas pessoas formam um grupo maravilhoso e fiel de colaboradores — um constante apoio para mim de várias maneiras.

Minha gratidão especial a Phil Johnson, que compilou, reuniu, resumiu e editou o material deste livro, transformando aquelas centenas de sermões em cerca de 250 páginas de prosa. Quando tentamos captar a paixão e a essência de tantos sermões em tão poucas páginas, ter um editor com a mesma opinião que a nossa ajuda muito, e Phil, definitivamente, é assim.

Agradeço também, como sempre, a Brian Hampton, Bryan Norman e a toda a equipe da Thomas Nelson por sua assistência, incentivo e paciência enquanto este livro estava em andamento. Agradeço também a Robert Wolgemuth e à sua equipe, cuja assistência e ideias têm sido um apoio indispensável para mim em meu ministério como escritor há vários anos.

JOHN MACARTHUR

Prólogo

A IDEIA DE ESCREVER ESTE LIVRO ocorreu-me há alguns anos, enquanto fazia pesquisas para o livro *A guerra pela verdade* e, ao mesmo tempo, pregava sobre o texto de Lucas. O livro que estava *escrevendo* era um estudo de Judas 3 ("insistindo que batalhassem pela fé"), que é uma ordem direta à luta pela verdade que nos foi dada. Eu estava tratando das implicações daquele texto levando em conta as inconstantes atitudes evangélicas sobre a verdade e a certeza. Também queria examinar a influência do pós-modernismo, o minimalismo doutrinário e as várias tendências emergentes dentro do movimento evangélico contemporâneo. Assim, antes de começar a escrever, passei alguns meses lendo todas as obras literárias que pude encontrar que representassem pontos de vista pós-evangélicos.

Um tema comum sobressaiu nos livros que eu estava *lendo*. De algum modo, todos sugeriam que se os cristãos quiserem alcançar os incrédulos em uma cultura pós-moderna, precisam ser menos militantes, menos agressivos, menos pregadores e menos convencidos de nossas próprias convicções. De acordo com esses autores, os cristãos devem encarar outras visões de mundo com a disposição de *conversar*, e não de *entrar em conflito*. Todos os escritores, em geral, davam uma ênfase excessiva à suposta importância de ser o mais agradável possível. Mais ou menos, pressupõem que a busca amigável pelo denominador comum e pela boa vontade mútua *sempre* é moralmente superior a qualquer tipo de discussão acirrada. Às vezes, era como se eles não pudessem imaginar nada mais inútil — ou mais desprezível — do que cristãos envolvendo-se em contendas polêmicas sobre nossos artigos de fé.

Esses livros também mostravam uma forte tendência contra qualquer tipo de certeza. Seus autores pareciam todos profundamente incomodados com o fato de que, no ambiente cultural atual, os incrédulos normalmente pensem que os cristãos parecem arrogantes e fechados quando declaramos que a Bíblia é infalivelmente verdadeira e Jesus é Senhor sobre todas as coisas. Sentem-se particularmente pouco à vontade com a ideia de dizer que as outras religiões são *falsas*. Pelo contrário, afirmam, deveríamos aceitar a mudança nas atitudes seculares para com a verdade e a certeza, e adaptar-nos a ela. Nosso diálogo com pessoas de crenças diferentes e visões de mundo conflitantes agora precisa ser uma troca mútua. Isso significa ouvir de um modo solidário, sempre ser flexível com nosso próprio ponto de vista, aceitar o máximo possível, concordar mais do que discordar, evitar com cuidado aspectos da verdade que possam ofender e sempre procurar o denominador comum.

Em outras palavras, uma vez que vivemos em uma cultura muito sofisticada, mas epistemologicamente questionada, a certeza sobre as coisas espirituais automaticamente é vista como arrogante ou ingênua. Deveríamos, portanto, abordar diferentes perspectivas de fé como pacifistas, e não como pregadores. Alguns chegaram ao ponto de sugerir que até nossos cultos de adoração coletiva deveriam apresentar um diálogo aberto sobre vários pontos de vista, em vez de um sermão no qual uma pessoa simplesmente expõe o que a Bíblia ensina. Eles também disseram que precisamos estar preparados, a princípio, para fazer concessões e arranjos como parte do processo de diálogo. Nas palavras de um autor, "é importante observar que diálogo não é discussão; para que o diálogo seja eficaz, precisamos resistir ao desejo de interromper as pessoas e corrigir o que elas dizem. O diálogo saudável implica entrar na realidade do outro [...]. No diálogo, você não tem permissão de permanecer na posição em que está; você tem de passar para a perspectiva da outra pessoa". Vários dos livros que li sugeriram que, em vez de uma guerra, a dança é a melhor metáfora para descrever como os cristãos devem interagir com outras visões de mundo.

Vamos dar por concluído Judas 3.

O livro sobre o qual eu estava *pregando*, no entanto, revelou praticamente o procedimento contrário. A interação de Jesus com as autoridades religiosas de sua época raramente era cordial. Do momento em que Lucas nos apresenta, pela primeira vez, aos fariseus em Lucas 5:17 até sua menção final aos "chefes dos sacerdotes e autoridades", em Lucas 24:20, toda vez que a elite religiosa de Israel aparece como um grupo na narrativa de Lucas, há conflito. Muitas vezes, é o próprio Jesus quem, de caso pensado, provoca as hostilidades. Quando ele fala com os líderes religiosos ou sobre eles — seja em público ou em particular —, normalmente é para condená-los como tolos e hipócritas (Lucas 11:40; 12:1; 13:15; 18:10-14). Quando sabe que eles estão observando para acusá-lo de violar suas restrições artificiais acerca do sábado ou os sistemas de lavagem cerimonial criados por eles mesmos, desafia de propósito suas regras (Lucas 6:7-11; 11:37-44; 14:1-6). Em certa ocasião, quando foi expressamente informado de que suas acusações contra os fariseus ofendiam os peritos na lei (os principais estudiosos do Antigo Testamento e os mais importantes acadêmicos daquela época), Jesus imediatamente voltou-se para os peritos na lei e rasgou o verbo contra eles também (Lucas 11:45-54).

EVITE DISCUSSÕES TOLAS E IGNORANTES

Agora precisamos manter isso na perspectiva correta. Não estou sugerindo que toda divergência seja motivo para uma discussão aberta, nem mesmo para palavras ásperas. Longe disso. Muitas diferenças de opinião são tão insignificantes que de nada adiantaria procurar briga por causa delas. Conflitos meramente pessoais, debates sobre coisas misteriosas ou vagas e discussões semânticas normalmente entram nessa categoria (2Timóteo 2:14, 23; 1Coríntios 1:10). Nem todas as questões sobre as quais poderíamos ter opiniões firmes e discordar são de suma importância.

Além disso, ninguém que seja mental e espiritualmente saudável *gosta* de entrar em conflito só por entrar. Ninguém que pense de um modo bíblico gostaria de brigar ou se daria conscientemente ao gosto de "discutir assuntos controvertidos" (Romanos 14:1). A maioria de nós conhece pessoas que são totalmente propensas a brigas ou incorrigivelmente inclinadas a discussões sobre quase tudo. De modo algum Jesus era assim. E as Escrituras não nos dão licença para sermos dessa forma. Divergências mesquinhas ou insignificantes normalmente *devem* ser deixadas de lado de um modo gentil ou resolvidas por meio de um diálogo amigável. Qualquer pessoa que esteja preparada para procurar briga por causa de toda diferença sem importância é espiritualmente imatura, pecaminosamente hostil — ou pior. As Escrituras incluem esta ordem clara: "Façam todo o possível para viver em paz com todos" (Romanos 12:18).

Mas, *às vezes* — especialmente quando uma verdade bíblica de vital importância está sendo atacada, quando a alma das pessoas está em jogo ou (sobretudo) quando a mensagem do evangelho está sendo deturpada por falsos mestres —, é simplesmente errado deixar que uma opinião contrária seja exposta sem nenhuma contestação ou correção. Uma das piores coisas que um cristão pode fazer é demonstrar um tipo de respeito acadêmico fingido ou de cordialidade artificial a quem incita a um erro sério, o qual destrói a alma (Salmos 129:4-8; 1Coríntios 16:22). A ideia de que uma conversa agradável *sempre* é superior ao conflito aberto é muito contrária ao exemplo que o próprio Cristo nos deu.

Prólogo

Combata o *bom* combate

Nem sempre pode ser fácil saber se uma divergência é meramente insignificante ou realmente importante, mas uma aplicação cuidadosa e atenciosa da sabedoria bíblica normalmente esclarecerá quaisquer dúvidas que possamos ter sobre a importância relativa de qualquer verdade admitida. As Escrituras deixam claro, por exemplo, que devemos adotar a postura de tolerância zero com alguém que adultera ou altera a mensagem do evangelho (Gálatas 1:8-9). E aquele que nega a deidade de Cristo ou se afasta essencialmente de seu ensino não deve ser aceito em nossa comunhão nem receber algum tipo de bênção (2João 7-11).

O princípio é claro: quanto mais qualquer doutrina admitida se aproxima da essência do evangelho, do âmago da sã cristologia ou dos ensinamentos fundamentais de Cristo, com mais diligência devemos evitar as distorções da verdade — e com mais agressividade precisamos combater o erro e defender a sã doutrina.

Para fazer a distinção entre verdades espirituais realmente essenciais e meramente periféricas, é preciso muito cuidado e discernimento. A distinção nem sempre é imediatamente óbvia. Mas não é tão difícil traçar essa linha como algumas pessoas, hoje, alegam. Mesmo que a linha pareça um pouco vaga aqui e ali, não há motivo para eliminar completamente a distinção, como alguns pós-evangélicos parecem estar decididos a fazer.

Muitos, atualmente, defendem uma abordagem ultraminimalista, reduzindo a lista de doutrinas essenciais àquilo que é tratado pelo credo apostólico (ou, em alguns casos, uma lista ainda menor de princípios gerais mais amplos). Isso realmente não promove harmonia; simplesmente turva toda a doutrina. Afinal, muitos hereges extremos, de unitaristas, passando por socinianos, a testemunhas de Jeová, formalmente aceitarão o credo apostólico. O problema é que eles não concordam com o *significado* do credo. Até os segmentos maiores da fé cristã — católicos, cristãos ortodoxos e protestantes

— não concordam entre si sobre o significado de expressões fundamentais no credo. Ele é inútil como parâmetro para se avaliar quais verdades são primárias e quais são secundárias.

Mas as Escrituras sugerem que o evangelho, não um credo do século III, é a melhor forma de determinar os verdadeiros princípios essenciais do cristianismo. Se você, de fato, entender e aceitar o evangelho, automaticamente terá visões sadias sobre a justificação pela fé, a expiação substitutiva, a deidade de Cristo, a historicidade da ressurreição, a veracidade e a autoridade das Escrituras, e todas as outras doutrinas que são "primeiramente" importantes (1Coríntios 15:3). Por outro lado, se você se desviar — ainda que de modo sutil — quanto a qualquer princípio vital da verdade do evangelho, toda a sua visão de mundo será adversamente influenciada. Interprete-o mal ou adapte-o para que seja conveniente a determinadas preferências da subcultura e, inevitavelmente, terá uma religião que consiste em obras e um sistema que gera uma falsa superioridade.

Era exatamente nisso que consistia o conflito de Jesus com os fariseus. Eles representavam um estilo de religião e um sistema de crenças que contradiziam diretamente a essência do evangelho que ele proclamava. Jesus oferecia perdão e justificação imediata aos pecadores que cressem. Os líderes religiosos de Israel criavam fortes sistemas de obras e cerimônias que, na realidade, transformavam a própria justificação em uma obra humana. Nas palavras do apóstolo Paulo, "ignorando a justiça que vem de Deus e procurando estabelecer a sua própria, [eles] não se submeteram à justiça de Deus" (Romanos 10:3).

Simplesmente não havia como Cristo evitar o conflito. Assim, ele aproveitou a situação ao máximo. Usou a falsa religião deles como um contraste para a verdade que ensinava. Deixou que a hipocrisia deles servisse como pano de fundo contra o qual a joia de sua santidade brilhava mais ainda. E pôs sua graça contra o falso moralismo deles de um modo que foi impossível não ver a distinção entre justificação pela fé e religião baseada em obras.

É HORA DE NÃO ACEITAR

Essa era a visão coerente de Jesus também. Em resumo, ele nunca usou a abordagem pacifista com heréticos nem com hipócritas ignorantes. Nunca fez o tipo de apelo particular gentil que os evangélicos contemporâneos normalmente insistem ser necessário antes de advertir os outros sobre os perigos do engano de um falso mestre. Mesmo quando lidava com as figuras religiosas mais respeitadas da região, ele enfrentava os enganos delas de um modo ousado e direto, às vezes até expondo-as ao ridículo. Ele não era "simpático" com elas de acordo com nenhum padrão pós-moderno. Não lhes estendia a falsa cortesia acadêmica. Não as convidava para uma conversa particular sobre seus diferentes pontos de vista. Não exprimia com cuidado suas críticas em termos vagos e totalmente impessoais para evitar que os sentimentos dos outros fossem feridos. Não fazia nada para amenizar o caráter repreensivo de suas críticas nem minimizar o constrangimento público dos fariseus. Deixava o mais claro e notório possível que desaprovava a religião deles toda vez que os mencionava. Parecia totalmente insensível à frustração deles diante de sua sinceridade. Sabendo que estavam procurando razões para serem insultados, Jesus muitas vezes fazia e dizia as mesmas coisas que sabia que os deixariam mais ofendidos.

Sem dúvida, é significativo que a abordagem que Jesus usava para lidar com o engano religioso é nitidamente diferente dos métodos preferidos pela maioria na igreja, hoje. É muito difícil imaginar o tratamento dado por Jesus aos fariseus recebendo um comentário positivo nas páginas da revista *Christianity Today*. E será que alguém realmente acredita que seu estilo polêmico ganharia a admiração do acadêmico evangélico comum?

O modo como Jesus tratava seus adversários é, na verdade, uma repreensão séria à igreja de nossa geração. Precisamos dar uma atenção mais cuidadosa ao modo como ele lidava com os falsos mestres, ao que pensava sobre o engano religioso, ao modo como defendia a verdade, a quem elogiava e a quem condenava — e a como ele, na verdade, encaixava-se pouco no estereótipo meigo que, hoje, tão frequentemente lhe impomos.

Além disso, também deveríamos ter a atitude de Jesus para com a falsa doutrina. Não podemos agradar aos homens e ser servos de Cristo ao mesmo tempo.

É essa a tese deste livro. Vamos passar cronologicamente pelas histórias do evangelho que contam como Jesus lidou com a elite religiosa de Israel. Observaremos como ele falou com indivíduos, como respondeu à oposição organizada, como pregou às multidões e o que ensinou aos seus próprios discípulos. A lição prática sobre como devemos nos comportar diante da falsa religião é consistente do começo ao fim: as deturpações da verdade bíblica vital não devem ser subestimadas, e quem apresenta evangelhos diferentes não deve ser tratado com generosidade pelo povo de Deus. Pelo contrário, devemos usar a mesma abordagem para a falsa doutrina usada por Jesus, refutando o erro, opondo-nos àqueles que o propagam e lutando com afinco em defesa da fé.

Introdução

ACADÊMICO *ADJ.* **1.** ABSTRATO, especulativo ou fundado em conjecturas com significado prático muito pequeno. **2.** que pertence a estudiosos e instituições de estudos superiores e não a leigos ou crianças. **3.** de interesse como uma curiosidade intelectual, mas não particularmente útil em aplicações reais. **4.** que provoca curiosidade e análise, em vez de paixão ou devoção. **5.** pedante, casuístico; bom para fazer uma exibição de conhecimento, mas, por outro lado, trivial. **6.** que pertence àquele campo da teoria escolástica e investigação intelectual em que a certeza sempre é inadequada. **7.** pelo que não vale a pena estar agitado.

A verdade espiritual não é "acadêmica" segundo nenhuma das definições anteriores. Aquilo em que você acredita a respeito de Deus é o elemento mais importante de toda a sua visão de mundo.

Observe por este ângulo: de todas as coisas que você poderia estudar ou nas quais poderia refletir, nada poderia ser maior do que Deus. Por isso, sua visão sobre ele automaticamente tem ramificações de maior projeção do que qualquer outra coisa em seu sistema de crenças. O que você pensa sobre Deus *irá* automaticamente dar cor ao modo como pensa em todas as demais coisas — especialmente ao seu modo de priorizar valores; seu modo de decidir o que é certo e o que é errado, e ao que você pensa sobre seu lugar no universo. Isso, por sua vez, sem dúvida, determinará seu modo de agir.

O mesmo princípio é tão verdadeiro para o ateu extremo quanto para o cristão mais fiel em Cristo. Os efeitos práticos e ideológicos do ceticismo são tão convincentes quanto os da devoção sincera — só que no sentido oposto. Quem rejeita Deus nega o único fundamento razoável para a moralidade, a responsabilidade, a verdadeira espiritualidade e a distinção necessária entre bem e mal. Assim, a vida particular do ateu, inevitavelmente, se tornará uma demonstração realista dos males da incredulidade. De certo modo, mesmo quando alguns ateus procuram manter uma aparência pública de virtude e respeitabilidade — assim como também quando fazem julgamentos morais sobre os outros —, são contradições ambulantes. Que "virtude" poderia haver em um universo casual sem nenhum Legislador e nenhum Juiz?

Pessoas que professam a fé no Todo-poderoso, mas se negam a pensar seriamente nele, também são ilustrações vivas desse mesmo princípio. A hipocrisia do superficialmente religioso tem um impacto prático e ideológico com consequências tão profundas quanto a fé do cristão ou a descrença do ateu. Na verdade, a hipocrisia pode ter implicações ainda mais desastrosas do que o ateísmo puro e simples, por causa de seu caráter enganoso.

É o cúmulo da irracionalidade e da arrogância invocar Cristo com os lábios e, ao mesmo tempo, afrontá-lo completamente com a própria vida. Contudo, é exatamente assim que as multidões vivem (Lucas 6:46). Essas pessoas são exemplos ainda mais descabidos de autocontradição do que o ateu que imagina poder negar a Fonte de tudo o que é bom e, não obstante, de algum modo, ele mesmo ser "bom". Mas o hipócrita não é somente mais *irracional*; ele também é mais *desprezível* do que o completo ateu, porque está, na verdade, prejudicando terrivelmente a verdade enquanto finge acreditar nela. Nada é mais diabólico. Satanás é mestre em se disfarçar para parecer bom, e não mau. Ele "se disfarça de anjo de luz. Portanto, não é surpresa que os seus servos finjam que são servos da justiça. O fim deles será o que as suas ações merecem" (2Coríntios 11:14-15).

Não é por acaso, então, que as palavras mais duras de Jesus estivessem reservadas para a hipocrisia religiosa institucionalizada. Ele fomentou uma controvérsia pública muito agressiva contra os principais hipócritas de sua época. Esse conflito começou assim que ele abraçou o ministério público e continuou implacavelmente até o dia em que foi crucificado. Na verdade, foi a principal razão por que eles conspiraram para crucificá-lo. Assim, a campanha de Jesus contra a hipocrisia é enfatizada de forma notável, se não dominante, em todos os quatro evangelhos. É o tema que estaremos examinando neste livro.

Mas nosso ponto de partida é a verdade que deveria ser óbvia: o fato é que realmente importa se acreditamos que a Bíblia é verdadeira ou não; e, de igual modo, importa se nossa fé é séria ou não.

O QUE A HISTÓRIA E AS ESCRITURAS DIZEM SOBRE A IMPORTÂNCIA DE BOAS CRENÇAS?

Para qualquer pessoa séria, a importância de se pensar correta e seriamente em Deus é óbvia. Sem dúvida, nenhuma mente inteligente nas gerações passadas jamais teria sugerido que aquilo em que acreditamos sobre Deus, fundamentalmente, não tem muita importância. Examine a história da filosofia, e um dos temas que sobressairá de forma mais notável é esse. Os filósofos sempre tiveram obsessão por Deus. Se admitissem, questionassem, negassem ou procurassem argumentos racionais para provar ou refutar a existência de Deus, eles, universalmente, entendiam que aquilo em que uma pessoa acredita sobre Deus é fundamental para todas as demais coisas.

Sem dúvida, um dos temas centrais da Bíblia é a importância de se crer na verdade sobre Deus. Esse não é um tema que a Bíblia simplesmente deixa implícito ou trata superficialmente. Afirmações e mais afirmações nas Escrituras enfaticamente declaram que nossa visão de Deus é a questão espiritual mais fundamental de todas: "Sem fé é impossível agradar a Deus, pois quem dele se aproxima precisa crer que ele existe e que recompensa aqueles que o buscam" (Hebreus 11:6). "Quem não crê já está condenado, por não crer no nome do Filho Unigênito de Deus" (João 3:18). "Nós viemos de Deus, e todo aquele que conhece a Deus nos ouve; mas quem não vem de Deus não nos ouve. Dessa forma reconhecemos o Espírito da verdade e o espírito do erro" (1João 4:6).

Em termos bíblicos, a diferença entre fé verdadeira e falsa crença (ou descrença) *é* a diferença entre vida e morte, céu e inferno. "Meus irmãos, se algum de vocês se desviar da verdade e alguém o trouxer de volta, lembrem-se disto: Quem converte um pecador do erro do seu caminho, salvará a vida dessa pessoa e fará que muitíssimos pecados sejam perdoados" (Tiago 5:19,20; cf. 2Timóteo 2:15-26). Paulo disse aos tessalonicenses que agradecia a Deus por eles, porque "desde o princípio Deus os escolheu para serem salvos mediante a obra santificadora do Espírito e *a fé na verdade*. Ele os chamou para isso por meio de nosso evangelho, a fim de tomarem posse da glória de nosso Senhor Jesus Cristo" (2Tessalonicenses 2:13-14, ênfase do autor). E o próprio Jesus disse: "Se vocês permanecerem firmes na minha palavra, verdadeiramente serão meus discípulos. E conhecerão a verdade, e a verdade os libertará" (João 8:31-32). O apóstolo João escreveu: "Vocês têm uma unção que procede do Santo, e todos vocês têm conhecimento. Não lhes escrevo porque não conhecem a verdade, mas porque vocês a conhecem e porque nenhuma mentira procede da verdade" (1João 2:20-21).

Até pouco tempo nenhum cristão que declarasse crer na Bíblia teria a menor dúvida sobre a importância de uma visão correta de Deus. Mas, nestes dias, parece que a igreja visível está dominada por pessoas que simplesmente não se interessam em fazer qualquer distinção cuidadosa entre fato e mentira, sã doutrina e heresia, verdade bíblica e opinião meramente humana. Até algumas das principais vozes entre os evangélicos parecem decididas a subestimar o valor da verdade objetiva.

Sem dúvida, é exatamente esse o caminho que a maior parte do mundo intelectual ocidental tem tomado nestes tempos pós-modernos. Certeza e convicção estão completamente fora de moda — especialmente na esfera das coisas *espirituais*. O dogmatismo é a nova heresia, e todas as velhas heresias agora são, portanto, bem aceitas novamente na fogueira evangélica. A liberdade acadêmica estende-se a todas elas (contanto que não sejam consideradas socialmente inaceitáveis ou politicamente incorretas pelos que lançam modas na sociedade secular). A palavra *fé* aparece no sentido de uma abordagem teórica para coisas espirituais na qual toda crença religiosa é colocada ao lado de opiniões contrárias, admirada, analisada e apreciada, mas não, de fato, tida como uma crença com algo semelhante a uma convicção séria.

Nesta atmosfera pós-moderna em que *nenhuma* verdade é tida como óbvia, nada é mais dissonante nem parece mais estridente do que a pessoa que genuinamente acredita que Deus falou, que conseguiu deixar claro sua Palavra e que exigirá de nós explicações quanto a se cremos nele ou não. A epistemologia pós-moderna afirma, em vez disso, que *nada* é, em última análise, claro ou incontestável — muito menos as questões espirituais, morais ou bíblicas.

Em que direção os evangélicos de hoje estão seguindo?

O movimento evangélico era conhecido por duas convicções teológicas inegociáveis. Uma era o compromisso com a exatidão absoluta e a autoridade das Escrituras — como a Palavra revelada de Deus, e não como fruto da imaginação, experiência, intuição ou ingenuidade humana (2Pedro 1:21). A outra era uma forte crença de que o evangelho apresenta o único meio possível de salvação do pecado e do juízo — pela graça por meio da fé no Senhor Jesus Cristo.

Nos últimos anos, no entanto, os evangélicos vêm assimilando espontaneamente o espírito dos tempos. Multidões — incluindo muitos que atuam como líderes espirituais — discretamente abandonaram essas duas convicções (ou simplesmente deixaram de falar e pensar nelas). O evangelicalismo agora deixou de ser algo semelhante a um movimento coerente.[1] Em vez disso, tornou-se uma monstruosidade amorfa em que praticamente toda ideia e toda opinião exigem ser levadas à mesa para discussão, aceitas educadamente por todos e consideradas com igual respeito e estima.

Consequentemente, parece que os evangélicos atuais são incapazes de apontar a causa de algo que os torna realmente diferentes. Quando tentam definir sua própria posição ou explicar para os não evangélicos quem são, eles às vezes confessam, sem perceber, que a conformidade com este mundo e seu modo de pensar tornou-se aquilo que os define.[2]

Isso não significa sugerir que os evangélicos contemporâneos conseguiram enviar algo como uma mensagem clara, coerente ou uniforme. As declarações formais da posição evangélica tornaram-se tão vagas e desprovidas de verdadeira convicção que ninguém parece saber ao certo se elas realmente significam mais alguma coisa. Parece que valores sofisticados como diversidade, tolerância, coleguismo, amabilidade e liberdade acadêmica ofuscaram a verdade bíblica na hierarquia evangélica das virtudes. Os evangélicos mundanos de hoje são claramente arrastados pela forte maré da opinião pós-moderna popular.

Em maio de 2008, foi publicado com grande alarde um novo "Manifesto Evangélico" para a imprensa secular e religiosa. Ele foi redigido e assinado por um grupo díspar de estudiosos evangélicos e pós-evangélicos, os quais se distinguiram por vários meios. Alguns são conhecidos principalmente como defensores de praticamente toda causa política de esquerda; outros são mais conhecidos por seus textos de apologia filosófica em defesa de uma visão de mundo mais conservadora. Alguns eram "evangélicos" somente no sentido de terem tentado casar a doutrina neo-ortodoxa com o novo estilo evangélico.

O Manifesto de 2008 caiu como uma bomba e foi muito censurado por críticos na mídia (e merecidamente) por causa de sua falta de clareza do começo ao fim — especialmente por não expressar seu próprio objetivo em uma linguagem clara. Contudo, a única palavra que parecia ser a chave do documento era *civilidade*. Esse termo foi usado diversas vezes na coletiva à imprensa em que o Manifesto foi apresentado. Considerando o modo como aqueles que redigiram e assinaram o documento usavam o termo, a suposição implícita era, simplesmente, de que a "civilidade" nos obriga a discordar "de forma agradável" e evitar a todo custo qualquer alusão à hostilidade ou discussão séria. Na verdade, parece justo sugerir que um dos principais objetivos do documento — se não a ideia geral — era distanciar o movimento evangélico de hoje de qualquer sinal de militância ou "fundamentalismo" no modo como interagimos com ideias não evangélicas ou anticristãs.[3]

Parece que o zelo pelas doutrinas essenciais do cristianismo bíblico tornou-se praticamente tão inaceitável entre evangélicos e pós-evangélicos como sempre foi no mundo de um modo geral. As novas regras exigem um diálogo permanentemente amigável, benesse ideológica, transparência imparcial e paz ecumênica.[4] Em particular, quando a discussão se volta para a doutrina, o típico evangélico de hoje invariavelmente age como se um dócil diálogo fosse moralmente preferível a qualquer tipo de conflito. Afinal, nunca devemos ser tão veementes com relação ao que cremos a ponto de expressar algum desdém sério por ideias alternativas.

Nesse cenário, parece que o diálogo evangélico sobre doutrina tornou-se uma razão principalmente despropositada para conversar só por conversar. O objetivo não é chegar a algum entendimento comum ou firme convicção sobre o que é verdadeiro e o que é falso.

Pelo contrário, parece que a ideia geral é juntar à discussão o maior número possível de opiniões e, então, prolongar a cordialidade generosa e despreocupada da discussão por tempo indefinido.

Como, então, devemos defender a fé?

Recapitulando, aqui estão as novas regras do engajamento pós-evangélico: todas as nossas diferenças sobre questões bíblicas e teológicas devem permanecer despreocupadamente simpáticas e complacentemente isentas de qualquer tipo de paixão em uma troca de ideias e opiniões em um estilo puramente acadêmico. A *verdade* não é nosso principal objetivo. (Como isso seria ingênuo!) Nem precisamos procurar *consenso*, muito menos ortodoxia bíblica. Afinal, a diversidade é uma das poucas virtudes que a cultura pós-moderna conseguiu, e devemos respeitar isso. As mesmas opiniões e confissões formais de fé são vistas pela sociedade secular como instrumentos de tirania e repressão. Elas geram certeza, julgamentos morais e denúncias de heresia, e essas coisas são inoportunas em nossa cultura. No final do dia, então, se pudermos nos parabenizar por nossa própria "civilidade", devemos estar satisfeitos com isso.

Entenda o ponto fundamental: não há problema algum em discordar. (Afinal, contradição, dissensão, debates sobre palavras e, especialmente, o desconstrucionismo são os principais instrumentos da dialética pós-moderna.) É até aceitável *expressar* suas diferenças de opinião — desde que você intercale cada crítica com comentários positivos sobre aquilo que esteja criticando. Mas ninguém, de fato, tem a obrigação de levar a sério suas próprias convicções teológicas a ponto de considerar qualquer coisa como verdade *absoluta*.

Sobretudo, não devemos alimentar nenhuma objeção *séria* às opiniões religiosas de outra pessoa. E por falar em quebrar grosseiramente a etiqueta, somente o tipo mais ignorante de filisteu anti-intelectual ousaria levantar a voz nestes tempos pós-

-evangélicos e sugerir que alguma coisa que outra pessoa diz sobre Deus é heresia.

Assim, parece que o único teste da autenticidade de alguém no novo cenário evangélico é ver se essa pessoa consegue aceitar as velhas heterodoxias e, não obstante, manter um tom inquestionavelmente agradável — sem marginalizar, desconsiderar ou repudiar totalmente a opinião de outra pessoa. Esta postura é considerada o cúmulo da humildade segundo o novo padrão pós-moderno; enquanto a discussão séria de qualquer ponto de vista particular é automaticamente ignorada como sendo arrogante, intolerante e até cruel — principalmente se o ponto de vista *pelo* qual você luta envolver princípios evangélicos históricos.

Eu disse "lutar"? Nenhuma ideia é mais politicamente incorreta entre o novo estilo de evangélicos de hoje do que a velha noção fundamentalista de que vale a pena lutar pela *verdade* — incluindo as proposições essenciais da doutrina cristã. Na verdade, muitos acreditam que as discussões sobre crenças religiosas são o mais inútil e arrogante de todos os conflitos. Pode ser verdade — e *é* verdade em casos em que a única coisa que está em jogo são opiniões humanas. Mas nas passagens em que a Palavra de Deus fala claramente, temos o dever de obedecer à verdade que ele nos deu, defendê-la e proclamá-la, e devemos fazer isso com uma autoridade que reflete nossa convicção de que Deus falou com clareza e determinação. Isso é especialmente essencial em contextos nos quais as doutrinas fundamentais do cristianismo bíblico estão sendo atacadas.

Incidentalmente, as verdades centrais das Escrituras *sempre* estão sendo atacadas. Elas claramente ensinam que o principal campo de batalha onde Satanás trava sua luta cósmica contra Deus é *ideológico*. Em outras palavras, a guerra espiritual na qual todo cristão está engajado é, em primeiro lugar, um conflito entre verdade e erro, não simplesmente uma competição entre boas e más obras. O principal objetivo da estratégia de Satanás é confundir, negar e corromper a verdade com a maior falácia possível, e isso significa que a batalha pela verdade é *muito* séria. Ser capaz de distinguir entre sã doutrina e erro deveria ser uma das maiores prioridades para todo cristão — assim como deveria ser defender a verdade contra falsos ensinamentos.

No entanto, tome esta decisão hoje, e você será repreendido por uma cacofonia de vozes dizendo que é incoerente e precisa fechar a boca. A metáfora da "guerra" simplesmente não funciona em uma cultura pós-moderna, eles insistem. As epistemologias pós-modernas começam e terminam com a pressuposição de que qualquer questão sobre o que é verdadeiro ou falso é simplesmente acadêmica. Nossas diferenças são, em última análise, triviais. Somente o tom de nossa discussão *não* é trivial. Toda alusão à militância é inadequada nestes tempos sofisticados. Afinal, todos somos criaturas caídas e limitadas em nossa capacidade de compreender as grandes verdades sobre Deus, por isso nossa resposta ríspida às pessoas que têm visões diferentes nunca é justificada.

O que Jesus faria?

Parece que até algumas das mentes mais brilhantes no movimento evangélico se renderam à ideia de que a teologia é acadêmica e, portanto, a única maneira adequada de avaliar as opiniões teológicas dos outros é com um desprendimento escolástico indiferente. Eles concordam — ou, pelo menos, *agem* como se concordassem — com aqueles que dizem que é sempre melhor ter uma conversa amigável do que um conflito por causa de diferenças doutrinárias.

Um erudito escreveu um ensaio nesse sentido e um anônimo enviou-me uma cópia do texto. O remetente incluiu um bilhete sem assinar dizendo que estava decepcionado e completamente perturbado com o título de meu livro *A guerra pela verdade*. Ele mesmo, na verdade, não havia lido o livro (e nem tinha a intenção de ler) pois disse que já poderia dizer o quanto sou irremediavelmente intolerante. Mas queria expressar sua indignação e descrença de que um "ministro" de minha categoria, nesses tempos esclarecidos, comparava crenças religiosas com *verdade* — e ainda tratava a busca pela verdade como uma "guerra". Ele tinha certeza de que Jesus jamais teria uma postura militante como essa.

O ensaio que incluía o bilhete foi escrito por outra pessoa, e esse autor, de igual modo, expressava grandes dúvidas "sobre a utilidade da metáfora de 'guerra' no cristianismo". *O que Jesus faria?*, o escritor queria saber. Bondade e pacifismo, em vez de combate e contenda, não eram características do próprio ministério de Jesus? Ele não pediu aos seus verdadeiros seguidores que buscassem o amor e a unidade, e não realizassem cruzadas? Ele não disse: "Bem-aventurados os pacificadores"? Todo o espírito de militância (especialmente a agressão ideológica contra as *crenças* de outros) não parece completamente inoportuno nesta era pós-moderna? Bom senso e sensibilidade cultural não sugerem que devemos pôr totalmente de lado o vocabulário de combate e nos concentrar principalmente no tema de reconciliação?

O autor desse ensaio esforçou-se para subestimar a importância da linguagem militante empregada em diversas passagens por todo o Novo Testamento. Ele parecia imaginar que, se os evangélicos de hoje fossem encorajados a pensar na luta entre verdade e erro como algo mais sério do que uma corrida de sacos no gramado em um acampamento de verão, a igreja logo seria inundada de jihadistas cristãos usando bandoleiras, agitando armas verdadeiras e iniciando um ataque literalmente encarniçado contra mestres de falsas religiões.

Sem dúvida, nenhum cristão digno de confiança, que esteja comprometido com as Escrituras como nossa autoridade suprema, propôs literalmente uma guerra santa neste mundo. A guerra *espiritual* não tem nada a ver com isso e as Escrituras são claras nesse sentido: "A nossa luta não é contra seres humanos" (Efésios 6:12). E "as armas com as quais lutamos não são humanas" (2Coríntios 10:4).

Não obstante, a mente pós-moderna às vezes parece incapaz de fazer qualquer distinção significativa entre o combate físico com armas destinadas a matar pessoas e o combate espiritual com a verdade destinado a salvá-las da morte espiritual.

A CNN, por exemplo, levou ao ar uma série especial em 2007 intitulada "Guerreiros de Deus", com um segmento principal com o subtítulo "Os guerreiros *cristãos* de Deus". O programa estava longe de ser objetivo e o segmento que se concentrou no cristianismo parecia ter pouco sentido a não ser tentar sugerir que há um tipo de paridade moral entre jihadistas muçulmanos, que explodem pessoas inocentes e cristãos que creem que Jesus Cristo é o único e verdadeiro Salvador do mundo. "A batalha deles para salvar o mundo causou raiva, divisão e medo", enfatizou solenemente a repórter Christiane Amanpour em sua introdução ao segmento sobre evangélicos.[5] A série colocou fundamentalistas cristãos na mesma categoria dos jihadistas islâmicos. Naturalmente, isso gerou uma discussão animada em vários fóruns online. Alguns cristãos que fizeram comentários sobre o especial da CNN pareceram perturbadamente ambivalentes na questão que discutia se os cristãos *merecem* ou não fazer parte dos grupos de terroristas e homens-bomba. Os cristãos, na verdade, ganharam fama por serem muito polêmicos com relação às suas crenças? É hora de repudiarmos toda alusão à luta e conflito, eliminar a linguagem de guerra de nosso léxico, deixar de confrontar opiniões mundanas e ideias religiosas antibíblicas, e buscar paz e harmonia, em vez de controvérsia, com outras visões de mundo? Vários deles também consideraram a pergunta: "O que Jesus faria?" Uma pessoa escreveu:

INTRODUÇÃO

> Usamos e enfatizamos excessivamente a metáfora de "guerra" no cristianismo. É uma metáfora desgastada que traz à tona muitas imagens do mundo "moderno" quando vivemos em um mundo pós-cristão e pós-moderno. Não tenho certeza de que o "Príncipe da Paz" teria sido um entusiasta dos Soldados Cristãos ou mesmo cantado com eles.[6]

Em outro fórum da internet, algumas semanas depois, alguém escreveu:

> Não acho que Jesus jamais realizou uma guerra pela verdade. Ele não saiu por aí defendendo com iniciativa sua teologia e opondo-se à de todos os outros. Não estou dizendo que ele não reconhecia que as outras religiões eram falsas. Mas não acho que teria começado uma Guerra pela Verdade na terra. Jesus viveu ativamente sua verdade na prática (uma vez que ele mesmo era a verdade) e teve conversas intensas sobre a verdade baseando-se apenas na necessidade de fazê-lo. E nem eram cartas enviadas a todos os lugares do país — eram conversas particulares com os próprios homens. As pessoas eram atraídas à verdade que Jesus vivia na prática, não porque eram vencidas em uma batalha de doutrinas.[7]

Todas essas opiniões estão erradas, e perigosamente erradas. Mas antes de analisarmos o erro, reconheçamos que a resposta correta não é correr para o outro extremo. Os cristãos não devem ser beligerantes. O amor ao conflito não é menos pecaminoso que a terrível covardia.

A guerra espiritual é necessária por causa do pecado e da maldição — não porque haja algo inerentemente glorioso ou virtuoso no combate. Zelo sem conhecimento é algo espiritualmente fatal (Romanos 10:2) e até a paixão mais sincera pela verdade precisa sempre ser moderada com mansidão e graça (Efésios 4:29; Colossenses 4:6). O entusiasmo impetuoso para pedir que desça fogo do céu contra blasfemadores e hereges está longe do espírito de Cristo (Lucas 9:54-55).

Reconhecer que a igreja, muitas vezes, precisa lutar pela verdade não é sugerir que o evangelho — nossa única mensagem para um mundo perdido — é, de algum modo, uma declaração de guerra. Sem dúvida alguma não é; trata-se de um manifesto de paz e um pedido de reconciliação com Deus (2Coríntios 5:18-20). Por outro lado, aqueles que *não* se reconciliam com Deus estão sempre em guerra com ele, e o evangelho é uma mensagem sobre a única maneira de acabar com essa guerra. Assim, ironicamente, a guerra para defender a verdade é a única esperança de paz para os inimigos de Deus.

Concordo que *normalmente* é muito melhor ser gentil do que áspero. O pacifismo é uma qualidade bendita (Mateus 5:9); a agressividade é uma falha de caráter que acaba incapacitante (Tito 1:7). A paciência é, na verdade, uma maravilhosa virtude, mesmo diante da descrença e da perseguição (Lucas 21:19). Sempre devemos ouvir bastante antes de reagirmos (Provérbios 18:13). Uma palavra mansa normalmente pode fazer muito mais bem do que uma reação seca, porque "a resposta calma desvia a fúria, mas a palavra ríspida desperta a ira" (Provérbios 15:1) — e a pessoa que gosta de provocar discussão é tola (v. 18).

Além disso, o fruto do Espírito é uma lista de coisas contrárias a uma atitude litigiosa, agressiva e inclinada à guerra: "amor, alegria, paz, paciência, amabilidade, bondade, fidelidade, mansidão e domínio próprio" (Gálatas 5:22-23). Assim, nossa *primeira* atitude quando encontramos alguém no erro deve ser o mesmo tipo de mansidão prescrito em Gálatas 6:1 para qualquer pessoa em algum tipo de pecado: "Se alguém for surpreendido em algum pecado, vocês, que são espirituais, deverão restaurá-lo com mansidão. Cuide-se, porém, cada um para que também não seja tentado." Compete a todo cristão o seguinte: "Não caluniem ninguém, sejam pacíficos, amáveis e mostrem sempre verdadeira mansidão para com todos os homens. Houve tempo em que nós também éramos insensatos e desobedientes, vivíamos enganados e escravizados por toda espécie de paixões e prazeres. Vivíamos na maldade e na inveja, sendo detestáveis e odiando uns aos outros" (Tito 3:2-3). E essa atitude é um dever particular daqueles que são líderes espirituais. Pessoas dadas a brigas não estão qualificadas para servir como presbíteros na igreja (1Timóteo 3:3), pois "ao servo do Senhor não convém brigar mas, sim, ser amável para com todos, apto para ensinar, paciente. Deve corrigir com mansidão os que se lhe opõem, na esperança de que Deus lhes conceda o arrependimento, levando-os ao conhecimento da verdade" (2Timóteo 2:24-25).

Todos esses princípios devem, de fato, dominar nosso modo de proceder com os outros e nosso modo de lidar com diferenças. E se esses fossem os únicos versículos nas Escrituras que nos dissessem como lidar com o erro, talvez tivéssemos justificativa para pensar que esses princípios são absolutos, invioláveis e aplicáveis a todo tipo de oposição ou descrença que encontramos.

Mas não é o que acontece. Somos instruídos a lutar seriamente pela fé (Judas 3). Logo após recomendar a Timóteo que "busque a justiça, a piedade, a fé, o amor, a perseverança e a mansidão" (1Timóteo 6:11), o apóstolo Paulo exorta-o para que "combata o bom combate da fé" (v. 12) e guarde o que lhe foi confiado (v. 20).

Um exame minucioso da guerra espiritual

É vital que entendamos por que as Escrituras empregam com tanta frequência a linguagem de guerra com relação ao conflito espiritual cósmico das eras — especialmente em referência à luta pela verdade. Esta é uma ideia que permeia as Escrituras. Não se trata de algum conceito incivilizado, inventado por cristãos perseguidos no século I que agora deixou de ser útil nesta era mais sofisticada. Não se trata de uma descrição infantil que, finalmente, abandonamos. Não se trata de uma adaptação dos preconceitos tolos do século I. Na verdade, aqueles que simplesmente rejeitam o conceito como sendo inerentemente incivilizado, grosseiro e, portanto, inútil em uma cultura pós-moderna estão colocando a própria vida em grande perigo.

Queiramos ou não, como cristãos, estamos em um conflito de vida ou morte contra as forças do mal e suas mentiras. É uma guerra *espiritual*. Não é um conflito literalmente físico com armas mortais. Não é uma campanha para aumentarmos as riquezas de alguém ou confiscarmos seus bens. Não é uma guerra por território ou por domínio geopolítico. E, sem dúvida alguma, não é um *jihad* violento pela expansão da influência da cristandade no mundo. Não é algum tipo de guerra mágica com seres invisíveis das esferas inferiores. Não é uma batalha pela ascendência entre indivíduos ou seitas religiosas, e, sem dúvida, não é uma campanha realizada pela igreja para assumir o Estado. Mas é, contudo, uma guerra séria com consequências eternas.

Uma vez que esse conflito espiritual é, em primeiro lugar, um conflito teológico — uma guerra na qual a verdade divina se opõe ao erro demoníaco —, precisamos ter sempre em mente que nosso objetivo é destruir mentiras, não pessoas. Na verdade, se formos fiéis, o resultado será pessoas sendo libertadas de fortalezas de mentiras, de falsas doutrinas e de ideologias malignas que as mantêm cativas. Foi exatamente assim que Paulo descreveu nosso plano de batalha no conflito cósmico em 2Coríntios 10:3-5: "Pois, embora vivamos como homens, não lutamos segundo os padrões humanos. As armas com as quais lutamos não são humanas; ao contrário, são poderosas em Deus para destruir fortalezas. Destruímos argumentos e toda pretensão que se levanta contra o conhecimento de Deus, e levamos cativo todo pensamento, para torná-lo obediente a

Cristo." Assim, Paulo diz que devemos declarar guerra contra toda ideia que se levanta contra a verdade divina.

A despeito de tanta linguagem de cunho militante, não há nenhuma crueldade na postura que Paulo estava descrevendo (nem quando ele continua no versículo seguinte a dizer aos coríntios que, pessoalmente, estava "[pronto] para punir todo ato de desobediência, uma vez estando completa a obediência de vocês"). Ele estava pronto não só para a defesa da verdade, mas também para uma incursão ofensiva contra falsos sistemas de crenças. A estratégia de Paulo, em suas próprias palavras, incluía destruir aquelas falsas ideologias, desmontando sistematicamente suas doutrinas equivocadas, subjugando seus argumentos enganosos e expondo suas mentiras com a verdade.

Em outras palavras, a verdade era a única arma de Paulo. Ele não atacou os falsos mestres em Corinto como eles o haviam atacado — com insinuações, distorções de seu ensino, insultos puramente pessoais e redes de mentiras. Respondeu ao engano deles com a verdade — desatando o nó górdio de suas mentiras com "a espada do Espírito, que é a palavra de Deus" (Efésios 6:17). Lutou pela verdade e contra o erro com total seriedade. Mas, em todas as vezes que Paulo lidou com falsos mestres, seu objetivo foi aniquilar a falsa doutrina deles, e não os falsos mestres *em si*. A guerra não era uma disputa meramente pessoal entre Paulo e seus adversários para ver quem conseguiria ganhar a lealdade do rebanho em Corinto; era uma batalha em favor de princípios infinitamente superiores a isso e o que estava em jogo era algo muito mais significativo do que a reputação de uma pessoa.

Paulo nem sempre foi simpático e gentil com quem propagava falsos ensinamentos da mesma forma que foi como um pai para cristãos que simplesmente ficavam perplexos com a confusão de vozes. Na verdade, não consigo imaginar um exemplo nas epístolas em que a interação de Paulo com falsos mestres foi dominada pela mansidão daquele espírito paternal. Muitas vezes, ele mostrou uma raiva justificada contra eles; escreveu com total desprezo por tudo o que representavam e até os amaldiçoou (Gálatas 1:7-8).

Em sua primeira viagem missionária, logo depois de sair de Antioquia com Barnabé, Paulo fez a primeira parada em sua aventura missionária na Selêucia, em Chipre. Chegando à cidade de Pafos, ele teve seu primeiro encontro registrado com um falso mestre religioso, cujo nome era Elimas Barjesus. Foi assim que Paulo se dirigiu a ele: "Filho do Diabo e inimigo de tudo o que é justo! Você está cheio de toda espécie de engano e maldade. Quando é que vai parar de perverter os retos caminhos do Senhor? Saiba agora que a mão do Senhor está contra você, e você ficará cego e incapaz de ver a luz do sol durante algum tempo" (Atos 13:10-11). Deus confirmou a postura agressiva de Paulo por meio de um juízo milagroso contra Elimas. "Imediatamente vieram sobre ele névoa e escuridão, e ele, tateando, procurava quem o guiasse pela mão" (v. 11). O que provocou essa confrontação agressiva? Os riscos eram muito grandes, porque Sergius Paulus estava ouvindo o evangelho e sua alma estava em jogo. Em qualquer caso como esse, a estratégia direta e severa de lidar com um mestre visivelmente falso é, na verdade, preferível a uma demonstração fingida de aprovação e fraternidade (2João 10,11; cf. Salmos 129:5-8; 2Timóteo 3:5).

Paulo, sem dúvida, foi justo com seus adversários no sentido de nunca deturpar o que eles ensinavam nem dizer mentiras sobre eles. Mas Paulo claramente reconheceu os erros deles por causa do que eram e deu-lhes nomes apropriados. Ele falou a verdade. Em seu estilo de ensino diário, Paulo falava a verdade com mansidão e com a paciência de um pai amoroso. Mas quando as circunstâncias justificavam um estilo mais forte de franqueza, Paulo conseguia falar de um modo muito direto — às vezes, até com um sarcasmo áspero (1Coríntios 4:8-10). Como Elias (1Reis 18:27), João Batista (Mateus 3:7-10) e até Jesus (Mateus 23:24), ele também era capaz de fazer uso de escárnios de modo convincente e apropriado para ressaltar o caráter de ridículo do erro sério (Gálatas 5:12). À maneira de Moisés e Neemias, ele apontava coisas que os outros tomavam como vacas sagradas.

Paulo não parecia sofrer da mesma ansiedade excessivamente escrupulosa que leva tantas pessoas, hoje, a encobrir todo erro até onde a linguagem permitir, supor que até o mais repulsivo dos falsos mestres esteja dizendo a verdade e atribuir as melhores intenções possíveis até ao mais grosseiro dos hereges. A ideia de "mansidão" do apóstolo não era o tipo de falsa benevolência e distinção artificial que as pessoas, hoje, às vezes acreditam ser a verdadeira essência dos atos de caridade. Nunca o vimos chamando para o diálogo os falsos mestres ou os que casualmente se metiam a induzir ao erro religioso, nem ele aprovava essa estratégia quando alguém da estatura de Pedro sucumbia ao medo do que os outros poderiam pensar e demonstrava uma consideração exagerada pelos falsos mestres (Gálatas 2:11-14). Paulo definiu os limites da amabilidade santa e da hospitalidade cristã de um modo muito parecido com o do apóstolo João. Quando falsos mestres pedirem refúgio sob o guarda-chuva da comunhão de vocês, João disse, não deem a mínima atenção: "Todo aquele que não permanece no ensino de Cristo, mas vai além dele, não tem Deus; quem permanece no ensino tem o Pai e também o Filho. Se alguém chegar a vocês e não trouxer esse ensino, não o recebam em casa nem o saúdem. Pois quem o saúda torna-se participante das suas obras malignas" (2João 9-11).

O que Jesus *fez*?

Sejamos sinceros: rejeitar o caráter gentil de uma saudação parece extremamente rude nesta era de diplomacia e *détente*, não é mesmo? O que devemos concluir com essa passagem de João, o apóstolo do amor?

Em primeiro lugar, na cultura do mundo hebraico do século I, uma "saudação" era uma bênção pública cerimonial (Lucas 10:5; cf. Mateus 10:12), combinada com uma demonstração impressionante de hospitalidade que incluía muitos favores e cortesias rituais (cf. Lucas 7:44-46). O que deveria ser recusado de qualquer falso mestre itinerante não eram palavras aleatórias e comuns de uma cortesia momentânea, mas uma declaração solene de bênção semelhante à saudação feita à senhora com a qual João iniciou sua epístola — "A graça, a misericórdia e a paz da parte de Deus Pai e de Jesus Cristo, seu Filho, estarão conosco em verdade e em amor" (2João 1:3). Quando João disse à mulher para rejeitar qualquer pessoa cujo ensino era contrário às doutrinas apostólicas, ele não a estava instruindo a fazer algo indigno de uma senhora ou indelicado; estava advertindo contra a consideração exagerada dada a quem só espalha mentiras.

Não há nada de errado em perguntar: "O que Jesus faria?" Essa é uma boa pergunta. Como o próprio Cristo responderia ao misto pós-moderno de opiniões representada na *Christianity Today*, na blogosfera dos emergentes e nas modernas megaigrejas evangélicas que mantiveram o movimento evangélico sob sua influência nas últimas décadas? Ele confirmaria a apatia evangélica atual da maioria com relação à verdade e à unidade bíblica autêntica? Aprovaria aqueles que, confrontados com um grande número de contradições e novidades doutrinárias, simplesmente celebram a "diversidade" de seu movimento enquanto tentam evitar toda controvérsia, aceitam todos os renegados teológicos e colocam a ortopraxia acima da ortodoxia? A mansidão e meiguice de Jesus eram desse tipo?

Estou convencido de que podemos responder a essas perguntas com confiança se, primeiro, fizermos uma pergunta um pouco diferente: O que Jesus *fez*? Como ele *lidou* com os falsos mestres, hipócritas religiosos e teólogos hereges de sua época? Ele era a favor da estratégia do diálogo amigável e das diferenças entre colegas ou,

Introdução

na verdade, adotava uma postura militante contra toda forma de falsa religião?

Qualquer pessoa que conheça, ainda que superficialmente, as histórias do evangelho deveria saber a resposta para essa pergunta, porque o que não faltam são dados sobre a questão. Como observamos anteriormente nesta introdução, a interação de Jesus com os escribas, fariseus e hipócritas de sua cultura foi cheia de conflito do começo ao fim de seu ministério terreno. Às vezes, os fariseus provocavam o conflito; na maioria das vezes, era Jesus. *Hostil* não é uma palavra muito forte para descrever a atitude de Jesus com relação ao sistema religioso que eles representavam, e isso era evidente no trato com eles.

Vamos examinar este tema neste livro. Veremos que Jesus nunca tolerou de bom grado hipócritas profissionais nem falsos mestres. Ele nunca evitou o conflito. Nunca amenizou sua mensagem para agradar aos mais finos nem aos escrúpulos moralistas. Nunca omitiu qualquer verdade a fim de satisfazer a ideia artificial de dignidade que alguém fazia. Nunca curvou-se diante da intimidação de estudiosos nem prestou homenagem às suas instituições.

E ele nunca, nunca, nunca tratou a distinção vital entre verdade e erro como uma questão meramente acadêmica.

Eu nunca pude acreditar no Jesus Cristo de algumas pessoas, pois o Cristo em quem elas creem é simplesmente cheio de afetuosidade e mansidão, enquanto acredito que nunca houve um modelo mais admirável de ser humano, mesmo em sua austeridade, do que o Salvador; e os mesmos lábios que declararam que ele não esmagaria a cana quebrada proferiram os anátemas mais terríveis contra os fariseus.

CHARLES H. SPURGEON

CAPÍTULO 1

Quando é errado ser "simpático"

> *Estando todo o povo a ouvi-lo, Jesus disse aos*
> *seus discípulos: "Cuidado com os mestres da lei [...]"*
> LUCAS 20:45,46

O MODO COMO JESUS LIDAVA com pecadores normalmente era marcado por uma ternura tão grande que ele chegou a ganhar um apelido desdenhoso de seus críticos: amigo de pecadores (Mateus 11:19). Quando encontrava os casos mais graves de leprosos morais (desde uma mulher que vivia em adultério, em João 4:7-29, a um homem infestado de uma legião inteira de demônios, em Lucas 8:27-39), Jesus sempre ministrava na vida deles com notável benevolência — sem fazer nenhum sermão ou duras repreensões. Invariavelmente, quando se aproximavam dele, essas pessoas já estavam destruídas, humilhadas e cheias da vida de pecado. Ansioso, ele lhes concedia perdão, cura e plena comunhão com ele com base na fé que elas possuíam, e nada mais (cf. Lucas 7:50; 17:19).

A única classe de pecadores com a qual Jesus sempre lidava com rigor eram os hipócritas profissionais, falsos religiosos, falsos mestres e os moralistas que promoviam a espiritualidade plástica — os escribas, peritos na lei, saduceus e fariseus. Esses eram os líderes religiosos em Israel — as "autoridades" (usando um termo que as Escrituras muitas vezes usam para se referir a eles) religiosas. Eram os guardiões déspotas da tradição religiosa. Preocupavam-se mais com costumes e convenções do que com a verdade. Quase todas as vezes que aparecem nas histórias do evangelho, a preocupação deles é, principalmente, manter as aparências e agarrar-se ao seu poder. Qualquer pensamento que pudessem ter tido com relação à autêntica piedade sempre vinha depois de outras questões acadêmicas, pragmáticas ou de interesse próprio. Eles eram os hipócritas religiosos por excelência.

O Sinédrio e os saduceus

O poder de controle que esses homens tinham provinha de um grande concílio com base em Jerusalém, composto de 71 autoridades religiosas importantes, conhecidas coletivamente como *Sinédrio*. Entre os membros do concílio estavam o Sumo Sacerdote e setenta principais sacerdotes e estudiosos religiosos. (O número provinha dos setenta conselheiros designados por Moisés em Números 11:16 para ajudá-lo.)

O Sinédrio tinha autoridade máxima sobre Israel em todas as questões religiosas e espirituais (e até em alguns assuntos civis). A autoridade do concílio era formalmente reconhecida até por César (embora nem sempre fosse respeitada pelos representantes oficiais de César nem por suas tropas no território de Jerusalém). O concílio era uma presença constante na Jerusalém do século I e constituiu o grupo mais importante de autoridades em todo o judaísmo, até a destruição do templo em 70 d.C. (O Sinédrio continuou na ativa no exílio depois disso por mais de 250 anos — embora, por razões óbvias, seu poder tenha diminuído consideravelmente. A frequente perseguição romana, finalmente, silenciou e dissolveu o concílio em algum momento no século IV.)

As histórias do evangelho sobre a crucificação de Cristo referem-se mais de dez vezes ao Sinédrio como "os chefes dos sacerdotes, os mestres da lei e os líderes religiosos" (p. ex., Mateus 26:3; Lucas 20:1). É claro que o sumo sacerdote presidia todo o concílio. Os *chefes dos sacerdotes* eram a aristocracia superior da linhagem de sumos sacerdotes. (Alguns deles eram homens que já haviam sido sumo sacerdote em algum momento; outros estavam aguardando para ocupar esse ofício por um tempo.) Praticamente todos os chefes dos sacerdotes também eram saduceus. Os *líderes religiosos* eram os principais dirigentes e membros influentes de famílias importantes fora da linhagem de sumos sacerdotes — e eram, em sua maioria, saduceus também. Os *mestres da lei* eram os estudiosos, não necessariamente de origem nobre como os chefes dos sacerdotes e líderes religiosos, mas homens que se distinguiam principalmente por causa de sua competência acadêmica e seus conhecimentos enciclopédicos sobre a lei e a tradição judaicas. Esse grupo era dominado por fariseus.

Assim, o concílio era formado por uma mistura de fariseus e saduceus, e ambos eram grupos rivais. Embora o número de fariseus fosse muito maior que o de saduceus na cultura de um modo geral, os saduceus, contudo, mantinham uma maioria significativa no Sinédrio e tinham firmemente nas mãos o controle do poder. O *status* de sacerdote que tinham como direito nato, na realidade, era mais importante que a autoridade erudita dos fariseus, uma vez que, sendo tradicionalistas tão devotos, os fariseus chegavam a se curvar diante da autoridade da linhagem de sumos sacerdotes — mesmo divergindo contundentemente de quase tudo o que tornava distinto o sistema de crenças dos saduceus.

Por exemplo, os saduceus questionavam a imortalidade da alma humana — negando a ressurreição do corpo (Mateus 22:23) e a existência do mundo dos espíritos (Atos 23:8). O grupo de saduceus também rejeitava a ênfase que os fariseus davam a tradições orais — indo o máximo possível na direção contrária. Na verdade, os saduceus enfatizavam o Pentateuco (os cinco livros de Moisés) quase deixando de fora o restante do Antigo Testamento. Consequentemente, a forte expectativa messiânica que permeava o ensino dos fariseus desaparecia quase completamente da visão de mundo dos saduceus.

Os dois grupos também tinham opiniões contrárias com relação ao *modo como* os costumes cerimoniais deveriam ser observados. Tanto saduceus como fariseus costumavam dar mais atenção à lei cerimonial do que às ramificações morais da lei. Mas os fariseus geralmente faziam cerimônias o mais possível elaboradas, e os saduceus faziam o contrário. Em geral, os saduceus não eram tão rígidos como os fariseus na maioria das coisas — exceto em se tratando da questão de fazer cumprir a lei e a ordem. Uma vez que desfrutavam de certo poder reconhecido por Roma, os saduceus eram extremamente conservadores (e muitas vezes severos) em se tratando da implementação da lei civil e da imposição de castigos e penalidades.

Mas, em muitos sentidos, os saduceus eram liberais clássicos da teologia. Seu ceticismo com relação ao céu, aos anjos e à vida após a morte automaticamente fazia com que fossem apegados às coisas mundanas e tivessem fome de poder. Eles eram muito mais interessados (e experientes) na *política* do judaísmo do que dedicados à própria religião.

Entram os fariseus

Contudo, foram os fariseus, e não os saduceus que se afastaram mais das doutrinas, que se tornaram as principais figuras de oposição pública a Jesus nas histórias de todos os quatro evangelhos do Novo Testamento. Seus ensinamentos dominavam e resumiam o sistema religioso de Israel no século I. Eles eram os descendentes espirituais de um grupo conhecido como os *chassidianos* nos séculos II e III a.C. Os chassidianos eram ascetas, dedicavam-se à lei judaica e se opunham a todo tipo de idolatria. Em meados do século II a.C., os chassidianos foram arrastados para a famosa revolta liderada por Judas Macabeus contra Antíoco Epífanes e, subsequentemente, seus ensinamentos tiveram um impacto profundo e permanente na cultura religiosa judaica popular. *Hasid* vem de uma palavra hebraica que significa "devoção". (A seita chassídica moderna, fundada no século XVIII, não tem nenhuma linhagem direta dos chassidianos, mas suas crenças e práticas seguem a mesma trajetória.)

O mais provável é que o termo *fariseu* esteja baseado em uma raiz hebraica que significa "separado" — por isso, o nome provavelmente enfatiza o separatismo deles. Na verdade, os fariseus tinham um modo ostentoso para tentar manter-se separado de tudo o que tivesse qualquer conotação de profanação cerimonial. A obsessão pelos sinais externos de religiosidade era a característica mais notável, e eles a usavam nas mangas — literalmente. Usavam as tiras de couro mais largas possíveis para amarrar filactérios nos braços e na testa. (Filactérios eram caixas de couro contendo pedaços de pergaminhos com versículos das Escrituras hebraicas inscritos neles.) Também alongavam as borlas em suas vestes (veja Deuteronômio 22:12) para tornar sua exibição pública de devoção religiosa o mais visível possível. Assim, tomaram um símbolo que deveria ser um lembrete para si mesmos (Números 15:38,39) e transformaram-no em um meio de divulgar seu moralismo a fim de ganhar a atenção dos outros.

O historiador Josefo foi o primeiro escritor secular a descrever a seita dos fariseus. Nascido quatro ou cinco anos depois da crucificação de Jesus, Josefo registra que ele era filho de um sacerdote (um saduceu) proeminente de Jerusalém chamado Matias.[1] Começando por volta dos dezesseis anos, Josefo estudou cada uma das três principais seitas do judaísmo — os fariseus, os saduceus e os essênios. Não plenamente satisfeito com nenhuma delas, viveu no deserto por três anos e seguiu um mestre asceta (cujo estilo de vida espartano e difícil, em alguns sentidos, sugeria o de João Batista e, sem dúvida, era muito parecido com o dos essênios estabelecidos no deserto que, a princípio, esconderam os Pergaminhos do Mar Morto). Entretanto, depois de viver no deserto, Josefo voltou para Jerusalém e adotou a vida de um fariseu.[2]

Sua vida foi seriamente perturbada, sem dúvida, pela queda de Jerusalém, em 70 d.C. Josefo, posteriormente, tornou-se um legalista romano e escreveu sua história por ordem do império. A maioria dos estudiosos, portanto, acredita que ele, conscientemente, modificou partes dessa história de várias maneiras a agradar os romanos. Mas ele, não obstante, escreveu como alguém com conhecimento particular dos fariseus, e não há razão para duvidar de nenhum dos detalhes que deu nas descrições que fez deles.

Josefo observa que os fariseus eram a maior e mais rígida das principais seitas judaicas. Na verdade, ele diz que a influência dos fariseus era tão grande na vida judaica do início do século I que até os saduceus, adversários teológicos dos fariseus, tinham de se conformar ao estilo de oração dos fariseus, à observância do sábado e ao cerimonialismo em sua conduta pública, senão a opinião pública não os teria tolerado.[3]

Assim, a influência dos fariseus era palpável na vida diária de Israel durante a época de Jesus — especialmente com relação às questões de devoção pública como regras referentes ao sábado, lavagens rituais, restrições quanto à dieta e outras questões sobre a pureza cerimonial. Essas coisas tornaram-se os emblemas da influência dos fariseus e eles se propuseram a tentar impor seus costumes a todos na cultura — ainda que muitas de suas tradições não tivessem base alguma nas Escrituras. Grande parte de seus conflitos com Jesus concentrava-se precisamente nessas questões e, desde o início do ministério público de Jesus, os fariseus se opuseram a ele com a mais violenta oposição.

Sem dúvida, houve alguns fariseus excepcionais. Nicodemos era uma importante "autoridade entre os judeus" (João 3:1). É óbvio que ele era um membro do Sinédrio, o concílio religioso que imperava em Jerusalém (cf. João 7:50). "Ele veio a Jesus, à noite" (João 3:2), obviamente com medo do que seus companheiros fariseus pensariam se soubessem de seu sincero interesse por Jesus. Em um forte contraste com a maioria dos fariseus que se aproximavam de Jesus, Nicodemos fazia uma genuína investigação, e não colocava pura e simplesmente Jesus à prova. Por essa razão, Cristo falou com ele de modo franco e direto, mas sem o tipo de rigor que tingia grande parte do modo de Jesus lidar com os fariseus. (Examinaremos mais de perto o diálogo de Jesus com Nicodemos no capítulo 3.)

Os quatro evangelhos também mencionam um membro rico e influente do concílio chamado José de Arimateia, que se tornou um discípulo de Cristo ("mas o era secretamente, porque tinha medo dos judeus" — João 19:38). Marcos 15:43 e Lucas 23:50 expressamente identificam José como um membro do Sinédrio, e Lucas diz que José "não tinha consentido na decisão e no procedimento dos outros" quando conspiraram assassinar Jesus. Sem dúvida, foi José que obteve a permissão de Pilatos para remover o corpo de Jesus da cruz, e, juntamente com Nicodemos, às pressas, prepararam o corpo para o sepultamento e o depositaram em um sepulcro fechado (João 19:39). Não há registro no Novo Testamento de qualquer encontro direto entre Jesus e José de Arimateia durante o ministério terreno de Cristo.

Ao que parece, José mantinha-se distante, nem sequer se aproximando de Jesus à noite, como havia feito Nicodemos. Não era porque tivesse algum medo de Jesus, mas temia o que os outros líderes judeus poderiam dizer, fazer ou pensar a seu respeito se soubessem que era, secretamente, um discípulo de Jesus.

Por via de regra, as interações de Jesus com os fariseus, saduceus, escribas e principais sacerdotes eram marcadas por aspereza, e não ternura. Eles os repreendia em público e abertamente. Repetia coisas duras *sobre* eles em seus sermões e discursos públicos. Advertia seus seguidores para que tivessem cuidado com a influência fatal deles. Sempre usava uma linguagem mais forte quando denunciava os fariseus do que a usada contra as autoridades romanas pagãs ou seus exércitos de ocupação.

Esse fato, naturalmente, enfurecia os fariseus. Eles teriam aceitado com alegria qualquer messias que se opusesse à ocupação romana de Israel e reconhecesse suas tradições farisaicas. Jesus, no entanto, não disse uma palavra contra César enquanto considerava a aristocracia religiosa de Israel como tiranos mais perigosos do que o próprio César.

Na verdade, eles eram. Seus falsos ensinamentos eram muito mais destrutivos para o bem-estar de Israel do que a opressão política de Roma. Em termos espirituais, o falso moralismo e o tradicionalismo religioso dos fariseus representavam um perigo mais óbvio e presente para a saúde vital da nação do que o torno político tenso com o qual César e seus exércitos de ocupação já pressionavam Israel. Muito já se disse sobre isso, considerando o fato de que, em menos de meio século, os exércitos romanos devastariam completamente Israel e levariam a população a um extenso exílio (a diáspora) do qual o povo judeu, ainda hoje, não saiu completamente.

Mas tão sério e de grande repercussão como foi o holocausto de 70 a.C. para a nação judaica, uma calamidade muito maior surgia no falso moralismo institucionalizado da marca religiosa dos fariseus — especialmente sua preferência por tradições humanas à Palavra de Deus. Isso levou a um desastre *espiritual* de proporções eternas e infinitas, porque a maioria dos israelitas naquela geração rejeitou seu verdadeiro Messias — e multidões de seus descendentes insistiram implacavelmente na tradição religiosa por quase dois milênios inteiros, muitos negando-se a dar uma atenção mais séria às afirmações de Cristo como Messias de Deus.

O sistema legalista dos fariseus era, na verdade, um rolo compressor pavimentando o caminho para aquela tragédia. O apóstolo Paulo (ele mesmo um fariseu convertido) estava descrevendo perfeitamente a religião farisaica em Romanos 10:2,3 quando lamentou a descrença de Israel: "Posso testemunhar que eles têm zelo por Deus, mas o seu zelo não se baseia no conhecimento. Porquanto, ignorando a justiça que vem de Deus e procurando estabelecer a sua própria, não se submeteram à justiça de Deus."

Os fariseus, de fato, tinham um tipo de zelo por Deus. Superficialmente, eles, sem dúvida, não pareciam representar uma ameaça tão grande quanto os exércitos romanos. Na verdade, os fariseus eram verdadeiros especialistas em se tratando de conhecer as *palavras* das Escrituras. Eles também eram meticulosos quando observavam os detalhes externos da lei. Se comprassem sementes para suas hortas, por exemplo, contariam meticulosamente os grãos em cada pacote e separariam o dízimo (Mateus 23:23).

Aos olhos de um observador superficial, a cultura religiosa que os fariseus cultivavam em Israel, no século I, ao que parecia, poderia representar um tipo de era dourada para a lei judaica. Sem dúvida, não era diversificada como a religião claramente falsa sobre a qual lemos com tanta frequência no Antigo Testamento — aquelas épocas frequentes de apostasia e idolatria com bezerros de ouro, adoração a Aserá e coisas piores.

Ninguém poderia acusar um fariseu de ser excessivamente tolerante com as crenças pagãs, certo? Eles eram, afinal, extremamente contrários a toda expressão de idolatria e totalmente comprometidos com as minúcias incidentais da lei judaica. Além disso, por questão de segurança, acrescentaram muitos rituais supérfluos que eles mesmos inventaram como uma forma de se proteger mais contra a profanação acidental. Se a lei bíblica exigia lavagens cerimoniais para os sacerdotes que ofereciam sacrifícios, por que não acrescentar *outras* lavagens a todos e torná-las uma parte essencial das rotinas diárias comuns? Foi exatamente isso que fizeram.

De uma perspectiva humana, todas essas coisas tinham a aparência de profunda devoção a Deus. Vistos por esse ângulo, os fariseus talvez fossem considerados os homens de sua geração que *menos* tinham chance de se tornar os piores inimigos do Messias. Eles eram profundamente religiosos, não eram descuidados nem profanos. Sem dúvida, não eram ateus declarados que atacavam abertamente a fé do povo na Palavra de Deus. Estimulavam a espiritualidade, e não a licenciosidade. Defendiam o zelo, o rigor e a abstinência — e não o interesse pelas coisas mundanas e a indiferença às coisas espirituais. Promoviam o judaísmo, e não o tipo de sincretismo pagão pelo qual seus vizinhos samaritanos e tantas gerações anteriores de israelitas haviam se interessado. Sua religião era tudo para eles.

Ela vinha primeiro até que o próprio Deus.

E é aí que está o problema. Os fariseus inventaram um belo disfarce, escondendo seu falso moralismo e sua hipocrisia debaixo de um verniz de zelo religioso. Tinham o cuidado de manter a aparência — mas não a realidade — da sincera devoção a Deus. Mais do que isso, misturaram tanto as tradições religiosas "fabricadas" por eles com a verdade revelada de Deus, que eles mesmos já não conseguiam mais saber qual era a diferença entre uma e outra. A despeito de toda a sua competência erudita na variedade peculiar de conhecimentos do Antigo Testamento que promoviam, eles insistiam em ver as Escrituras pelas lentes da tradição humana. A tradição, portanto, tornou-se sua principal autoridade e o princípio diretivo em suas interpretações das Escrituras. Sob essas circunstâncias, não havia como estas corrigirem suas tradições *deficientes*. Os fariseus, dessa forma, tornaram-se os principais arquitetos de um tipo corrompido de judaísmo cultural e tradicional (mas não, de fato, bíblico). Na época de Jesus, já era um sistema terrível e opressivo de observância da lei, ritual, superstição, costumes humanos, legalismo sabático e falso moralismo — tudo acompanhado de perto pelo olhar crítico dos fariseus.

Os fariseus que cegamente seguiam a filosofia do grupo em nome da tradição eram falsos mestres, por mais devotos ou nobres que pudessem parecer ao olhar superficial. Eram a pior espécie de lobos vestidos de ovelhas — rabinos corruptos usando os mantos de lã de um profeta e, por debaixo desse disfarce, devorando as ovelhas do rebanho do Senhor. Eram, na verdade, rebeldes obstinados contra Deus e seu Ungido, mesmo escondendo-se sob uma exibição pretensiosa e enfastiante de devoção externa. Mesmo quando confrontados com a verdade bíblica libertadora, eles, obstinadamente, continuavam a apostar no legalismo.

Não é de admirar que Jesus os tratasse de modo tão severo.

O mal da falsa religião

Homens e mulheres que não têm a visão de mundo bíblica, em geral, pensam em religião como a expressão mais nobre do caráter humano. A opinião popular no mundo como um todo, de um modo geral, considera a religião como algo inerentemente admirável, honroso e benéfico.

Na realidade, nenhum outro campo das humanidades — filosofia, literatura, artes ou seja lá o que for — tem a mesma probabilidade de causar mal quanto a religião. Nada é mais capaz de causar tanto mal do que a *falsa* religião, e quanto mais os falsos mestres tentam esconder-se por trás dos mantos da verdade bíblica, mais eles são, de fato, diabólicos.

No entanto, emissários de Satanás que aparentam ser benignos e amavelmente religiosos são comuns. A história de redenção está repleta deles, e a Bíblia sempre adverte sobre esses falsos mestres — lobos ferozes que se vestem de ovelhas, "falsos apóstolos, obreiros enganosos, fingindo-se apóstolos de Cristo. Isto não é de admirar, pois o próprio Satanás se disfarça de anjo de luz. Portanto, não é surpresa que os seus servos finjam que são servos da justiça" (2Coríntios 11:13-15).

Fazendo seu discurso de despedida em Éfeso, o apóstolo Paulo disse aos presbíteros daquela jovem, mas já assediada, igreja: "Sei que, depois da minha partida, lobos ferozes penetrarão no meio de vocês e não pouparão o rebanho. *E dentre vocês mesmos se levantarão homens que torcerão a verdade, a fim de atrair os discípulos*" (Atos 20:29-30; ênfase do autor). Ele os estava advertindo de que falsos mestres se levantariam não só dentro da igreja, mas que também chegariam despercebidos na *liderança* da igreja (cf. Judas 4). Isso, sem dúvida, aconteceu em Éfeso, e aconteceu repetidas vezes em cada etapa da história da igreja. Falsos mestres cobrem-se com vestes de Deus. Eles querem que as pessoas acreditem que representam Deus, que o conhecem, que têm discernimento especial da verdade e da sabedoria divinas, mesmo sendo emissários do próprio inferno.

Em 1Timóteo 4:1-3, Paulo profetizou que a igreja dos últimos dias seria atacada por falsos mestres com uma visão farisaica do ascetismo, a qual usariam como um disfarce para a licenciosidade: "O Espírito diz claramente que nos últimos tempos alguns abandonarão a fé e seguirão espíritos enganadores e doutrinas de demônios. Tais ensinamentos vêm de homens hipócritas e mentirosos, que têm a consciência cauterizada e proíbem o casamento e o consumo de alimentos que Deus criou para serem recebidos com ação de graças pelos que creem e conhecem a verdade."

Observe como as Escrituras dizem enfaticamente que os falsos mestres que gostam de usar o disfarce do falso moralismo e esconder-se sob o pretexto da ortodoxia são maus, mensageiros do diabo, mestres de doutrinas diabólicas. Mais uma vez, nada é mais terrivelmente diabólico do que a falsa religião, e somos advertidos, repetida e explicitamente, a não fazermos pouco caso de falsos ensinamentos, uma vez que eles se parecem muito com a verdade.

Nunca os falsos mestres foram mais agressivos do que durante o ministério terreno do Senhor Jesus Cristo. Foi como se todo o inferno investisse com força total contra ele durante aqueles três anos. E, sem dúvida, podemos entender isso. Ao opor-se ao evangelho e tentar frustrar o plano de Deus, Satanás liberou tudo o que tinha contra Jesus Cristo, desde seus esforços diretos para tentar Jesus (Mateus 4:1-11; Lucas 22:40-46) a demônios que o confrontaram enquanto fingiam reverenciá-lo (Marcos 5:1-13) — e tudo o que estivesse entre ambas as coisas, incluindo a infiltração de Judas, o falso discípulo, a quem o próprio Satanás influenciou, possuiu e capacitou para cometer o pior ato de traição (Lucas 22:3).

Mas a investida mais séria e prolongada contra Jesus — e a principal campanha de clara oposição que, finalmente, o perseguiu até a cruz — foi o incessante antagonismo dos fariseus, instigado pelo Sinédrio.

Eles, por sua vez, estavam sendo controlados por Satanás. Sem dúvida, estavam cegos para esse fato, mas Satanás os usava como fantoches em sua implacável campanha contra a verdade.

Parece quase impensável que a oposição mais ferrenha a Cristo viesse dos líderes mais respeitados do segmento religioso da sociedade. Mas é verdade. Observe o amplo alcance do ministério terreno de Jesus conforme registrado pelos escritores do evangelho e pergunte: "Quem foram os principais agentes de Satanás que tentaram frustrar a obra de Jesus e opor-se aos seus ensinamentos? De onde veio a principal resistência a Cristo?" A resposta é óbvia. Não foi do submundo criminoso da cultura nem de sua baixa classe secular. Não foi de excluídos da sociedade — coletores de impostos, pessoas desprezíveis, marginais, prostitutas e ladrões. Pelo contrário, os principais emissários e agentes de Satanás foram os mais devotos, os mais santos, os mais respeitados líderes religiosos em todo o Israel — liderados pela mais rígida de todas as suas seitas, os fariseus.

Toda essa estratégia foi, sem dúvida alguma, armada e iniciada pelo próprio Satanás. Na verdade, tudo o que Paulo quer dizer em 2Coríntios 11:14-15 é que o subterfúgio secreto é e sempre foi a principal tática do diabo. Portanto, não deveria nos surpreender o fato de que os inimigos do evangelho sempre foram (e ainda são) mais terríveis quando religiosos. Quanto mais conseguirem convencer as pessoas de que eles fazem parte do círculo da ortodoxia, mais eficientes serão no sentido de corroer a verdade. Quanto mais fundo puderem infiltrar-se na comunidade de verdadeiros cristãos, mais danos poderão causar com suas mentiras. Quanto mais perto conseguirem chegar das ovelhas e ganhar a confiança delas, mais facilidade poderão ter para devorar o rebanho.

Danças com lobos

Qualquer pastor, no sentido literal da palavra, incumbido de alimentar e conduzir um rebanho de ovelhas, seria tido como louco se achasse que lobos poderiam ser animais de estimação domesticados e trazidos para o curral. Suponhamos que ele, efetivamente, procurasse e tentasse fazer amizade com filhotes de lobos, presumindo que conseguiria ensiná-los a se relacionar com seu rebanho — *insistindo* contra todos os conselhos sábios de que sua experiência poderia dar certo, e, se desse, os lobos teriam a mansidão das ovelhas e as ovelhas aprenderiam coisas com os lobos também. Esse pastor seria mais do que inútil; ele mesmo representaria um grande perigo para o rebanho.

Quase tão ruim seria um pastor com visão míope. Ele nunca viu claramente um lobo com seus próprios olhos. Assim, acredita que a ameaça dos lobos é um grande exagero. Mesmo com suas ovelhas desaparecendo ou sendo diláceradas por *alguma coisa*, ele se recusa a acreditar que são os lobos que estão fazendo mal ao seu rebanho. Afirma estar cansado de ouvir os outros com suas advertências estridentes contra os lobos. Começa a contar a história de "O menino que gritava lobo" para todos que vão ouvir. Por fim, concluindo que a "negatividade" das outras pessoas em relação aos lobos representa um perigo maior para seu rebanho do que os próprios lobos, pega seu instrumento de sopro e toca uma música suave para fazer os cordeiros adormecerem.

Então, é claro, temos "o assalariado [que] não é o pastor a quem as ovelhas pertencem". Ele "vê que o lobo vem, abandona as ovelhas e foge. Então o lobo ataca o rebanho e o dispersa. Ele foge porque é assalariado e não se importa com as ovelhas" (João 10:12,13).

Assalariados egoístas, pastores míopes e pessoas que agem como domadores de lobos predominam na igreja, hoje. O mesmo acontece com os lobos vestidos de ovelhas. Francamente, algumas roupas pós-modernas feitas de lã de ovelha não são nem um pouco convincentes. Mas parece que alguns pastores não ficam indecisos quando o assunto é soltar esses lobos sedentos entre seus rebanhos. Muitos são como o pastor míope de minha parábola — convencido de que as advertências sobre a ameaça de lobos pode ser mais perigosa do que os verdadeiros lobos.

Parece que o evangelicalismo contemporâneo, em geral, não aprecia em absoluto nenhum tipo de atrito doutrinário — muito menos o conflito manifesto com lobos espirituais. O Manifesto Evangélico que citei na introdução deste livro claramente reflete esse ponto de vista, expressando muito mais palavras de preocupação com as relações públicas evangélicas do que com a solidez das doutrinas. O documento confidencialmente afirma que "a mensagem evangélica, 'as boas novas' por definição, é impressionantemente positiva, e sempre positiva antes de ser negativa".[4] Isso é um grande exagero — especialmente quando consideramos o fato de que o esboço sistemático do evangelho feito por Paulo em Romanos começa com as palavras: "Portanto, a ira de Deus é revelada dos céus" (Romanos 1:18), e depois continua por quase três capítulos inteiros explicando a profundidade e universalidade da "impiedade e injustiça" dos homens, que é o que provocou, em primeiro lugar, a ira de Deus. Só depois que deixa claro que não se pode escapar da má notícia é que Paulo apresenta as boas novas do evangelho. Ele segue o mesmo padrão na forma abreviada de Efésios 2:1-10.

Como veremos, o próprio Jesus nem *sempre* foi positivo antes de ser negativo. Alguns de seus discursos mais longos, incluindo toda a passagem de Mateus 23, foram completamente negativos.

O recente Manifesto Evangélico faz uma menção favorável "àqueles no passado por seu digno desejo de serem fiéis aos fundamentos da fé", mas, por outro lado, parece sugerir que a militância em defesa das verdades centrais do cristianismo sempre deve ser evitada. Na verdade, a principal razão que o manifesto oferece para listar o "fundamentalismo conservador" como uma das duas adulterações contrárias do verdadeiro espírito protestante (sendo a outra o "revisionismo liberal") é que determinados fundamentalistas resistiram à tendência liberalizante com "estilos de reação que são pessoal e publicamente militantes a ponto de serem subcristãos".[5]

O que se reconhece é que supostos fundamentalistas, muitas vezes, comportam-se de maneira vergonhosa. É certo que a rivalidade ciumenta entre determinadas personalidades "fundamentalistas" de envergadura com frequência foi muito pública e muito pessoal — e, decididamente, subcristã. Na realidade, a agressividade de alguns líderes fundamentalistas rompeu seu movimento e deixou o fundamentalismo clássico, hoje, sem muitas vozes influentes. Mas, para ser claro, o problema com esse estilo de militância nunca foi *simplesmente* que ela era muito pessoal ou muito pública, mas que estava completamente equivocada e cada vez mais fundamentada na ignorância, e não no entendimento. Parecia que muitos que estavam à frente desse movimento não entendiam muito bem o que realmente era fundamental e o que era periférico. Em outras palavras, eles não eram nem um pouco fundamentalistas no sentido original da palavra. Tinham o estranho dom de se preocupar com coisas pequenas enquanto ignoravam coisas terríveis. Isso não é fundamentalismo autêntico, mas uma deturpação dele. Na verdade, é uma encarnação moderna do espírito farisaico.

A resposta para o fracasso do fundamentalismo, sem dúvida, não está no fato de os evangélicos renegarem completamente o conflito e aceitarem lobos com um sorriso acolhedor e diálogo amigável. Inquestionavelmente, é nesse sentido que a corrente evangélica está seguindo no momento. O Manifesto Evangélico faz observações como essas sobre os perigos do fundamentalismo enquanto, implicitamente, reconhece que o próprio movimento evangélico está seriamente confuso e precisa ser reformado com urgência. Dos "três principais imperativos" que o Manifesto lista, reafirmar nossa identidade vem em primeiro lugar.[6] Contudo, em nenhum momento o documento sugere alguma estratégia para lidar com as muitas opiniões extravagantes (incluindo incontáveis ecos do "revisionismo liberal") que, no momento, estão exigindo aceitação evangélica. Na verdade, o Manifesto como um todo parece, de modo deliberado, emudecido de maneira a não dar a ninguém a impressão de que pontos de vista alternativos estão excluídos da conversa evangélica. "Nosso objetivo não é atacar ou excluir, mas recordar e reafirmar."[7] Afinal, "diferentes crenças e os diferentes grupos de crenças oferecem respostas muito diferentes para a vida, e essas diferenças são decisivas não só para os indivíduos, mas também para as sociedades e civilizações inteiras. Aprender a conviver com nossas maiores diferenças é, portanto, de grande importância tanto para indivíduos como para nações."[8] Duvido que Paulo ou Jesus insinuariam isso.

O problema é que a reforma necessária *dentro do* evangelicalismo não ocorrerá de fato se as falsas ideias que enfraquecem nossas convicções teológicas essenciais não puderem ser abertamente atacadas e excluídas. Quando a coexistência pacífica "com nossas maiores diferenças" torna-se uma prioridade e o conflito *em si* é demonizado como algo inerentemente subcristão, toda e qualquer falsa crença religiosa pode — e irá — exigir uma voz idêntica na "conversa".

Na verdade, isso já vem acontecendo há algum tempo. Veja, por exemplo, o que disseram algumas das principais vozes dentro e em torno do movimento de emergentes. Tony Campolo é um autor e palestrante popular, o qual tem grande influência em círculos evangélicos. Ele acredita que os evangélicos deveriam dialogar com o islamismo, à procura de um denominador comum. Em uma entrevista realizada por Shane Claiborne, Campolo disse:

> Acho que as últimas eleições irritaram uma minoria significativa da comunidade evangélica, acreditando que não queriam dar a impressão de ser contra homossexuais, contra as mulheres, contra o meio ambiente, a favor de guerras, a favor da pena de morte e contra o islamismo. Haverá um segmento do evangelicalismo, assim como há um segmento do islamismo, que não estará interessado em diálogo. Mas há outros evangélicos que vão querer conversar e firmar um compromisso comum de integridade com o povo islâmico e o povo judeu, em particular.[9]

Brian McLaren talvez seja a figura mais conhecida na conversa sobre emergentes. Ele acha que o futuro do planeta — sem falar na salvação da própria religião (incluindo o cristianismo) — depende de uma busca cooperativa pelo verdadeiro significado da mensagem de Jesus. Na avaliação de McLaren, isso significa um constante diálogo entre cristãos e seguidores de todas as outras religiões. Ele está convencido de que isso é da maior urgência:

> Em uma era de terrorismo global e de crescentes conflitos religiosos, é significativo notar que todos os muçulmanos consideram Jesus como um grande profeta, que muitos hindus estão dispostos a considerar Jesus como uma manifestação legítima do divino, que muitos budistas veem Jesus como uma das pessoas mais iluminadas da humanidade e que o próprio Jesus era um judeu, e (este livro afirma) sem que se compreenda sua natureza judaica, não se pode compreender Jesus. Uma reavaliação compartilhada acerca da mensagem de Jesus poderia prover um espaço ímpar ou uma base comum para o diálogo religioso urgentemente necessário — e não parece ser um exagero dizer que o futuro de nosso planeta talvez dependa desse diálogo. Essa reavaliação da mensagem de Jesus pode ser o único projeto capaz de salvar várias religiões, incluindo o cristianismo [...].[10]

A congenialidade indiscriminada, a busca pela base comum em termos espirituais e a paz a qualquer preço, naturalmente, têm grande apelo, especialmente em um clima intelectual em que praticamente a pior gafe que uma pessoa séria poderia dar é afirmar saber o que é verdadeiro quando tantas outras pessoas acreditam que outra coisa seja verdade.

Além disso, o diálogo parece mais agradável que o debate. Quem, senão um tolo, não preferiria uma conversa calma a conflitos e confrontos?

Na verdade, vamos afirmar isso claramente mais uma vez: de modo geral, evitar conflitos é uma boa ideia. Cordialidade e congenialidade normalmente são preferíveis à fria aspereza. Civilidade, compaixão e boas maneiras estão escassas, e deveríamos ter mais dessas qualidades. Gentileza, uma resposta branda e uma palavra amável geralmente dão mais resultados do que uma discussão ou uma repreensão. Aquilo que edifica dá mais frutos com o passar do tempo do que a crítica. Cultivar amigos é mais agradável e mais proveitoso do que partir para o ataque de inimigos. E, comumente, é melhor ser carinhoso e manso do que grosso ou agressivo — principalmente com as *vítimas* de falsos ensinamentos.

Contudo, essas palavras restritivas são vitais: *normalmente, comumente, geralmente*. Evitar conflitos *nem sempre* é o certo. Às vezes, é claramente pecado. Principalmente em tempos como estes, quando quase nenhum erro é considerado sério demais para ser excluído da conversa evangélica[11] e em que lobos vestidos de profetas, declarando visões de paz quando não há paz (cf. Ezequiel 13:16), estão se infiltrando no rebanho do Senhor.

Até o pastor mais amável e mais gentil, às vezes, precisa jogar pedras nos lobos que vêm vestidos de ovelhas.

Jesus sempre foi "bonzinho"?

O Grande Pastor nunca esteve longe de controvérsias abertas com os moralistas religiosos de maior notoriedade em todo o Israel. Quase todos os capítulos dos evangelhos fazem alguma referência à sua contínua luta contra os principais hipócritas de sua época, e ele não fez nenhum esforço para ser simpático em seus encontros com eles. Não os convidou para o diálogo nem participou de uma amigável troca de ideias.

Como veremos, o ministério público de Jesus mal estava encaminhado quando invadiu o que consideravam como sendo território deles — a área do templo em Jerusalém — e partiu para um comportamento violento e justificado contra o controle mercenário que tinham da adoração de Israel. Fez o mesmo novamente durante a última semana que antecedeu sua crucificação, logo depois de sua entrada triunfal na cidade. Um de seus últimos discursos públicos importantes foi o solene pronunciamento dos sete "ais" contra os escribas e fariseus. Essas foram maldições formais contra eles. Aquele sermão foi a coisa mais distante de um diálogo amigável. O registro do sermão feito por Mateus ocupa um capítulo inteiro (Mateus 23) e, como foi observado anteriormente, está totalmente desprovido de qualquer palavra positiva ou promissora para os fariseus e seus seguidores. Lucas refina e resume toda a mensagem em três pequenos versículos — Lucas 20:45-47: "Estando todo o povo a ouvi-lo, Jesus disse aos seus discípulos: 'Cuidado com os mestres da lei. Eles fazem questão de andar com roupas especiais, e gostam muito de receber saudações nas praças e de ocupar os lugares mais importantes nas sinagogas e os lugares de honra nos banquetes. Eles devoram as casas das viúvas, e, para disfarçar, fazem longas orações. Esses homens serão punidos com maior rigor!'"

Esse é um resumo perfeito do modo como Jesus lidava com os fariseus. É uma forte denúncia — uma crítica pungente e declarada sobre a seriedade do erro deles. Não há conversa, não há coleguismo, não há diálogo e não há cooperação. Somente confrontação, condenação e (como registra Mateus) maldições contra eles.

A compaixão de Jesus, sem dúvida, é evidente em dois fatos que delimitam esse discurso. Primeiro, Lucas diz que, ao se aproximar da cidade e observar todo o seu panorama nessa última vez, Jesus parou e chorou sobre ela (Lucas 19:41-44). E, segundo, Mateus registra um lamento similar no final dos sete "ais" (Mateus 23:37). Assim, podemos ter plena certeza de que, enquanto Jesus fazia essa crítica pungente, seu coração estava cheio de compaixão.

Contudo, essa compaixão está voltada para as vítimas dos falsos ensinamentos, não para os falsos mestres. Não há nenhuma sugestão de empatia, nenhuma proposta de clemência, nenhum traço de bondade, nenhum esforço da parte de Jesus de ser "bonzinho" com os fariseus. Na verdade, com essas palavras, Jesus formal e sonoramente pronunciou a destruição deles e depois os expôs publicamente como uma advertência para os outros.

Isto é completamente o oposto de qualquer convite ao diálogo. Jesus *não* diz: "Eles são, basicamente, homens bons. Eles têm boas intenções. Eles têm algumas visões espirituais válidas. Vamos conversar com eles." Pelo contrário, diz: "Mantenham distância. Cuidado com o estilo de vida e a influência deles. Sigam-nos e terão a mesma condenação que eles."

Essa visão certamente teria levado Jesus a receber uma manifestação estrepitosa de sonora desaprovação da parte dos guardiões do protocolo evangélico de hoje. Na realidade, sua visão dos fariseus ridiculariza os pontos fundamentais da sabedoria convencional entre evangélicos modernos e pós-modernos — a predisposição neoevangélica ao coleguismo eterno e à obsessão dos emergentes por juntar todos os pontos de vista em uma conversa interminável. Segundo os parâmetros de hoje, as palavras de Jesus sobre os fariseus e o modo como ele os trata são impressionantemente severos.

Voltemos ao início do ministério de Jesus e observemos como começou e como se desenvolveu a hostilidade entre ele e os fariseus.

Acredito que muitos leitores ficarão surpresos ao descobrirem que foi Jesus quem fez a primeira investida. E foi um ataque incrivelmente forte.

O Cristo austero e santo, o indignado, o Messias poderoso, o Mensageiro da Aliança sobre quem está escrito: "[Ele] purificará os levitas e os refinará como ouro e prata. Assim trarão ao Senhor *ofertas com justiça" não agrada àqueles que desejam somente um Cristo manso e dócil. [O que vemos, em vez disso, é que] o zelo impetuoso de Jesus veio com tão repentina e tremenda eficácia que, diante desse homem desconhecido, que não tinha outra autoridade do que sua própria pessoa e palavra, essa multidão de comerciantes e cambistas, que se achavam plenamente no direito quando realizavam seus negócios no pátio do templo, correram para todos os lados como um bando de meninos travessos.*

R. C. H. Lenski[12]

CAPÍTULO 2

Duas Páscoas

*[Eles] o encontraram no templo, sentado entre os
mestres, ouvindo-os e fazendo-lhes perguntas.*

Lucas 2:46

Ele fez um chicote de cordas e expulsou todos do templo.

João 2:15

O primeiro encontro registrado de Jesus com os principais rabinos de Jerusalém foi o mais brando e o mais agradável de todos os encontros frente a frente com eles que ficaram registrados. Ocorreu quando ainda era um menino de doze anos, visitando Jerusalém com seus pais para a festa da Páscoa. De todos os escritores dos evangelhos, só Lucas tem algo a dizer sobre a infância ou adolescência de Jesus, e este é o único episódio que Lucas registrou desde o nascimento de Jesus até seu batismo: "Todos os anos seus pais iam a Jerusalém para a festa da Páscoa. Quando ele completou doze anos de idade, eles subiram à festa, conforme o costume" (Lucas 2:41,42).

O nome *Páscoa* referia-se àquela noite no final do cativeiro de Israel no Egito, quando o anjo da morte passou por toda a terra do Egito e matou o primogênito em todas as casas egípcias, mas ignorou as moradas dos israelitas, porque eles haviam marcado as ombreiras e as vergas da porta com o sangue de um cordeiro sacrificial (Êxodo 12:23-27).

A Páscoa era uma comemoração anual com o sacrifício de um cordeiro e uma grande festa. Era o maior evento de um dia no calendário judaico, sempre celebrado no dia 14 do mês *nissan*. Esse era o primeiro mês do ano religioso hebraico e caía no auge da primavera. (Uma vez que estava baseada em um calendário lunar, e não em um ano de 365 dias, a data varia de acordo com os calendários modernos, mas vai do meio de março ao início de abril.)

Todos os anos, o dia após a Páscoa dava início a uma celebração de uma semana conhecida como a festa dos pães sem fermento (Levítico 23:6-8). Juntas, então, essas duas festas se estendiam por oito dias inteiros. Durante essa semana, toda a cidade de Jerusalém ficava abarrotada de peregrinos que vinham oferecer sacrifícios e participar das festas e de outras festividades.

A PÁSCOA EM JERUSALÉM — CENA Nº 1

Aos doze anos de idade, naquela cultura, Jesus já estava à beira de se tornar um homem. No ano seguinte, ele seria *bar mitzvah* — filho da lei. Então, seria formalmente considerado um adulto, teria responsabilidade pessoal pela lei e estaria qualificado para participar publicamente da adoração judaica. Até lá, no entanto, ainda era um menino — e não só aos olhos de sua cultura. Ele era, de fato, um menino em todos os sentidos, que estava passando por todos os processos normais de desenvolvimento biológico, mental e social. Em outras palavras, Jesus, como um menino, não era algum tipo de prodígio paranormal. O registro dos evangelhos deixa isso claro.

Na verdade, essa breve janela que leva à infância de Jesus é um dos retratos mais vívidos de Cristo na Bíblia em toda a sua humanidade. Nos séculos II e III d.C., surgiram ocasionalmente escritos ilegítimos, insinuando conter relatos originais da infância de Jesus. Às vezes conhecidos como os "evangelhos da infância", esses escritos eram invenções gnósticas cheias de histórias fantasiosas e muitas vezes absurdas. Normalmente, descreviam o menino Jesus como uma espécie de criança-prodígio transcendental. Fazem uma estranha descrição de um menino poderoso, porém petulante, que realizava todos os tipos de milagres inconcebíveis para uma criança — criar pardais do barro e fazê-los voar; aumentar as vigas de madeira na carpintaria de seu pai para que elas encaixassem e curar seus amiguinhos — ou, dependendo de seu humor, fazê-los cair mortos. Segundo uma das histórias, ele faz os vizinhos ficarem cegos. O menino Cristo dos evangelhos gnósticos também era conhecido por repreender qualquer professor que tivesse a audácia de tentar instruí-lo.

O único relato bíblico autêntico acerca da infância de Jesus é totalmente contrário a todas essas histórias. O que vemos em Lucas 2 é um menino muito normal com pais de verdade.

José e Maria iam todos os anos a Jerusalém para celebrar a Páscoa (v. 41). Mas é provável que Lucas 2 esteja descrevendo a primeira Páscoa de Jesus em Jerusalém. Era costume que o menino, em seu último ano de infância, passasse sua primeira festa no templo. A preparação para o *bar mitzvah* implicava instrução na lei, incluindo familiaridade com os costumes, rituais, festas e sacrifícios judaicos. A semana da Páscoa oferecia uma intensiva iniciação em tudo isso, assim era comum que o menino, em seu último ano na infância, tivesse o privilégio de acompanhar os pais a Jerusalém para essa semana de celebração. (Mateus 21:15 diz que na entrada final e triunfal de Cristo em Jerusalém havia "crianças gritando no templo: 'Hosana'". Mateus usa um substantivo masculino no original para se referir a "crianças". Normalmente não se encontrava um grande número de meninos ainda na infância na área do terreno. Mas a entrada de Jesus em Jerusalém aconteceu havia menos de uma semana para a Páscoa, e meninos de doze anos de todo o Israel estariam ali, aguardando sua primeira experiência significativa de adoração no templo.) Parece que quando o próprio Jesus era um menino prestes a se tornar um homem, sua família seguiu aquele mesmo costume.

Lucas não diz nada sobre a celebração da Páscoa propriamente dita nem da festa dos pães sem fermento, mas retoma a história quando é chegado o momento de a família voltar para a Galileia: "Terminada a festa, voltando seus pais para casa, o menino Jesus ficou em Jerusalém, sem que eles percebessem. Pensando que ele estava entre os companheiros de viagem, caminharam o dia todo. Então começaram a procurá-lo entre os seus parentes e conhecidos. Não o encontrando, voltaram a Jerusalém para procurá-lo" (Lucas 2:43-45).

A separação de Jesus de seus pais surgiu de um mal-entendido da parte de seus pais. De modo algum a história do evangelho sugere que Jesus estava sendo travesso ou desobediente. Ele simplesmente estava entretido com as atividades no templo — aquilo que era seu objetivo na viagem. No dia em que se programaram para partir, no entanto, os pais de Jesus estavam preocupados com os preparativos para a viagem de volta para casa. Quando partiram, ele ficou — não por desrespeito ou rebeldia, mas simplesmente porque (como todas as crianças) estava totalmente absorto em algo que prendera sua atenção. Sua verdadeira humanidade jamais se manifesta de forma mais clara do que nesse relato.

Uma vez que tantos peregrinos desciam para Jerusalém durante a semana, todas as estradas e hospedarias ficavam muito cheias, e grande número de pessoas de cada comunidade ia e voltava da festa juntas na viagem. Partindo de uma cidade do tamanho de Nazaré, era possível que houvesse cem ou mais pessoas no grupo dos pais de Jesus, alguns andando, outros montados em animais de carga que seguiam devagar. É provável que um bando desse tamanho tivesse cerca de um quilômetro e meio de extensão, e as mulheres normalmente viajavam em um grupo ou em vários grupos pequenos juntos, em vez de se espalharem entre os homens.

Assim, é fácil entender como surgiu essa confusão. Maria e José, sem dúvida, imaginaram que Jesus estivesse ou com um ou com o outro. É óbvio que ele não era uma criança dada a travessuras, por isso nenhum dos pais se preocupou em saber do paradeiro de Jesus até o final do primeiro dia de viagem, quando, de repente, descobriram que ele não estava com o grupo.

Qualquer pai ou mãe pode facilmente imaginar os sentimentos de pavor que os dominou tão logo perceberam que haviam deixado Jesus para trás. Naturalmente, foi um dia inteiro de viagem *de volta* para Jerusalém. Eles, sem dúvida, voltaram o mais rápido possível, muito provavelmente naquela mesma noite. Sendo assim, chegaram ao amanhecer ou pouco depois disso, exaustos e aflitos. Começaram a procurar Jesus por toda a cidade — certamente esperando que ele também estivesse à procura deles. Começaram com lugares que sabiam que eram familiares para ele e, não obtendo nenhum resultado com isso, vasculharam cada beco e esquina da cidade, cada vez mais desesperados à medida que as horas passavam. "Três dias", diz Lucas — provavelmente contando a partir da primeira saída deles no final da festa. No mínimo, percorreram freneticamente toda a cidade de Jerusalém por um dia e meio, examinando e tornando a examinar todos os lugares onde estiveram com ele.

Exceto, talvez, o lugar mais óbvio.

"Depois de três dias o encontraram no templo, sentado entre os mestres, ouvindo-os e fazendo-lhes perguntas. Todos os que o ouviam ficavam maravilhados com o seu entendimento e com as suas respostas" (vs. 46,47).

Esta é uma descrição única de Jesus, sentado entre os principais rabinos de Israel, ouvindo-os com atenção, fazendo perguntas e surpreendendo-os com sua compreensão e discernimento. Ainda um menino em todos os sentidos, ele já era o aluno mais surpreendente que já haviam tido o privilégio de ensinar. É óbvio que manteve esses mestres totalmente ocupados por três dias, e, quando José e Maria finalmente apareceram na cena, a atenção de Jesus ainda estava tão voltada para a lição que ele nem sequer havia pensado em sair à procura de seus pais.

Uma vez que ainda era uma criança — a criança *perfeita* —, só convém imaginar que Jesus estava no papel de um aluno respeitoso. Não devemos pensar que ele estava repreendendo, desafiando e até instruindo aqueles rabinos. Na verdade, Lucas parece incluir esta breve vinheta sobre a infância de Jesus precisamente para enfatizar a plena humanidade de Cristo — como ele cresceu "em sabedoria, estatura e graça diante de Deus e dos homens" (v. 52). Mais uma vez, Lucas está dizendo que todo aspecto de desenvolvimento de Jesus até se tornar totalmente um homem (intelectual, física, espiritual e socialmente) foi *comum*, e não fora do comum. Isso significa que, mesmo sendo Deus encarnado, com todos os atributos plenos de Deus em seu ser infinito, de algum modo misterioso, sua onisciência divina (embora à sua disposição sempre que servia ao propósito de seu Pai) normalmente estava oculta. Sua mente consciente estava, portanto, sujeita às limitações normais da finitude humana. Em outras palavras, como diz Lucas aqui, Jesus realmente *aprendia* coisas. Embora soubesse tudo a fundo e de modo onisciente como Deus, ele nem sempre tinha pleno conhecimento de tudo em sua consciência humana (como vemos em Marcos 13:32). As perguntas que fez àqueles rabinos faziam parte do processo de aprendizado e não eram algum meio duvidoso de expor os rabinos. Ele realmente estava aprendendo com eles e processando o que lhe ensinavam. Essa experiência, sem dúvida, deu ao nosso Senhor a primeira ideia pessoal do modo como eles enfocavam as Escrituras e de seu sistema religioso, o qual ele, mais tarde, denunciaria.

Não há alusão alguma ao tema da lição, mas três dias não são suficientes para uma análise completa do Antigo Testamento, por isso, obviamente, não é necessário presumir que os rabinos do templo estavam aprofundando-se em assuntos teológicos que eram difíceis de entender. É muito provável que estivessem discutindo questões relacionadas à sua interpretação da história de Israel, à lei, aos salmos e aos profetas. Lucas diz que Jesus estava ouvindo e fazendo perguntas, e o que surpreendeu esses tutores foi que ele compreendia as informações que lhe eram dadas e as respostas da criança (v. 47). Assim, eles obviamente o estavam interrogando, e estavam maravilhados com seu nível de atenção e sua habilidade para perceber a verdade espiritual.

Essa seria uma lição surpreendente para se escutar às escondidas, e é o único momento em todas as histórias dos evangelhos em que vemos Jesus sentado aos pés de alguém para aprender. Sem dúvida, ao longo de toda a sua infância, ele *teve* outros mestres também, e Lucas parece reconhecer isso em sua descrição do modo como Jesus amadureceu (v. 52). Mas Lucas 2:46 ainda é a única janela à carreira estudantil de Jesus que nos é dada em alguma passagem nas Escrituras. E é o único registro em todos os evangelhos de qualquer troca amigável e prolongada de ideias entre Jesus e algum grupo de rabinos importantes.

A lição foi interrompida de forma muito abrupta quando José e Maria finalmente encontraram Jesus. Pela perspectiva de qualquer pai ou mãe, a ansiedade e a irritação desses pais são, sem dúvida, facilmente compreensíveis: "Quando seus pais o viram, ficaram perplexos. Sua mãe lhe disse: 'Filho, por que você nos fez isto? Seu pai e eu estávamos aflitos à sua procura'" (v. 48).

Essa provavelmente não foi a primeira — e certamente não seria a última — vez que os motivos inocentes de Jesus seriam entendidos e interpretados de forma equivocada. Nem suas palavras para José e Maria deveriam ser interpretadas como uma resposta impertinente. De fato, ele ficou espantado ao ver que eles não souberam exatamente onde procurá-lo. "Ele perguntou: 'Por que vocês estavam me procurando? Não sabiam que eu devia estar na casa de meu Pai?'" (v. 49).

Maria, sem dúvida, estava se referindo a José quando disse: "seu pai". Jesus, no entanto, estava chamando Deus de "meu Pai". (É óbvio que Jesus já tinha uma clara noção de quem era e qual sua verdadeira responsabilidade.) Mas, no momento, os pais de Jesus estavam tão aliviados por o encontrarem, tão surpresos por achá-lo aos pés desses importantes rabinos e tão cansados de toda aquela via crúcis que "não compreenderam o que lhes dizia" (v. 50).

Lucas termina esse vislumbre singular da infância de Jesus com esta conclusão: "Então foi com eles para Nazaré, e era-lhes obediente. Sua mãe, porém, guardava todas essas coisas em seu coração. Jesus ia crescendo em sabedoria, estatura e graça diante de Deus e dos homens" (vs. 51,52). É assim que termina Lucas 2, e o final é um perfeito resumo da infância de Jesus.

À primeira vista, não é fácil entender como Jesus, como Deus encarnado, com todos os atributos da divindade, pôde crescer em sabedoria ou ganhar o favor de Deus. Mas é uma declaração acerca da *humanidade* de Jesus. Como Deus, ele é, sem dúvida, perfeito em todos os sentidos e, portanto, eternamente imutável (Hebreus 13:8). A onisciência divina, por definição, não permite que a sabedoria cresça de forma alguma. Mas esse texto está dizendo que, no conhecimento consciente de sua mente humana, Jesus nem sempre fez uso do conhecimento infinito que possuía como Deus (cf. Marcos 13:32). Ele não perdeu sua onisciência nem deixou de ser Deus, mas, voluntariamente, suspendeu o uso dessa qualidade — de modo que, como menino, aprendia coisas do mesmo modo que aprende toda criança humana. Além disso, enquanto passava da infância para a fase adulta, ganhou a admiração dos outros e a aprovação de Deus por causa do modo como vivia como ser humano sujeito à lei de Deus (Gálatas 4:4).

Lucas 2:52 não é, portanto, uma negação da deidade de Jesus; é uma afirmação de sua verdadeira humanidade. A ênfase está na condição normal de seu desenvolvimento. Enquanto avançava da infância para a fase adulta, ele passou por tudo aquilo que qualquer outra criança passaria — menos pela culpa do pecado.

A páscoa em Jerusalém — cena nº 2

Avançamos mais de quinze anos. Jesus agora é um homem completamente maduro com cerca de trinta anos de idade e está de volta a Jerusalém para outra Páscoa. Desta vez, João é o único evangelista que registra o evento: "Quando já estava a Páscoa judaica, Jesus subiu a Jerusalém" (João 2:13). O ministério público de Jesus durará pouco mais de três anos ao todo e, desse modo, inclui quatro Páscoas. Sua reputação logo começará a se espalhar durante primeira semana da Páscoa e sua crucificação ocorrerá no Dia de Páscoa exatamente três anos mais tarde.

As Escrituras não nos dão informação alguma sobre a vida de Jesus após o fim de Lucas 2 até ele ser batizado por João no rio Jordão.[1] Assim, João está registrando a primeira vez que Jesus é visto de perto em um contexto público e urbano. Na verdade, essa Páscoa é o primeiro evento público importante do ministério de nosso Senhor. Embora vá trabalhar e viver principalmente na Galileia, Jesus escolhe o maior evento do ano em Jerusalém para fazer sua estreia pública. Como vemos na narrativa que se desenrola, Jesus não faz o menor esforço para parecer "positivo" antes de provocar uma confrontação:

> No pátio do templo viu alguns vendendo bois, ovelhas e pombas, e outros assentados diante de mesas, trocando dinheiro. Então ele fez um chicote de cordas e expulsou todos do templo, bem como as ovelhas e os bois; espalhou as moedas dos cambistas e virou as suas mesas. Aos que vendiam pombas disse: "Tirem estas coisas daqui! Parem de fazer da casa de meu Pai um mercado!" (João 2:14-16).

A forma abrupta com que Jesus aparece no templo é um cumprimento literal de Malaquias 3:1,2: "'E então, de repente, o Senhor que vocês buscam virá para o seu templo; o mensageiro da aliança, aquele que vocês desejam, virá', diz o Senhor dos Exércitos. Mas quem suportará o dia da sua vinda? Quem ficará em pé quando ele aparecer? Porque ele será como o fogo do ourives e como o sabão do lavandeiro."

Jerusalém estava novamente apinhada de peregrinos, não só de toda a terra de Israel, mas também de comunidades judaicas espalhadas por todo o mundo romano. A população da cidade poderia ser mais do que o dobro durante uma semana típica de Páscoa. Sem dúvida, mercadores por toda a cidade lucravam muito com as rendas que entravam provenientes de peregrinos durante as festas.

Os sacerdotes do templo tinham sua própria franquia extremamente rentável montada bem ali na área do templo. Uma parte do enorme pátio externo (conhecido como átrio dos gentios) havia transformado-se em uma feira tumultuada, cheia de mercadores de animais autorizados e cambistas. Com multidões de todos os cantos do império chegando para celebrar a Páscoa, era impossível que alguns dentre elas trouxessem seus próprios bois, ovelhas ou pombas para o sacrifício. Além disso, o cordeiro pascal tinha de ser "macho de um ano, sem defeito" (Êxodo 12:5). Todos os outros animais usados em sacrifícios também não podiam ter defeito.

A lei era clara nesse sentido: "Não tragam nenhum animal defeituoso, porque não será aceito em favor de vocês" (Levítico 22:20). Os sacerdotes, consequentemente, inspecionavam com cuidado todo animal trazido ao altar e, se encontrassem um defeito, eles declaravam que o animal não servia. Por razões óbvias, era terrivelmente inconveniente que qualquer família, em uma viagem de mais de três dias, partindo da Galileia, trouxesse um animal para ser usado no sacrifício e acabasse por ouvir que ele não estava apto. E, para muitos, a viagem a Jerusalém era longe demais até para cogitar a ideia de levar animais para o sacrifício. Assim, os mercadores do templo vendiam animais pré-aprovados — mas por um preço muito alto.

As mesas dos cambistas também deviam servir aos peregrinos e adoradores, porque as ofertas para o templo tinham de ser feitas com moedas judaicas. As moedas romanas tinham impressões de César (Lucas 20:24), o que era considerado idolatria. Outras moedas estrangeiras também não eram aceitas como pagamento pelas ofertas no templo, porque eram cunhadas em metal impuro ou porque as imagens gravadas nelas as tornavam inaceitáveis para um ato de adoração. Consequentemente, somente um tipo particular de moeda de meio siclo poderia ser usado.

O Antigo Testamento determinava uma oferta de meio siclo para todo homem de vinte ou mais anos a ser feita a cada censo da nação (Êxodo 30:13,14). A taxa de meio siclo deveria, especificamente, ser usada para a manutenção do templo (v. 16) e, por volta do século I, com a enorme reconstrução de toda a área do terreno feita por Herodes, isso se tornou uma doação anual, exigida de todo hebreu devoto. Uma moeda de meio siclo equivalia mais ou menos ao pagamento de dois dias de trabalho para o trabalhador comum.

Obviamente, os estrangeiros precisavam trocar seu dinheiro por moedas de meio siclo autênticas para fazer a doação, e parece que as autoridades do templo monopolizavam o mercado de todo câmbio de moedas hebraicas em Jerusalém. (Os romanos, sem dúvida, lhes haviam dado esse monopólio como uma forma de conciliar o Sinédrio.) Consequentemente, eles cobravam uma taxa de câmbio usurária pelas moedas. Na verdade, o termo grego para cambistas é *kollubistes*, derivado do nome de uma moeda chamada *kollubos*, pela qual provavelmente eles cobravam a taxa de câmbio. O nome da moeda deriva de uma raiz que significa "cortado", assim o nome *kollubistes* traz uma conotação desagradável: "cortadores de dinheiro".

Segundo a lei do Antigo Testamento, os judeus são proibidos de cobrar juros de seus compatriotas, seja "por dinheiro, alimento, ou qualquer outra coisa que possa render juros" (Deuteronômio 23:19). Assim, uma taxa de câmbio alta sobre moedas de meio siclo era muito ruim sob quaisquer circunstâncias. Mas o fato de que isso estava sendo feito com as ofertas de adoradores, na área do templo, sob a supervisão das autoridades do local e com seu incentivo, era claramente um pecado. Se os animais fossem vendidos a preços justos de mercado e se o dinheiro fosse trocado sem juros, isso talvez tivesse sido um serviço legítimo para subsidiar o pátio externo do templo. Mas, na realidade, as autoridades estavam abrigando um covil de ladrões e lucrando com eles (cf. Marcos 11:17) — explorando as mesmas pessoas a quem deveriam servir.

Não é difícil imaginar o que toda essa atividade causou à atmosfera da área do templo também. Ovelhas berrando, bois mugindo, mercadores discutindo e peregrinos indignados levantando a voz, todos juntos, em meio ao fedor de estrume de todos aqueles animais. Era uma mistura de barulho, dissonância, imundície e confusão. Sem dúvida, não era o ambiente para a adoração. Era um caos carnal, a primeira coisa que surgia diante dos olhos de todo peregrino que chegava ao monte do templo.

A resposta de Jesus, na verdade, reflete um espantoso nível de paciência e ponderação. (Mas não o tipo de paciência que convida ao diálogo amigável antes de fazer uma repreensão; e nem o tipo de ponderação que encontra uma maneira de ser positivo antes de fazer algo negativo.) Com cuidado e esmero, ele trançou algumas cordas para fazer um chicote ou açoite. Havia cordas pequenas em abundância por todos os lados — cordas baratas usadas para amarrar os animais. Há algo notavelmente irônico — porém apropriado — na percepção de que o símbolo do desagrado do Senhor foi feito por ele a partir de instrumentos de escravidão trazidos para o local pelos próprios transgressores. Portanto, ele usou as ferramentas do comércio injusto do pecador para fazer justiça contra eles.

De modo surpreendente, a resposta de Jesus é ousada, principalmente quando consideramos que, nesse momento, ele não era nem um pouco conhecido, estava agindo publicamente contra a mais poderosa aliança no judaísmo, invadindo o território deles (ou assim *eles* imaginavam) e se colocando contra um grande número de exploradores inescrupulosos que, provavelmente, não hesitariam em fazer uso da violência contra ele.

Nada parece indicar que *ele* causou algum dano físico *nos mercadores*. Um chicote de cordas pequenas era uma ferramenta comum e inofensiva usada para conduzir animais grandes. (Um chicote provisório como esse provavelmente não poderia causar nenhuma dor real em bois ou ovelhas; na verdade, era um meio muito brando de tocá-los quando comparado a um chicote comum.) Não há nenhuma sugestão de que açoitou os comerciantes ou os cambistas. O versículo 15 diz: "[Ele] expulsou todos do templo, bem como as ovelhas e os bois." É muito provável que tenha usado o chicote para tocar os animais, e os tenha usado como um motivo para que os mercadores saíssem correndo atrás deles. Limpando, dessa forma, a área bem depressa.

Todavia, a determinação e o poder de Jesus eram impressionantes e devem ter intimidado de um modo inacreditável. Sua raiva é evidente; seu zelo é grande e imponente; e a força da autoridade divina em suas palavras é inconfundível. Ele realizou exatamente aquilo que se propôs a fazer e, se algum animal ou mau-caráter ofereceram resistência física, as Escrituras não mencionam.

Jesus estava claramente agindo como um profeta e reformador no estilo clássico dos homens de Deus de Israel no Antigo Testamento. Ainda mais do que isso, ao se referir a Deus como "meu Pai" (em vez de usar a expressão comum "nosso Pai"), ele, implicitamente, declarou-se *mais* do que um profeta e reformador — o próprio Filho de Deus. Sem pedir desculpas, invocou o nome e a autoridade de seu Pai, e deu ordens bruscas com uma determinação enfática que dissuadiu qualquer resposta. Ele não estava fazendo sugestões nem pedidos, muito menos pedindo um diálogo amigável.

Ele até virou as mesas dos cambistas e derrubou suas moedas no chão. Deve ter sido um grande tumulto por toda a parte, mas, em meio a ele, Jesus aparece calmo — impetuoso em sua raiva, talvez, mas firme, decidido, estoico e totalmente controlado. Ele é o retrato do autocontrole. (Esta é, de fato, uma indignação *justificada*, e não um temperamento agressivo que fugiu ao controle.)

Em contrapartida, os mercadores e cambistas foram, no mesmo instante, expulsos em meio à confusão: "[Ele] expulsou *todos* do templo" (v. 15). Com as mudanças que Herodes havia feito na área do templo, isso significa que eles fugiram completamente do monte do templo. E que confusão! Comerciantes de animais corriam desesperados atrás de suas ovelhas e bois, cujos instintos de andar em grupos fizeram com que toda a evacuação parecesse uma debandada — provavelmente descendo as escadas do sul, levando uma grande quantidade de peregrinos que estavam *subindo* aquelas escadas correndo para sair do caminho. Os cambistas arrastavam-se para juntar as moedas que foram para o ar quando as mesas foram viradas. Mas, enquanto animais e pessoas fugiam da cena, os cambistas decerto perceberam como estavam expostos agora. Com suas mesas viradas, não havia nada para protegê-los da ira de Jesus ou da vergonha a que eles mesmos se expuseram diante dos peregrinos de quem estavam roubando. Assim, fugiram também. De forma submissa, os comerciantes de aves agarraram engradados com pombas e fugiram em obediência àquelas palavras poderosas: "Tirem estas coisas daqui! Parem de fazer da casa de meu Pai um mercado!" (v. 16).

O total controle da situação por parte de Jesus era tão grande que não houve nenhuma revolta propriamente dita. Nenhuma lesão a um homem ou animal é mencionada. A ação mais "violenta" descrita aqui são as mesas sendo viradas.

Caso alguma rixa de verdade ou revolta prolongada tivesse acontecido, os romanos mantinham tropas militares próximas do templo, no forte Antônia, incluindo uma torre que permitia aos vigias observarem o que estava acontecendo nos pátios do templo. As tropas estariam ali em questão de minutos para lidar com qualquer confusão séria. Mas isso não foi necessário. A paz imediatamente se estabeleceu — na verdade, um contraste agradável e absoluto ao alvoroço interminável da feira de animais e gritos dos banqueiros.

João, um dos primeiros discípulos que Jesus chamou, estava, sem dúvida, presente neste dia e, portanto, escreve essa história como testemunha ocular. Assim, ele descreve seus próprios pensamentos quando Jesus diz: "Seus discípulos lembraram-se de que está escrito: *'O zelo pela tua casa me consumirá'*" (v. 17). É uma referência a Salmos 69:9: "O zelo pela tua casa me consome, e os insultos daqueles que te insultam caem sobre mim." Esse versículo, por sua vez, corresponde exatamente a Salmos 119:139: "O meu zelo me consome, pois os meus adversários se esquecem das tuas palavras." As duas passagens aplicam-se perfeitamente a esse incidente. Ambos os textos descrevem uma fúria zelosa que não é o ressentimento egoísta de alguém que sofreu um insulto pessoal. Pelo contrário, é uma indignação profunda que provém da constatação de que *Deus* está sendo desonrado. Mais uma vez, vemos claramente o quanto Jesus foi instigado por uma indignação *justificada* — nascendo dos motivos mais puros de um coração casto e virtuoso. Isso não tinha nada a ver com o tipo de raiva descontrolada que, muitas vezes, associamos à raiva humana.

A PÁSCOA EM JERUSALÉM — CENA Nº 3

A investida de Jesus contra os cambistas foi uma incursão ousada e inesperada no coração da base de poder do Sinédrio. Ele fez isso sem avisar e sem solicitar-lhes nada antes. Foi uma ação profética à maneira de Elias. E as autoridades do templo entenderam isso de imediato. Fazia vários anos que vinham debatendo-se com o problema político acerca do que fazer com relação a João Batista — que veio no espírito e no poder de Elias (Lucas 1:17). "Eles temiam o povo, pois todos realmente consideravam João um profeta" (Marcos 11:32). Isso claramente descrevia por que não prenderam Jesus imediatamente ou acusaram-no de algum crime. Pelo contrário, pediram provas de suas credenciais proféticas. João escreve: "Então os judeus [as autoridades judaicas e seus representantes][2] lhe perguntaram: 'Que sinal miraculoso o senhor pode mostrar-nos como prova da sua autoridade para fazer tudo isso?'" (João 2:18).

Os que vieram para interrogar Jesus eram, sem dúvida, oficiais da guarda do templo. Essa era uma pequena, porém poderosa, força de segurança que agia sob a autoridade do Sinédrio (cf. Atos 5:24; João 7:32, 45,46; 18:3,12,18,22; 19:6). Sua principal missão era manter a ordem no templo e no entorno, e eram uma presença intimidadora ali. Qualquer perturbação no local faria com que viessem imediatamente. Uma vez que as palavras e as ações de Jesus na purificação do templo continham uma declaração implícita de autoridade profética, eles exigiram um sinal — um milagre — como prova dessa autoridade. Era uma exigência formal que tinha por trás dela toda a autoridade legal deles. O provável motivo desses homens era intimidá-lo para que fosse submisso. Provavelmente, nunca imaginaram que ele teria algum tipo de resposta para a exigência que faziam de um sinal.

Na realidade, ele já lhes havia dado um importante sinal. O ato de purificar o templo era um drástico cumprimento inicial daquela passagem em Malaquias 3:1-5 — e, consequentemente, uma clara demonstração da autoridade messiânica de Jesus. Além disso, no decorrer de seu ministério, ele realizaria vários sinais miraculosos e maravilhas (Mateus 11:5; João 21:25) em todos os tipos imagináveis de locais públicos, muitas vezes na presença de anciãos que tinham autoridade. Eles *continuaram* a exigir mais e maiores sinais (João 6:30; Mateus 12:38; 16:1; Marcos 8:11), enfatizando a cruel obstinação de sua descrença. Quase no final do ministério de Jesus, João diria: "Mesmo depois que Jesus fez todos aqueles sinais miraculosos, não creram nele" (João 12:37).

Talvez seja por isso que, aqui, durante sua primeira confrontação com o Sinédrio, Jesus não lhes tenha dado nenhum sinal miraculoso. (Embora esteja claro no versículo 23 que realizou diversos milagres durante a semana de festa que seguiu aquela Páscoa.) Em vez disso, nessa ocasião, ele entregou sua primeira profecia sutil sobre o maior sinal de todos: "Jesus lhes respondeu: 'Destruam este templo, e eu o levantarei em três dias.' [...] mas o templo do qual ele falava era o seu corpo" (João 2:19-21).

Em outros exemplos nos quais os fariseus exigiam sinais cósmicos e maravilhas, Jesus também mostrou que sua própria ressurreição dentre os mortos seria o maior sinal para eles. "Uma geração perversa e adúltera pede um miraculoso! Mas nenhum sinal lhe será dado, exceto o do profeta Jonas. Pois assim como Jonas esteve três dias e três noites no ventre de um grande peixe, assim o Filho do homem ficará três dias e três noites no coração da terra" (Mateus 12:39,40). Essa declaração, assim como suas palavras aqui sobre a destruição do templo, foi intencionalmente enigmática. Ninguém entendia o que ele estava dizendo no momento, mas a ressurreição deixou claro o significado de ambas as profecias. As autoridades do templo estavam visivelmente impressionadas com a resposta de

Jesus. Para elas, essa declaração era como as palavras de um louco. "Este templo levou quarenta e seis anos para ser edificado, e o senhor vai levantá-lo em três dias?"

É claro que não entendiam a sutileza do verdadeiro significado de Jesus e acreditavam que ele estava falando sobre o edifício do templo no topo do monte Moriá. Estavam literalmente à sombra daquele templo, que era a construção mais impressionante em todo o Israel. Construído por Herodes, o templo era uma estrutura monumental, prístina, branca reluzente e toda decorada com ouro feita de mármore importado, e não do calcário branco-sujo nativo — de modo que o templo não só era mais alto do que qualquer outro edifício em Jerusalém, mas também se distinguia no meio deles.

Herodes o Grande havia construído o templo como parte de uma extensiva campanha de construções idealizada por ele como o meio pelo qual perpetuaria seu nome e reputação. Já havia construído palácios espetaculares em Tiberíades, Cesareia e Massada. Também construíra basílicas, vilas, aquedutos, anfiteatros e cidades inteiras em toda a região mediterrânea ocidental — incluindo uma série de templos impressionantes de estilo romano em honra a deuses pagãos. As marcas de seu estilo eram a arquitetura inovadora e obras monumentais. Na verdade, Herodes *teria* sido lembrado principalmente como um dos maiores construtores da história se não tivesse trazido tanta infâmia a si mesmo ao matar todos os meninos em Belém após o nascimento de Jesus (Mateus 2:16) — um ato que, segundo todos os relatos, era consistente com seu estilo cruel de liderança. (Sem dúvida, outra razão por que o nome de Herodes é sinônimo de maldade é que seu filho e sucessor, Herodes Antipas, foi cúmplice na morte de Cristo. Todos os Herodes fizeram-se inimigos do evangelho desde o começo — e é por esse fato que nos lembramos muito bem deles, e não pelos monumentos que Herodes fez para seu próprio ego.) No entanto, as realizações arquitetônicas de Herodes, o Grande, não foram superadas por ninguém mais até a era moderna e foram impressionantes de acordo com qualquer tipo de medida.

O templo de Jerusalém foi o maior e mais majestoso projeto de Herodes. O templo anterior, construído por Zorobabel cerca de quinhentos anos antes de Cristo, era pequeno e estava em más condições. Comparado aos muitos templos romanos que pontilharam aquela parte do mundo, o templo de Zorobabel parecia constrangedoramente modesto. Assim, mesmo odiando Herodes, os judeus aceitaram sua proposta de construir um novo templo, projetado para ser maior em tamanho e em opulência do que qualquer outro templo no mundo antigo. Herodes concordou em lavrar todas as pedras para o novo templo antes da demolição da estrutura de Zorobabel, e um plano foi colocado em ação para que os sacrifícios não fossem interrompidos durante a construção do novo edifício. Todo o trabalho de construção do templo envolveu a participação ativa dos sacerdotes também.

O aspecto mais ambicioso de todo o projeto do templo foi o plano de Herodes de expandir a área útil no topo do monte do templo. Seus engenheiros abriram valas ao redor de toda a montanha e depois construíram muros de arrimo em torno de uma grande área retangular. O topo foi aplanado e o grande declive ao sul foi levantado com o aterro resultante para criar um planalto retangular. (O Muro Ocidental em Jerusalém, hoje, faz parte da base dessa plataforma. Aquelas famosas pedras enormes e cortadas em quadrado fazem parte do muro de arrimo original construído por trabalhadores de Herodes.) Assim, o topo do monte foi feito para acomodar um templo e um pátio duas vezes maior que o tamanho do templo de Zorobabel. O principal edifício era consideravelmente mais alto. E todo o complexo era surpreendentemente opulento. O lado oriental do edifício do templo era decorado com ornamentos de ouro. Enormes placas de ouro cobriam as portas e laminados de ouro batido revestiam grande parte dos principais elementos da arquitetura do prédio. Isso refletia o sol na maior parte do dia e transformava o templo na estrutura que sobressaía na cidade, visível de todo ângulo importante de Jerusalém. Como diz João 2:20, o projeto já estava em andamento havia 46 anos quando Jesus teve o primeiro confronto com os fariseus — e a obra na área do templo não estaria totalmente concluída por, pelo menos, mais três décadas.

Naturalmente, então, as autoridades do templo não acreditaram quando pensaram que Jesus estava sugerindo que poderia realizar em uma semana o que muitos trabalhadores experientes haviam levado 46 anos — e ainda não haviam terminado — para realizar. Sem dúvida, ele poderia ter feito isso facilmente. Afinal, foi quem, em primeiro lugar, falou e todo o universo passou a existir (João 1:3,10). Mas, como perceberam os discípulos anos mais tarde, após a ressurreição, ele estava, na verdade, falando de algo ainda mais profundo do que um mero projeto de construção tradicional. Estava falando sobre sua ressurreição física. Não obstante, isso provavelmente nem sequer impressionou a guarda do templo como sendo uma resposta séria.

Surpreendentemente, as autoridades do templo não prenderam Jesus. É claro que o que Jesus disse sobre a profanação do templo atingiu seu alvo de forma certeira. As pessoas que estavam no pátio do templo certamente souberam que foram vítimas da ganância de mercadores velhacos. É claro que apoiaram Jesus. Qualquer confusão que as ações de Jesus provocaram parece ter cessado rapidamente, e, quando a força de segurança chegou, ela se viu sozinha contra Jesus tendo como pano de fundo adoradores que certamente perceberam onde Jesus queria chegar, quer as autoridades do templo reconhecessem isso ou não. Assim, tais autoridades, obviamente, não debateram mais o assunto nesse caso. A confrontação entre Jesus e a guarda do templo parece ter acabado da mesma forma abrupta com que terminou o relato de João sobre ela e sem nenhum outro incidente, porque, no versículo 23, João descreve Jesus "em Jerusalém, na festa da Páscoa", realizando sinais e maravilhas.

É óbvio que esse episódio foi um grande constrangimento para o Sinédrio. Jesus expôs as trapaças que eles faziam nos negócios em seu próprio local. Declarou-os culpados de profanar o templo. Fez isso abertamente em plena luz do dia enquanto o Sinédrio tinha a vantagem de jogar em casa. Não se encolheu de medo nem recuou quando um time de brutamontes do Sinédrio chegou para desafiá-lo. E, no final, foram eles que tiveram de recuar, porque o argumento de Jesus era muito claro e muito óbvio para ser refutado. Se eles o prendessem, ainda que sob uma leve acusação de perturbar a paz, isso exigiria um julgamento. Testemunhas seriam convocadas. Testemunhos seriam dados. E eles já estavam claramente muito expostos para querer arrastar ainda mais esse incidente. Assim, parece que tiveram de deixá-lo ir embora.

Mas eles nunca esqueceram ou perdoaram esse incidente. Três anos depois, na noite da prisão de Jesus, em seu primeiro julgamento diante do Sinédrio, quando ninguém podia apresentar nenhuma acusação legítima contra ele, os chefes dos sacerdotes, finalmente, induziram a um perjúrio contra ele. E o testemunho dado pelas falsas testemunhas remontou a este primeiro conflito público entre Jesus e os hipócritas. Mateus 26:60,61 descreve o que aconteceu: "Finalmente se apresentaram duas [falsas testemunhas] que declararam: 'Este homem disse: Sou capaz de destruir o santuário de Deus e reconstruí-lo em três dias.'" Sem dúvida, elas estavam distorcendo tanto as palavras de Jesus quanto seu verdadeiro significado. Contudo, ele, finalmente, lhes daria o sinal e a prova máxima de sua autoridade alguns dias depois, ao ressuscitar do túmulo.

Na opinião de Jesus, o primeiro conflito com o Sinédrio também era iminente. Como veremos no capítulo conclusivo de nosso estudo, ele purificou o templo mais uma vez no final de seu ministério, no início daquela última semana antes da crucifação.

As duas investidas públicas, que manifestam sua autoridade divina e indignação justificada, são como suportes para o ministério público de Cristo. Dão contexto e sentido a todos os seus outros encontros nesse meio-tempo com a elite religiosa de Israel.

Para aqueles que prefeririam um messias manso, sempre amigável e sentimental estendendo a mão aos outros líderes religiosos e tendo um diálogo intelectual com eles, em vez de desafiá-los, talvez pareça estabelecer um sério precedente no início do relacionamento de Jesus com os líderes judeus. Mas, segundo sua própria confissão, o Príncipe da Paz não é nenhum pacifista em se tratando de hipocrisia e falsos ensinamentos. "Não pensem que vim trazer paz à terra; não vim trazer paz, mas espada" (Mateus 10:34). É claro que, agora, não há nenhuma dúvida sobre isso na opinião do Sinédrio, e a maioria de seus membros detestava Jesus desde o começo por causa do modo como tinham sido humilhados por ele.

Para dar mais ironia ainda à história, o primeiro encontro pessoal de Jesus com um membro do Sinédrio seria um encontro secreto com um tom e teor completamente diferentes desse encontro descrito aqui. Começará com uma proposta de paz — mas não de Jesus. O próximo encontro seria iniciado por um dos principais fariseus, Nicodemos.

Há várias coisas que podem ajudar a tornar a vida justa aos olhos dos homens, mas nada irá torná-la agradável aos olhos de Deus, a menos que o coração seja transformado e renovado. Na verdade, todos os remédios que possam ser aplicados, sem a obra santificadora do Espírito, embora possam tratar, nunca poderão curar as perversões e doenças da alma [...] Essas pessoas civis vão para o inferno sem muita preocupação, estando adormecidas no pecado, sem dar a mínima para a inquietação dos outros; estão tão longe de serem despertadas que elas, muitas vezes, são elogiadas e recomendadas. Exemplo, hábito e educação também podem ajudar um homem a ser um belo exemplo na carne, mas não a andar segundo o Espírito. Podem reduzir e eliminar o pecado, mas nunca arrancá-lo pela raiz. Tudo o que essas coisas podem fazer é com que o homem seja um túmulo, verde e florido superficialmente e por fora, quando, por dentro, não há nada senão fedor e podridão.

GEORGE SWINNOCK[3]

CAPÍTULO 3

Uma entrevista à meia-noite

O que nasce da carne é carne, mas o que nasce do Espírito é espírito. Não se surpreenda pelo fato de eu ter dito: É necessário que vocês nasçam de novo.

João 3:6,7

Daquele primeiro desentendimento com os líderes religiosos de Israel até o final de seu ministério terreno, Jesus ensinou e curou principalmente no meio do povo, que "o ouvia com prazer" (Marcos 12:37). Escribas, fariseus e saduceus, muitas vezes, ficavam à toa, observando com olhos críticos, às vezes contestando os ensinamentos de Jesus ou expressando indignação com o fato de ele se recusar a observar todas as regras cerimoniais deles. Mas, desse momento em diante, praticamente todos os encontros registrados de Jesus com os fariseus envolveram conflitos.

Alguns poucos fariseus simpáticos

Um exame de todos os evangelhos apresenta poucas exceções a este padrão. Mas vale a pena mencioná-las.

Por exemplo, todos os três evangelhos sinópticos registram que a filha de Jairo ressuscitou dos mortos (Mateus 9:18-26; Marcos 5:22-43 e Lucas 8:41-56). Jairo era um dos dirigentes da sinagoga em Cafarnaum, sem dúvida um discípulo dos fariseus — talvez até fosse um. É muito provável, no entanto, que fosse um leigo que atuava como ancião naquela pequena comunidade. Em todo caso, ele é um exemplo muito raro de líder judeu a quem Jesus, em vez de condenar, abençoou. Jairo o procurou em um momento de desespero, "porque sua única filha, de cerca de doze anos, estava à morte" (Lucas 8:42).

A garotinha, na verdade, *morreu* enquanto Jairo estava apresentando seu pedido a Jesus (v. 49), e este, então, a ressuscitou dos mortos. A única observação de negatividade em todo esse episódio vem dos amigos de Jairo e dos pranteadores, em resposta à certeza dada por Jesus de que a menina ficaria bem: "Todos começaram a rir dele, pois sabiam que ela estava morta" (v. 53). É claro que Jairo ficou "maravilhado" quando Jesus ressuscitou sua filha dos mortos (v. 56) — e, sem dúvida, emocionado, sentindo a mais profunda gratidão. O que aconteceu com ele depois disso não está registrado, mas as palavras de Jesus pouco antes de ressuscitar a menina dos mortos — "Não tenha medo; tão somente creia" (Marcos 5:36) — não são outra coisa senão carinhosas, positivas e reconfortantes. Assim, parece justo deduzir que Jairo, de fato, acreditou em Cristo — um dentre uma pequena porção de líderes religiosos judeus que deram provas de fé em Jesus enquanto seu ministério entre o povo estava avançando.

O Jovem e Rico Governante era, de igual modo, algum tipo de oficial religioso (veja Mateus 19:16-26; Marcos 10:17-27 e Lucas 18:18-27). Ele poderia muito bem ter sido um fariseu. Afinal, um dos traços característicos dos fariseus era o amor ao dinheiro (Lucas 16:14), e isso era, sem dúvida, o pecado que afligia esse jovem. Contudo, ele se aproximou de Jesus com uma pergunta que certamente *pareceu* sincera. Até sua saudação soou com autêntico respeito: "Bom Mestre, que farei para herdar a vida eterna?" (Lucas 18:18).

A resposta de Jesus — embora não fosse o que o jovem esperava ouvir — não teve nenhum tom de repreensão ou reprovação. Na verdade, Marcos 10:21 expressamente nos diz que Jesus "o amou", lembrando-nos que a frequente raiva de Jesus com os líderes religiosos judeus, seu ódio pela hipocrisia deles e sua oposição aos seus erros não eram, de modo algum, inconsistentes com o amor autêntico por *eles*. Quem pensa que confrontar, admoestar ou corrigir é uma atitude que inerentemente revela falta de afeto precisa reexaminar a visão de Jesus: "Repreendo e disciplino aqueles que eu amo. Por isso, seja diligente e arrependa-se" (Apocalipse 3:19).

Em pelo menos três ocasiões (todas registradas por Lucas), Jesus jantou na casa de fariseus (Lucas 7:36-50; 11:37-54; 14:1-14). Se esses eventos começaram de forma cordial, todos eles, no entanto, acabaram com Jesus denunciando a doutrina e a prática dos fariseus, por isso eles, de fato, não fazem parte dos maiores desvios do padrão de interações contenciosas de Jesus com líderes religiosos de Israel.

Na verdade, o incidente de Lucas 11 terminou com Jesus pronunciando uma série de "ais" contra os fariseus e peritos na lei religiosos. As últimas palavras de Lucas naquela narrativa descrevem muito bem o teor de *grande parte* das conversas de Jesus frente a frente com líderes religiosos de Israel: "Quando Jesus saiu dali, os fariseus e os mestres da lei começaram a opor-se fortemente a ele e a interrogá-lo com muitas perguntas, esperando apanhá-lo em algo que dissesse" (Lucas 11:53,54).

Uma visita à noite

A história de Nicodemos em João, sem dúvida, é o mais inusitado de todos os encontros de Jesus com fariseus — e o único exemplo significativo de um diálogo amigável prolongado entre Jesus e um fariseu. Na verdade, ele se destaca como a conversa pessoal mais longa que Jesus teve com algum líder religioso em todas as histórias dos evangelhos. Entretanto, observe: o que torna esse encontro tão inusitado é a resposta de Nicodemos a Jesus, o qual não foi menos áspero com Nicodemos do que foi com qualquer fariseu. Mas é óbvio que Nicodemos veio até Jesus realmente com vontade de aprender, e não com o típico intuito farisaico de se engrandecer às custas de Jesus. E o resultado foi uma troca de ideias notavelmente diferente.

Parece que Nicodemos aproximou-se de Jesus pouco depois daquela primeira purificação no templo — talvez mais tarde naquela mesma semana, durante a festa dos pães sem fermento. Está claro na narrativa do evangelho que o interesse de Nicodemos por Cristo era genuíno, em comparação com os outros. Todavia, faltava-lhe a autêntica fé salvadora — e Jesus deixou isso claro em suas primeiras palavras para Nicodemos.

O ministério público de Jesus teve uma semana agitada. É a primeira vez que se registra que ele realizou vários milagres e os fez publicamente. O interessante é que o relato de João acerca dessa semana não se concentra nos milagres em absoluto. Na verdade, João menciona-os de passagem uma única vez, sem dizer sequer que tipo de milagres eles foram: "Muitos viram os sinais miraculosos que ele estava realizando e creram em seu nome" (João 2:23). Ao que parece, os sinais dos quais João fala eram curas e libertações de demônios, porque tornaram-se um tema básico do ministério público de Jesus (Marcos 1:34). Mas João não faz uma pausa para descrevê-los aqui. Seu objetivo principal ao mencionar esses primeiros milagres era registrar que Jesus ganhou fama e seguidores naquela semana, *e, não obstante, permaneceu um tanto reservado em relação a seus muitos supostos discípulos — e até distante deles.*

João escreve: "Enquanto estava em Jerusalém, na festa da Páscoa, muitos viram os sinais miraculosos que ele estava realizando e creram em seu nome. Mas Jesus não se confiava a eles, pois conhecia a todos. Não precisava que ninguém lhe desse testemunho a respeito do homem, pois ele bem sabia o que havia no homem" (João 2:23-25).

É assim que termina João 2, e esse fim leva imediatamente à história de Nicodemos. Como uma transição entre as duas passagens, ela é significativa por algumas razões. Primeiro, ela estabelece um contexto que explica por que Jesus agiu com Nicodemos do modo como agiu. Segundo, é uma das muitas afirmações poderosas sobre a deidade de Jesus que João tece em seu evangelho. Aqui João está enfatizando a prova da onisciência divina de Jesus. Jesus conhecia os corações dos homens, os quais somente Deus pode conhecer (1Samuel 16:7; 1Reis 8:39; Apocalipse 2:23).

A propósito, embora João não tenha dado nenhum relato detalhado sobre os milagres que mencionou em João 2:23, aquela primeira torrente de milagres públicos foi outra prova drástica da deidade de Jesus. A avalanche de "sinais" deve ter deixado o apóstolo completamente impressionado e emocionado. Ele e André eram discípulos de João Batista no deserto ao leste do rio Jordão quando Jesus os chamou (João 1:35-39). João Batista nunca havia realizado nenhum milagre (João 10:41); contudo, multidões de pessoas de toda a Judeia e dos arredores vinham ouvi-lo (Mateus 3:5). João Batista declarava que ele não era o Messias, mas simplesmente o precursor (João 1:23; cf. Isaías 40:3-5). Era o arauto enviado para anunciar Jesus como o Cordeiro de Deus que tiraria o pecado do mundo (João 1:29). Tão logo entenderam isso, João e André deixaram o círculo de discípulos de João e seguiram Jesus. Os eventos descritos em João 2:3 provavelmente ocorreram em questão de dias ou (no máximo) semanas depois.

Assim, quando Jesus começou a realizar milagres, é provável que os discípulos tenham ficado extasiados. Aqui estava uma prova inegável de que Jesus era o verdadeiro Messias! Eles acreditavam que, quando viesse, ele rapidamente teria autoridade sobre todos os reinos terrenos e estabeleceria seu reino milenar por todo o mundo, tendo Israel como o centro. Na verdade, eles mantinham essa expectativa mesmo depois da ressurreição, praticamente até a ascensão de Cristo (Atos 1:6).

Uma esperança como essa não era absurda. Cristo, de fato, estabelecerá seu reino na terra, um dia. As profecias do Antigo Testamento estão cheias de promessas detalhadas sobre o reino milenar que ainda não se cumpriu. O estabelecimento do trono de nosso Senhor em Israel só aguarda sua segunda vinda.

Mas os discípulos esperavam que todas as coisas se cumprissem em um advento. Do começo do ministério público de Jesus, eles naturalmente consideravam a popularidade imediata de Jesus entre o povo como um grande sinal de progresso nesse sentido. Sem dúvida, acreditavam que Jesus *também* logo ganharia o apoio dos líderes religiosos de Israel, e, depois disso, a instituição de seu reino não poderia estar muito longe.

Pela perspectiva dos discípulos, então, a restrição de Jesus com relação às multidões que o apreciavam — sem mencionar sua interação cautelosa (alguns talvez digam *antagônica*) com um figurão religioso como Nicodemos — deve ter sido difícil de entender. Em retrospectiva, João pôde, sem dúvida, ver por que Jesus permaneceu distante e até enfatizou isso como uma prova clara da onisciência de Jesus.

Aqui está uma lição prática dessa história: uma resposta positiva para Jesus nunca deveria ser vista como prova da autêntica confiança nele. Há um tipo superficial e inconstante de "crença" que não é, de modo algum, a fé salvadora. Do primeiro milagre público que Jesus realizou até hoje, sempre há pessoas que "aceitam

Cristo" sem realmente amá-lo, sem submeter-se à sua autoridade e sem abandonar a autoconfiança e a fé em suas próprias boas obras. É exatamente isso que João descreve no final de João 2, e isso se torna sua transição para a narrativa de Nicodemos, o qual era (naquele momento) um daqueles quase-cristãos com quem Jesus não se envolveu automaticamente.

João faz um jogo inteligente de palavras nos três últimos versículos do capítulo 2. A expressão "[muitos] *creram* em seu nome", no versículo 23, e a expressão "Jesus não se confiava a eles", no versículo 24, usam o mesmo verbo grego. João está dizendo que muitas pessoas responderam a Jesus com um tipo de entusiasmo desprovido de fé sincera, por isso Jesus não confiou plenamente nelas também. Em outras palavras, elas *disseram* que acreditaram nele, mas ele não acreditou nelas. Ele não teve fé na fé daquelas pessoas.

João, sem dúvida, não escreveu seu evangelho com divisões de capítulos. Os números de versículos e a quebra no fluxo da narrativa depois 2:22-25 não existiriam se estivéssemos lendo o manuscrito original. Ele passa naturalmente do fato de que Jesus conhecia o coração dos homens para a história de Nicodemos, o que, na verdade, ilustra exatamente o que João estava dizendo. Na verdade, a história de Nicodemos é um exemplo vívido de como Jesus conhece *perfeitamente* o coração humano. Nicodemos, ao mesmo tempo, mostra como é fácil responder a Jesus de forma positiva e, não obstante, sem a fé autêntica.

Nicodemos entra em cena tranquilamente, tarde da noite. Parece que o medo do que seus colegas do concílio possam dizer (ou fazer com ele) é seu motivo para aparecer sob o manto noturno. Isso fica completamente claro em João 19:38,39, quando ele aparece junto com José de Arimateia, preparando o corpo de Jesus para o sepultamento após a crucificação. O apóstolo João diz: "José [de Arimateia] era discípulo de Jesus, mas o era secretamente, porque tinha medo dos judeus" (v. 38). O versículo seguinte começa:

"Ele estava acompanhado de Nicodemos [...]." Ao que parece, os dois eram amigos e companheiros espirituais — os dois únicos membros do Sinédrio que se simpatizaram com Cristo durante seu ministério terreno — "mas o era secretamente, porque tinha medo".

A EXTRAORDINÁRIA AFIRMAÇÃO DE UM FARISEU

Quando Nicodemos encontrou Jesus pela primeira vez, em João 3, o fariseu ainda não era realmente um crente. Ele estava claramente fascinado por Cristo. Mostrou-lhe o maior respeito. Na verdade, a saudação de Nicodemos foi um reconhecimento absoluto da autoridade profética de Cristo — uma afirmação jamais feita por nenhum outro membro do concílio antes ou depois disso. Ele disse: "Mestre, sabemos que ensinas da parte de Deus, pois ninguém pode realizar os sinais miraculosos que estás fazendo, se Deus não estiver com ele" (v. 2).

O título "Mestre" era uma expressão de honra. Vinda dessa forma de um fariseu que estava no poder, era um sinal de que, para Nicodemos, Jesus estava no mesmo patamar. É claro que Nicodemos queria que isso fosse um grande elogio.

UMA EXIGÊNCIA IMPOSSÍVEL FEITA POR JESUS

A resposta de Jesus foi abrupta e direta, uma clara demonstração da autoridade profética que Nicodemos acabara de reconhecer: "Digo-lhe a verdade: Ninguém pode ver o Reino de Deus, se não nascer de novo" (v. 3). Ignorando a homenagem verbal que Nicodemos lhe prestou, mudando de assunto e deixando de lado sua capacidade de realizar milagres, Jesus fez uma afirmação que tinha o objetivo claro de ser uma observação sobre a *incapacidade* e cegueira espiritual de Nicodemos.

Foi uma resposta impressionante, especialmente quando consideramos a estatura de Nicodemos como um líder religioso. Nicodemos, sem dúvida, estava acostumado a receber honra e respeito. *As primeiras palavras registradas de Jesus para ele, em vez disso, expressam a clara e intencional implicação de que esse importante fariseu ainda estava tão longe do reino do céu que não podia vê-lo de maneira alguma.* Se a única motivação de Nicodemos fosse o orgulho ou se ele só estivesse procurando afirmação, sem dúvida, teria ficado ofendido com a resposta de Jesus.

Mas Nicodemos estava claramente sendo atraído a Cristo pelo Espírito Santo, porque sua resposta para Jesus foi, surpreendentemente, calma. Não há nenhum sinal de ressentimento, não há insultos dirigidos a Jesus e não há frieza. Ele continua a mostrar a Jesus o respeito devido a um rabino digno ao fazer uma série de perguntas que tinham por objetivo extrair o significado das palavras de Jesus — palavras que devem tê-lo atingido como uma forte bofetada na face.

Nicodemos dedicou sua vida a uma rígida observância das tradições dos fariseus, as quais, sem dúvida, ele acreditava piamente estarem em pleno acordo com a lei de Deus. Talvez tenha esperado uma palavra de elogio de Jesus por sua devoção pessoal. Talvez tivesse a esperança de que poderia reconciliar Jesus e o Sinédrio após o incidente da purificação do templo. Afinal, esse era o único conflito público de Jesus com líderes religiosos de Israel até aqui. Talvez Nicodemos tenha ouvido que João Batista defendia Jesus. É óbvio que ele havia ouvido sobre (possivelmente até testemunhado) os milagres. Na verdade, a linguagem usada por Nicodemos ("[*nós*] sabemos que ensinas da parte de Deus") sugeria que ele havia discutido as credenciais proféticas de Jesus com outros que concordavam que Jesus devia ser de Deus. É claro que Nicodemos aproximou-se de Jesus com grandes esperanças e expectativas entusiasmadas.

Como a resposta de Jesus deve tê-lo deixado surpreso! Nicodemos havia honrado Cristo ao chamá-lo de Mestre; Jesus sugeriu, em contrapartida, que Nicodemos nem sequer era ainda um novato espiritual. Ele não tinha parte no reino em absoluto. Jesus não estava sendo indelicado nem simplesmente ofensivo; ele estava sendo sincero com um homem que precisava desesperadamente ouvir a verdade. A alma de Nicodemos estava em jogo.

"Nascer de novo?" Parece que Nicodemos não entendeu de imediato que Jesus estava falando sobre *regeneração* — o novo nascimento; o despertar espiritual de uma alma morta. Mas estava bastante claro que Jesus o estava chamando para começar de novo de um modo completamente distinto. Isso era pedir muito para alguém como Nicodemos, que (como todo bom fariseu) acreditava que estava acumulando méritos diante de Deus por levar uma vida de atenção cuidadosa aos detalhes cerimoniais da lei, por mais insignificantes que eles fossem. O que Jesus queria que ele fizesse? Deixasse tudo isso de lado como se fosse um monte de lixo?

Sem dúvida, era exatamente assim que o apóstolo Paulo, mais tarde, descreveria sua conversão do farisaísmo, em Filipenses 3:7-9: "O que para mim era lucro, passei a considerar como perda, por causa de Cristo. Mais do que isso, considero tudo como perda, comparado com a suprema grandeza do conhecimento de Cristo Jesus, meu Senhor, por quem perdi todas as coisas. Eu as considero como esterco para poder ganhar Cristo e ser encontrado nele, não tendo a minha própria justiça que precede da Lei, mas a que vem mediante a fé em Cristo, a justiça que procede de Deus e se baseia na fé."

Jesus escolheu a linguagem perfeita para expressar tudo isso para Nicodemos: "É necessário que vocês nasçam de novo" (João 3:7). Com essa simples expressão, Jesus derrubou todo o sistema de valores e de visões de mundo de Nicodemos. Seu nascimento e formação judaicos; suas realizações como um fariseu importante; o cuidado com que ele se mantinha longe da profanação cerimonial;

o respeito que havia conquistado perante seus compatriotas; todo o mérito que pensava ter acumulado para si mesmo — de uma só vez, Jesus reduziu tudo isso a algo completamente sem valor. De todas as coisas que quis dizer, isso estava claro: Jesus estava exigindo que Nicodemos abrisse mão de tudo o que representava, se afastasse de tudo o que já havia feito como fariseu, abandonasse a esperança em tudo no que já havia confiado e começasse novamente do zero.

A resposta de Nicodemos, muitas vezes, é mal interpretada: "Como alguém pode nascer, sendo velho? É claro que não pode entrar pela segunda vez no ventre de sua mãe e renascer!" (v. 4). Não pense que Nicodemos era tão ingênuo a ponto de pensar que Jesus estava lhe dizendo que ele literalmente precisava renascer no sentido físico. O próprio Nicodemos deve ter sido um mestre extremamente competente; do contrário, não teria chegado à sua posição. É claro que ele era um homem que tinha percepção — talvez o mais perspicaz de todo o Sinédrio. Por isso, devemos reconhecer seu mérito por ter um pouco de inteligência. Sua pergunta para Jesus não deve ser interpretada como uma referência literal ao nascimento físico assim como a primeira observação de Jesus para ele. Não nos é explicado em detalhes até onde Nicodemos entendeu o que Jesus disse, mas está claro que entendeu a ideia fundamental de que precisava recomeçar de um modo completamente diferente.

Assim, sua resposta para Jesus simplesmente retomou as imagens deste e usou-as para mostrar a Jesus que ele havia entendido que o prescrito era impossível. Ele era um homem maduro — patriarcal tanto na idade como na sabedoria para atuar como um dos principais anciãos de Israel. Ser membro do Sinédrio era uma honra nem sempre concedida a homens jovens. Assim, quando Nicodemos perguntou: "Como alguém pode nascer, sendo *velho*?", ele estava mostrando que homens de sua idade simplesmente não resolvem recomeçar tudo do zero. E quando exclamou: "É claro que não pode entrar pela segunda vez no ventre de sua mãe e renascer!", convém partir do princípio de que estava comentando que *lhe* era completamente impossível "renascer" em qualquer sentido. Sem dúvida, ele entendeu muito mais do que normalmente imaginamos.

Uma referência misteriosa do Antigo Testamento

Para qualquer pessoa que não tivesse a familiaridade de Nicodemos com o Antigo Testamento, a próxima resposta de Jesus poderia ter aumentado a confusão: "Digo-lhe a verdade: Ninguém pode entrar no Reino de Deus, se não nascer da água e do Espírito. O que nasce da carne é carne, mas o que nasce do Espírito é espírito. Não se surpreenda pelo fato de eu ter dito: É necessário que vocês nasçam de novo" (João 3:5-7).

Na verdade, muitos estudiosos da Bíblia que examinam essa passagem ficam confusos com ela. Alguns sugeriram que, quando falou de "água", Jesus estava falando de batismo — e então interpretam isso como sendo uma afirmação sobre a necessidade do batismo nas águas como um requisito para a regeneração. Mas o batismo de João não poderia ter sido um meio de regeneração, porque significava um coração já arrependido, que é um dos *frutos* da regeneração. O batismo cristão (de igual modo, um símbolo, não um meio, de regeneração) ainda nem mesmo havia sido instituído. Assim, a ideia de batismo é totalmente estranha a essa passagem.

Alguns comentaristas sugerem que "água" é uma referência ao líquido amniótico que sinaliza o início do nascimento físico, desse modo, acreditam que Jesus estava descrevendo dois nascimentos distintos no versículo 5 — o nascimento físico ("água") e o nascimento espiritual ("o Espírito"). Um exame mais minucioso, no entanto, mostra que o versículo 5 simplesmente reafirma o versículo 3 com palavras diferentes. Observe o paralelismo: "Ninguém pode ver o Reino de Deus, se não *nascer de novo*" (v. 3); e "ninguém pode entrar no Reino de Deus, se não *nascer da água e do Espírito*"

(v. 5). "Nascer de novo" é o mesmo que "nascer da água e do Espírito". O paralelismo é intencional e a expressão "nascer da água e do Espírito" é simplesmente a explicação de Jesus acerca do *segundo* nascimento. Para entendermos a expressão "da água e do Espírito", temos de perguntar como Nicodemos a teria entendido.

Há duas passagens famosas no Antigo Testamento nas quais as palavras *água* e *Espírito* aparecem juntas de um modo que dá sentido a essa passagem. Uma é Isaías 44:3, que usa um paralelismo poético para igualar os dois termos, fazendo com que a água seja um símbolo do Espírito Santo: "Derramarei água na terra sedenta, e torrentes na terra seca; derramarei meu Espírito sobre sua prole, e minha bênção sobre seus descendentes." O Antigo Testamento, muitas vezes, descreve o Espírito Santo sendo derramado como água (cf. Provérbios 1:23; Joel 2:28,29; Zacarias 12:10). Assim, para um mestre judeu imerso na linguagem do Antigo Testamento, a ideia de "nascer da água e do Espírito" evocaria a noção de um derramamento do Espírito de Deus — o que era exatamente o que Jesus estava dizendo.

Mas o texto fundamental do Antigo Testamento sobre essa questão — aquele do qual estou convencido de que Jesus estava sugerindo e aquele que é quase certo que veio à mente de Nicodemos — era uma passagem importante e conhecida: Ezequiel 36:25-27. Ali o Senhor está afirmando a promessa da Nova Aliança para Israel e diz: "Aspergirei água pura sobre vocês e ficarão puros; eu os purificarei de todas as suas impurezas e de todos os seus ídolos. Darei a vocês um coração novo e porei um espírito novo em vocês; tirarei de vocês o coração de pedra e lhes darei um coração de carne. Porei o meu Espírito em vocês e os levarei a agirem segundo os meus decretos e a obedecerem fielmente às minhas leis."

Essa passagem fala de regeneração, do despertar espiritual de uma alma morta. E era essa verdade que Jesus estava apresentando a Nicodemos. Ele estava confrontando esse importante fariseu com a verdade de que ele precisava de um coração completamente novo — uma nova *vida*; não só um tratamento cosmético ou outro ritual somado a um sistema já opressivo de disciplinas espirituais farisaicas, mas uma renovação espiritual tão grande e drástica que só poderia ser descrita como um segundo nascimento. Tendo Ezequiel 36 como contexto, a justaposição da *água* e do *Espírito* feita por Jesus faz sentido. Ele estava intencionalmente mostrando a Nicodemos a verdade bem conhecida daquela promessa fundamental sobre a Nova Aliança.

Tomando emprestada uma expressão exatamente equivalente do Novo Testamento, entendemos melhor "água" e "Espírito" como uma referência ao "lavar regenerador e renovador do Espírito Santo" (Tito 3:5). Com toda a probabilidade, Nicodemos, perfeitamente a par da profecia de Ezequiel, agora entendeu exatamente o que Jesus lhe estava dizendo.

Outras palavras difíceis de Jesus

Jesus continuou enfatizando ainda mais que o renascimento espiritual é uma obra de Deus, não o resultado do esforço humano: "O que nasce da carne é carne, mas o que nasce do Espírito é espírito" (v. 6). Jesus estava simplesmente dizendo uma verdade que, depois de muito refletir, deveria ser óbvia. Carne gera carne. Todos os seres vivos reproduzem "de acordo com as suas espécies" (Gênesis 1:24). De acordo com a natureza das coisas, a *vida espiritual* não pode ser fruto da realização humana, um fato que contradiz toda forma de religião baseada em obras, incluindo o sistema fundamental de crenças dos fariseus.

Além de tudo isso, Jesus acrescentou, uma vez que o renascimento espiritual é uma obra do Espírito, ele foge ao controle das obras humanas ou da força de vontade humana: "O vento sopra onde quer. Você o escuta, mas não pode dizer de onde vem nem para onde vai. Assim acontece com todos os nascidos do Espírito" (v. 8). Os *efeitos* do vento podem ser observados, mas seus limites não podem ser percebidos pelos sentidos humanos, e o próprio vento não pode ser controlado nem direcionado pela engenhosidade nem por esforços do homem. O ministério do Espírito Santo opera de um modo similar. Ele é soberano e se move onde deseja, não à mercê de qualquer intenção humana. Suas obras não estão contidas em rituais religiosos ou protocolos cerimoniais nem são ministradas automaticamente por meio deles. Na verdade, o Espírito não se move pelo que *nós* fazemos, mas por sua própria vontade soberana.

Para um típico fariseu, o que Jesus estava dizendo para Nicodemos provavelmente teria soado como algo muito ofensivo. Jesus estava atacando a essência do sistema de crenças de Nicodemos, implicando claramente que Nicodemos estava perdido, espiritualmente morto e, por fim, sem estar em uma situação melhor, em seu rígido farisaísmo, do que um gentio completamente imoral sem Deus. (Na verdade, como observaremos ao longo deste estudo, Jesus dizia a mesma coisa aos fariseus com muita frequência.)

Esta foi uma resposta direta para as perguntas de Nicodemos: "Como alguém pode nascer, sendo velho? É claro que não pode entrar pela segunda vez no ventre de sua mãe e renascer!" Jesus estava dizendo a Nicodemos, em uma linguagem que este certamente entenderia, que ele não só estava falando de algum aprimoramento pessoal superficial ou carnal, mas estava, de fato, pedindo algo que Nicodemos era incapaz de fazer *por si mesmo*. Isso penetrou na essência das convicções religiosas de Nicodemos. Para um fariseu, a pior notícia imaginável seria que não havia nada que ele pudesse fazer para se ajudar espiritualmente.

Jesus basicamente comparou esse distinto fariseu com o tipo mais degradante e devasso de pecador. Ele havia descrito o caso de Nicodemos como algo totalmente perdido. Por falar em palavras ásperas...

Mas este é, afinal, o ponto de partida da mensagem do evangelho. Os pecadores estão "mortos em suas transgressões e pecados (...) [são] por natureza merecedores da ira (...) sem esperança e sem Deus" (Efésios 2:1, 3, 12). Esse é um dos efeitos universais do pecado de Adão contra sua descendência (Romanos 5:12). Nascemos com tendências pecaminosas e com o coração destruído, e todos pecamos. "Todos pecaram e estão destituídos da glória de Deus" (Romanos 3:23). "Não há nenhum justo, nem um sequer" (Romanos 3:10). "Todos nós, tal qual ovelhas, nos desviamos" (Isaías 53:6).

Além disso, as Escrituras dizem que não temos esperança de nos redimir, fazer expiação por nossos próprios pecados, regenerar nosso coração e nossa mente, ou ganhar qualquer tipo de mérito aos olhos de Deus. Romanos 8:7,8 diz: "A mentalidade da carne é morte, mas a mentalidade do Espírito é vida e paz; a mentalidade da carne é inimiga de Deus porque não se submete à Lei de Deus, nem pode fazê-lo. Quem é dominado pela carne não pode agradar a Deus." Isso descreve a condição caída de toda a humanidade, não só uma classe especial e notória de pessoas particularmente pecaminosas. Até as melhores pessoas, separadas de Cristo e de seu santo Espírito, são impotentemente escravas do pecado. Até aqueles que aos olhos do mundo conseguem parecer respeitáveis, altruístas ou "bons", em comparação, não são *realmente* bons de forma alguma segundo o padrão divino. (Como disse Jesus ao Jovem e Rico Governante em Mateus 19:17: "Há somente um que é bom [que é Deus].") Portanto, os pecadores em seu estado caído estão sob a condenação de Deus, sem esperança de se redimirem.

Sejamos realistas: a ideia de que toda a raça humana está caída e condenada é simplesmente muito cruel para o gosto da maioria das pessoas. Elas prefeririam acreditar que as pessoas, em sua maioria, são fundamentalmente boas. Quase todos os árbitros populares dos maiores e mais nobres valores de nossa cultura — de

Oprah Winfrey ao Canal Hallmark — sempre nos dizem isso. Tudo de que precisamos, eles dizem, é cultivar nossa bondade básica e, assim, poderemos consertar tudo o que há de errado com a sociedade humana. Isso não é muito diferente daquilo em que os fariseus acreditavam com relação a si mesmos.

Mas as Escrituras dizem o contrário. Somos irremediavelmente corrompidos pelo pecado. Todos os que não têm Cristo como Senhor e Salvador são escravos do mal, condenados por um Deus justo e destinados ao inferno. Jesus não só sugeriu contundentemente essas mesmas coisas em suas primeiras palavras para Nicodemos; antes de terminar de explicar plenamente o evangelho naquela noite, ele deixou explícita intenção: "Quem não crê já está condenado" (João 3:18).

O evangelho esmiuçado para Nicodemos

Nicodemos respondeu completamente surpreso: "Como pode ser isso?" (v. 9). Não era que ele não havia entendido o que Jesus estava dizendo. Acho que entendeu a mensagem de modo muito claro. Mas ela acabou com suas convicções mais profundas e deixou-o praticamente sem fala. Essa pergunta ("Como pode ser isso?") é a última coisa que ouvimos de Nicodemos na narrativa de João 3. Ele não tinha nada mais a dizer.

Não é de admirar. Jesus ainda estava para dar sua ferroada mais direta, pessoal e repreensiva em Nicodemos: "Você é mestre em Israel e não entende essas coisas?" (v. 10). Tudo o que Jesus disse a Nicodemos até aqui estava claramente fundamentado no Antigo Testamento. Nicodemos era um dos principais estudiosos da Bíblia da nação. *Como ele não poderia saber essas coisas?* Parece uma resposta esmagadora. O fariseu normal teria ouvido e atacado Jesus com insultos, acusações ou respostas normalmente desdenhosas.

Não Nicodemos. Ele ficou completamente em silêncio com a repreensão. Na verdade, praticamente fica em segundo plano na narrativa de João. Não é mencionado novamente antes do capítulo 7, no qual aparece em uma reunião do Sinédrio, diz uma palavra em defesa de Jesus e é prontamente reprimido (João 7:44-53).

O foco de João 3, então, volta-se exclusivamente para Jesus, que faz um de seus discursos mais importantes — uma longa lição sobre a verdade do evangelho. É uma das passagens mais conhecidas e quase sempre citadas em todo o Novo Testamento. Seu ponto central, sem dúvida, é o versículo mais apreciado da Bíblia, um belo resumo em um único versículo da mensagem do evangelho: "Porque Deus tanto amou o mundo que deu o seu Filho Unigênito, para que todo o que nele crer não pereça, mas tenha a vida eterna" (João 3:16).

Mas o contexto que envolve João 3:16 contrasta nitidamente com a conhecida delicadeza desse versículo. O discurso de Jesus, como um todo, é uma acusação formal prolongada contra o espírito do farisaísmo. Enquanto Nicodemos ouvia em total silêncio, Jesus continuava a fazer um claro contraste entre crentes e descrentes, os humildes e os hipócritas, os que realmente nasceram de novo e os meramente religiosos. E estava muito claro em seu julgamento que os fariseus — incluindo Nicodemos — estavam do lado errado daquele divisor de águas. Nicodemos não tinha nada a fazer, senão ouvir.

João 3:11-21 é tão rico que, se o espaço permitisse, poderíamos dedicar, pelo menos, um ou dois capítulos inteiros para esmiuçá-lo — e ainda assim não começaríamos a medir sua profundidade. De acordo com o tema deste livro, no entanto, observaremos duas ou três formas óbvias pelas quais o discurso de Jesus teria pisado nos calos de Nicodemos.

Primeiro, observe que Jesus diretamente implica que Nicodemos era um incrédulo: "Asseguro-lhe que nós falamos do que conhecemos e testemunhamos do que vimos, mas mesmo assim *vocês não aceitam o nosso testemunho*. Eu lhes falei de coisas terrenas e *vocês não creram*; como crerão se lhes falar de coisas celestiais?" (vs. 11,12, ênfase do autor). Para ouvidos que se tornaram pós-modernos, essas palavras parecem excepcionalmente ásperas. Os evangélicos contemporâneos normalmente ficam indignados com a ideia de desafiar a profissão de fé de uma pessoa. As redes de televisão religiosas estão cheias de mestres que professam ser cristãos, mas cuja doutrina e estilo de vida não mostram frutos verdadeiros de salvação. Pessoas assim se proliferaram e até começaram a dominar a percepção do público não cristão quanto ao que é o cristianismo, principalmente porque líderes evangélicos mais sensatos e firmes hesitam em chamá-los pelo nome e dizer claramente que são impostores e falsos mestres. Opor-se a outro ministério publicamente não parece "elegante". A ideia de serem considerados ásperos ou negativos é mais detestável para alguns cristãos do que, de fato, *não ter* discernimento. Assim, os falsos mestres têm plena liberdade para promover seus falsos ensinamentos e ostentar seu estilo de vida extravagante.

A ignorância de Nicodemos sobre sua necessidade de ser regenerado era prova de sua descrença. Ele havia estudado o Antigo Testamento de um modo acadêmico e, pela perspectiva de seus companheiros fariseus, era um dos principais conhecedores do assunto. Mas nunca havia se preocupado em aplicar o ensino do Antigo Testamento em seu próprio coração e, desse modo, Jesus foi totalmente áspero com ele: "Vocês não creram."

Segundo, não deixe de entender o objetivo da alusão ao Antigo Testamento que Jesus faz nos versículos 14,15: "Da mesma forma como Moisés levantou a serpente no deserto, assim também é necessário que o Filho do homem seja levantado, para que todo o que nele crer tenha a vida eterna." Faz-se referência a um incidente que ocorreu enquanto Israel peregrinava no deserto durante o Êxodo.

Números 21 registra que o povo ficou desanimado; começou a desprezar o maná que Deus provia diariamente para seu sustento e, frustrado, rebelou-se contra Deus e Moisés: "E [o povo] falou contra Deus e contra Moisés: 'Por que vocês nos tiraram do Egito para morrermos no deserto? Não há pão! Não há água! E nós detestamos esta comida miserável!" (Números 21:5).

Deus enviou uma praga de serpentes venenosas ao acampamento e elas "morderam o povo, e muitos morreram" (v. 6). Em resposta, o povo arrependeu-se e implorou a Moisés que intercedesse ao Senhor em nome do povo. O Senhor ordenou que Moisés fizesse uma serpente de bronze, colocasse-a em um poste no meio do acampamento e dissesse ao povo que "quem for mordido e olhar para ela viverá" (v. 8). Toda a história foi uma ilustração da justificação pela fé e era essa ideia que Jesus estava defendendo aqui.

Mas imagine como aquela analogia era difícil pela perspectiva de Nicodemos. Como uma autoridade de Israel, ele sempre se viu no papel de Moisés. O próprio Jesus disse: "Os mestres da lei e os fariseus se assentam na cadeira de Moisés" (Mateus 23:2). Mas a analogia sugeria que Nicodemos precisava se ver no lugar dos israelitas pecadores. Até as imagens do Antigo Testamento que Jesus usou eram uma contradição da autoimagem espiritual dos fariseus. Para um observador casual (especialmente para alguém instruído nas regras do discurso pós-moderno e nos cânones da correção política), pode parecer que Jesus estivesse tentando, de caso pensado, provocar Nicodemos, afligindo-o muitas e muitas vezes, humilhando seu orgulho farisaico de todas as formas imagináveis. Na verdade, Jesus não estava sendo mesquinho, mas exatamente o contrário. Nicodemos precisava reconhecer sua pobreza espiritual e ver que precisava de um Salvador. E Jesus se preocupou mais com a verdade do que com o modo como Nicodemos se sentia com relação a ela. Às vezes, a verdade não é "boa" — mas sempre é bem direcionada e inflexível.

Sem dúvida, foi o que aconteceu aqui. Antes que pudesse receber qualquer ajuda de Jesus, Nicodemos precisava ver como sua situação era terrível. "Não são os que têm saúde que precisam de médico, mas sim os doentes" (Mateus 9:12). E quando um paciente tem uma doença com risco de morte, que precisa urgentemente de tratamento, o médico precisa dar-lhe a má notícia com franqueza. Esse era o caso de Nicodemos.

Assim, em terceiro lugar, observe o modo como Jesus terminou seu discurso sobre o evangelho voltando a dar ênfase no problema da depravação humana e na condenação dos incrédulos por Deus:

> Quem nele crê não é condenado, mas quem não crê já está condenado, por não crer no nome do Filho Unigênito de Deus. Este é o julgamento: a luz veio ao mundo, mas os homens amaram as trevas, e não a luz, porque as suas obras eram más. Quem pratica o mal odeia a luz e não se aproxima da luz, temendo que as suas obras sejam manifestas. Mas quem pratica a verdade vem para a luz, para que se veja claramente que as suas obras são realizadas por intermédio de Deus (João 3:18-21).

Isso também é contrário à grande parte das ideias contemporâneas sobre como fazer evangelismo pessoal. Os evangélicos de hoje normalmente pensam que, se ofendermos alguém ao insistirmos com muita firmeza ou com muita franqueza nas promessas do evangelho, cometemos um terrível erro. A verdade é exatamente o contrário: se você acha que o evangelho pode ser anunciado aos incrédulos de um modo sempre interessante e nunca inquietante, tem a noção errada sobre o que diz a mensagem do evangelho.

É por isso que Jesus encerrou o assunto com Nicodemos com um tom de condenação. João 3:16, sem dúvida, é famoso por enfatizar o amor de Deus e a entrega de Cristo para que "todo o que nele crer não pereça, mas tenha a vida eterna". Esta é a verdade central da mensagem do evangelho e a promessa que o torna uma boa notícia. Mas ele *não* é uma boa notícia para quem permanece na incredulidade. Portanto, a conversa de Jesus com Nicodemos terminou com um tom áspero e sério sobre a terrível condenação que paira sobre todos os incrédulos e hipócritas. Uma vez que Jesus já havia incluído Nicodemos no versículo 12 com as palavras "vocês não creram", esta era uma ameaça muito direta e pessoal direcionada a ele e ao sistema de crenças farisaico que ele representava.

O restante da história

Na verdade, o discurso de Jesus sobre o evangelho em João 3 termina com um tom tão negativo que, se essa fosse a única passagem em todas as Escrituras na qual encontrássemos Nicodemos, poderíamos concluir que ele saiu sem dizer mais nenhuma palavra e permaneceu incrédulo pelo resto da vida.

No entanto, as Escrituras nos dão mais dois vislumbres desse homem. É claro que, a despeito da severidade e da objetividade de Jesus com ele — ou talvez por causa disso —, Nicodemos continuou interessado em Jesus durante o ministério terreno do Senhor. E, em algum momento, ele *realmente* acreditou, fazendo a passagem da morte para a vida. Não nos é explicado como nem quando isso aconteceu, mas cada uma das descrições bíblicas sobre Nicodemos mostra que sua ousadia para se afastar do restante do Sinédrio era cada vez maior.

João 7 descreve uma reunião do Sinédrio na qual o restante dos fariseus estava protestando contra Jesus e aqueles que o seguiam ("Essa ralé que nada entende da lei é maldita" — v. 49). Queriam que fosse preso e trazido perante eles, e é claro que o único objetivo dos fariseus era silenciá-lo de qualquer modo. Mas uma voz que discorda, fala dentro do Sinédrio em nome de Jesus, e essa voz é de Nicodemos: "A nossa lei condena alguém, sem primeiro ouvi-lo para saber o que ele está fazendo?" (v. 51).

Por causa disso, Nicodemos atraiu sobre si o escárnio de seus colegas fariseus, que, de imediato, responderam: "Você também é da Galileia? Verifique, e descobrirá que da Galileia não surge profeta" (v. 52). É claro que eles não estavam dispostos a considerar como possível sequer a insinuação de que Jesus poderia ser de Deus — ainda que seus milagres claramente afirmassem sua autoridade; ainda que não pudessem refutar nenhuma palavra de seu ensino e ainda que não tivessem nenhuma acusação legítima para incriminá-lo. Mas, como disse o próprio Jesus, "quem pratica o mal odeia a luz e não se aproxima da luz, temendo que as suas obras sejam manifestas" (João 3:20).

Há todas as razões do mundo para concluirmos que Nicodemos, o qual, a princípio, procurou Jesus sob o manto da noite, estava, por fim, atraído à Verdadeira Luz e se tornou um verdadeiro cristão. A última vez que encontramos Nicodemos nas Escrituras é em João 19:39, em que ele e José de Arimateia apressadamente preparavam o corpo do Salvador para o sepultamento. Esse era um ato que poderia muito bem ter lhe custado tudo, no momento em que o restante do Sinédrio havia transformado a fúria pública contra Jesus em uma raiva assassina. É claro que ele se tornara um homem diferente do que era quando se aproximou de Jesus pela primeira vez como um fariseu incrédulo.

Com o passar do tempo, então, a visível dureza de Jesus com Nicodemos foi plenamente justificada. Era exatamente da franqueza áspera e direta que Nicodemos precisava. Ninguém mais em todo o Israel ousaria falar daquele modo com um líder religioso da estatura de Nicodemos. Mas Jesus estava lhe dizendo a coisa mais importante que ele poderia ouvir, com uma voz que soava com autoridade.

Todos os fariseus e líderes religiosos em Israel precisavam do mesmo toque de despertar, e isso explica o tom de Jesus quando lidava com eles ao longo das histórias dos evangelhos. Lembre-se de que Nicodemos procurou Jesus quase no início do ministério público de nosso Senhor. Lamentavelmente, no entanto, com exceção dessa única conversa com Nicodemos, *todas* as interações públicas de Jesus com os fariseus acabaram mal, terminando os fariseus ofendidos ou indignados. Desse momento em diante, todo fariseu e figura religiosa com quem Jesus se depara responde com hostilidade, afronta, indignação e, no final, com o maior ato de violência.

Jesus poderia ter conseguido uma resposta mais positiva dos fariseus se tivesse lhes mostrado o tipo de respeito que eles exigiam? O que teria acontecido se tivesse procurado interesses comuns e se concentrado somente no que poderia aceitar no sistema de crenças deles? Afinal, havia muito o que aceitar; os fariseus não se entretinham com o paganismo deplorável que os adoradores de Baal abraçavam na época de Elias. O que teria acontecido se Jesus tivesse enfatizado onde eles estavam *certos*, em vez de sempre atacar o que estava *errado* no ensinamento deles? É possível que o Sinédrio tivesse sido mais aberto para Jesus se este não tivesse usado sempre os fariseus como o símbolo de tudo o que estava errado com Israel em termos espirituais?

Jesus sabia algo que os evangélicos de hoje muitas vezes esquecem: a verdade não vence o erro promovendo uma campanha de relações públicas. A luta entre verdade e erro é uma guerra espiritual, e não há como a verdade vencer a falsidade a não ser expondo e refutando mentiras e falsos ensinamentos. Isso exige sinceridade e clareza, ousadia e precisão — e, às vezes, mais severidade do que simpatia.

O fato de Nicodemos ser o único fariseu a ouvir Cristo sem sentir-se ofendido a ponto de se voltar completamente contra ele não denuncia o modo como Jesus lidava com os principais líderes religiosos de Israel. Pelo contrário, serve para medir como todo o sistema deles era, de fato, perverso. Daqui em diante, ele se torna um dos temas centrais das histórias dos quatro evangelhos.

Deus não escolhe covardes destituídos de firmeza para pôr sua glória no rosto deles. Temos muitos homens feitos de açúcar, nos nossos dias, que se desfazem na corrente da opinião popular; mas esses homens nunca subirão ao monte do Senhor, nem permanecerão em seu santo lugar, nem usarão os símbolos de sua glória.

CHARLES H. SPURGEON[1]

CAPÍTULO 4

Este homem diz blasfêmias

Certo dia, quando ele ensinava, estavam sentados ali fariseus e mestres da lei, procedentes de todos os povoados da Galileia, da Judeia e de Jerusalém.

Lucas 5:17

As Escrituras dão muitos mais detalhes sobre a segunda metade do ministério de Jesus do que sobre aqueles primeiros meses, mas um padrão de crescente conflito, no entanto, fica evidente do começo ao fim. Grande parte do ministério inicial de nosso Senhor aconteceu na Galileia, onde (a princípio) ele estava fora do alcance do constante escrutínio do Sinédrio estabelecido em Jerusalém. Os evangelhos são dispersos nos detalhes que registram sobre esses meses. Sabemos que é nesse momento que Jesus reuniu grande parte de seus discípulos mais próximos (Mateus 4:18-22; Marcos 1:16-20). Todos os três evangelhos registram que ele expulsou demônios, realizou vários milagres e falou constantemente a grandes multidões durante aquele primeiro ano (Mateus 4:23,24; Marcos 1:39-45; Lucas 5:15). Além disso, o registro bíblico dá apenas algumas informações específicas.

Mas, enquanto Jesus ganhava fama e seguidores, parece que os líderes religiosos, em algum momento lá no início, tomaram providências para mantê-lo sob vigilância aonde quer que fosse. De repente, toda vez que aparecia em público — mesmo nos lugares mais remotos da Galileia —, fariseus sempre pareciam estar presentes. Seus conflitos com escribas e fariseus logo começaram a aumentar constantemente em termos de frequência e intensidade.

O importante a ser observado é que, até aqui, os escribas e fariseus não fizeram nada visível para provocar qualquer conflito com Jesus. *Ele* instigou aquele primeiro confronto em Jerusalém ao expulsar os cambistas do templo sem fazer nenhuma advertência ou dar nenhum aviso anterior. A única interação pessoal registrada entre Jesus e um fariseu até este momento foi o diálogo com Nicodemos, que apareceu em termos amistosos — e Jesus o repreendeu. Por muitos meses, esse padrão continuou. Todo conflito aberto que Jesus teve com os fariseus foi instigado por ele, incluindo seu primeiro conflito importante na Galileia entre Jesus e os líderes judeus — quando ele constrangeu publicamente alguns fariseus com base em seu conhecimento do que eles estavam *pensando*. Mateus, Marcos e Lucas descrevem o incidente, mas o relato de Lucas é o mais completo, por isso concentramos nossa atenção nele.

Esta é também a primeira vez que os fariseus aparecem no evangelho de Lucas, o qual tem muito a dizer sobre os fariseus e a oposição deles a Cristo, mas é aqui que os apresenta pela primeira vez. Nesse contexto, faz pouco tempo que Jesus havia voltado à Galileia após aquela primeira Páscoa em Jerusalém. Não podemos dizer precisamente quanto tempo se passou, mas uma harmonia cuidadosa dos evangelhos sugere que havia se passado quase um ano e meio depois daquela primeira limpeza no templo antes de Jesus se deparar com fariseus claramente hostis na Galileia.[1]

Jesus vai para Cafarnaum

Jesus permaneceu em Jerusalém por um tempo indeterminado, ensinando, curando e reunindo discípulos após a festa da Páscoa. João 4:1 diz que, por fim, chegou aos fariseus a notícia de que Jesus estava fazendo mais discípulos do que João Batista, por isso parece que ele ficou em Jerusalém mais do que apenas alguns dias após a Páscoa. Por outro lado, João 4:45 indica que muitos daqueles primeiros discípulos eram galileus que haviam vindo a Jerusalém para a festa. Parece improvável que grandes multidões da Galileia ficariam por muito tempo em Jerusalém uma vez terminada a semana da festa. Assim, o ministério de Jesus ali pode ter levado não mais do que algumas semanas. Em todo caso, foi em algum momento naquele intervalo após a Páscoa que se deu o encontro com Nicodemos.

Jesus então voltou à Galileia via Samaria (João 4:3,4), fazendo um caminho que nenhum fariseu teria feito. Os samaritanos eram considerados impuros, e o simples fato de passar pela terra deles era visto pelos fariseus como algo espiritualmente imundo. Esse era, sem dúvida, apenas um dos muitos tabus farisaicos que Jesus quebraria. Mas, enquanto viajava pela Samaria, ele teve seu famoso encontro com a mulher no poço de Sicar. Essa história ocupa todo o capítulo 4 de João. Cristo levou-a à salvação — e ela, mais tarde, levou muitos de Sicar a Cristo. Muitos dos aldeões vieram à fé salvadora (João 4:39-42). Ao longo desse capítulo, o conflito de Jesus com os escribas, os fariseus e o Sinédrio está simplesmente nas entrelinhas da narrativa de João. Mas, não obstante, é iminente no segundo plano. Leitores judeus saberiam que a decisão de Jesus de passar pela Samaria — e, especialmente, as palavras que ele ministrou à mulher samaritana com um histórico conjugal sórdido (João 4:16-19) — ofenderia profundamente qualquer fariseu sensível. (Na verdade, aquilo surpreendeu até os discípulos mais próximos de Jesus — v. 27.)

Depois de ministrar por dois dias em Sicar, Jesus finalmente voltou à Galileia (v. 43), a região onde cresceu. Sem dúvida, por causa dos milagres que realizou por onde passava, sua fama logo se espalhou pela região. Aquilo abriu oportunidades para que pregasse e ensinasse nas muitas sinagogas espalhadas pela Galileia (Lucas 4:14,15). Ao que parece, ele teve um longo ministério itinerante que o levou a todas as partes da região da Galileia. As sinagogas reuniam-se somente no sábado, por isso o fato de Jesus ministrar em muitas delas sugere que essa fase itinerante de seu ministério durou muitas semanas. Assim, a viagem de volta de Jerusalém foi longa e sinuosa.

Por fim, ele chegou à sinagoga de sua cidade natal para ministrar ali, como havia feito em toda a região. Nazaré era uma cidadezinha rural, por isso ele era conhecido praticamente por todos da sinagoga ali, tendo crescido no meio deles e frequentado aquela mesma sinagoga todas as semanas de sua jovem vida. Lucas expressamente diz que era costume de Jesus ir até lá no sábado (Lucas 4:16). Voltando agora como um rabino que estava ganhando fama e já acumulando muitos seguidores de toda a Galileia, ele, sem dúvida, despertou a curiosidade deles com sua simples presença.

Mas, naquele mesmo sábado, de volta à sua cidade natal, ele causou um frenesi. Entregaram-lhe o pergaminho de Isaías, e ele começou a ler Isaías 61. (É claro que as divisões de capítulos e de versículos não existiam na época de Jesus, mas a passagem que ele começou a ler na Bíblia moderna é Isaías 61:1.) Ele começou na primeira linha da passagem e, de repente, parou no meio da frase antes de terminar o versículo 2, fechou o pergaminho, sentou-se e declarou que a profecia que acabara de ler havia se cumprido hoje (Lucas 4:21). Enquanto as pessoas se admiravam e murmuravam sobre a graça com que ele havia falado — impressionadas com o fato de que um daqueles de seu próprio meio pudesse falar com tanta autoridade e altivez —, ele as interrompeu com um terrível desafio:

Jesus lhes disse: "É claro que vocês me citarão este provérbio: 'Médico, cura-te a ti mesmo! Faze aqui em tua terra o que ouvimos que fizeste em Cafarnaum.'" Continuou ele: "Digo-lhes a verdade: Nenhum profeta é aceito em sua terra. Asseguro-lhes que havia muitas viúvas em Israel no tempo de Elias, quando o céu foi fechado por três anos e meio, e houve uma grande fome em toda a terra. Contudo, Elias não foi enviado a nenhuma delas, senão a uma viúva de Sarepta, na região de Sidom. Também havia muitos leprosos em Israel no tempo de Eliseu, o profeta; todavia, nenhum deles foi purificado — somente Naamã, o sírio" (vs. 23-27).

Observe: ele se descreveu como um profeta comparável a Elias — um Mensageiro de Deus nem sequer aceito por seu próprio povo. Ele coloca as pessoas no papel de incrédulas — como os israelitas desobedientes na época de Elias que se ajoelharam diante de Baal. Ele falou da soberania de Deus ao ignorar todo o Israel para ministrar a um único excluído gentio e sugeriu contundentemente que eles estavam no mesmo barco que os israelitas réprobos que foram ignorados pelo ministério de Elias.

A ideia que ele estava defendendo não tinha efeito sobre o povo de Nazaré. Ela teria ficado clara para qualquer pessoa familiarizada com a história de Elias no Antigo Testamento. Ele estava, na verdade, dizendo a uma sinagoga cheia de pessoas religiosas que elas precisavam ser salvas. Ser um israelita e um descendente natural de Abraão não era garantia da bênção divina. Sem fé, é impossível agradar a Deus (Hebreus 11:6), e ele tem misericórdia de quem quer ter misericórdia (Êxodo 33:19; Romanos 9:15). Essas verdades estavam implícitas na referência de Jesus aos israelitas da época de Elias. Isso surpreendeu as pessoas de sua própria cidade natal, porque ele as estava claramente colocando na mesma categoria que os apóstatas que adoravam Baal.

Todo o clima de Nazaré mudou no mesmo instante: "Todos os que estavam na sinagoga ficaram furiosos quando ouviram isso" (Lucas 4:28). Eles o expulsaram da sinagoga, tiraram-no da cidade e levaram-no ao topo de um penhasco ou de uma rocha, de onde pretendiam lançá-lo.² Esse foi o primeiro atentado crítico registrado contra sua vida, e tudo partiu da comunidade em que ele havia crescido!

Mas pouco antes de chegarem à beira do penhasco, Jesus, de um modo milagroso, despistou a multidão. Simplesmente "passou por entre eles e retirou-se" (v. 30). É óbvio que eles ficaram confusos — temporariamente cegos ou, de um modo sobrenatural, colocados em um estado de confusão —, e Jesus afastou-se deles sem nenhuma dificuldade e sem ninguém para persegui-lo.

Na verdade, ele se afastou totalmente de Nazaré. No próximo versículo, Lucas diz: "Então ele desceu a Cafarnaum, cidade da Galileia, e, no sábado, começou a ensinar o povo" (v. 31). Em outras palavras, ele estabeleceu sua base em Cafarnaum, na costa norte do mar da Galileia, cerca de cinquenta quilômetros de Nazaré. Mateus 4:13 diz "saindo de Nazaré, foi *viver* em Cafarnaum" (ênfase do autor). Depois disso, quando lemos uma referência à "sua cidade" (Mateus 9:1), a passagem está falando de Cafarnaum. Marcos 2:1 diz que quando Jesus estava em Cafarnaum, ele estava "em casa".

A maioria dos discípulos mais próximos de Jesus também chamava Cafarnaum de casa. Era onde Zebedeu, pai de Tiago e João, tinha seu negócio de pesca. Era de onde vinham Pedro e André. Era, na verdade, um vilarejo ainda mais insignificante e desconhecido que Nazaré, mas era o lugar perfeito para aquele que tem prazer em usar "o que para o mundo é loucura para envergonhar os sábios, [...] o que para o mundo é fraqueza para envergonhar o que é forte. [...] o que para o mundo é insignificante, desprezado e o que nada é [...] a fim de que ninguém se vanglorie diante dele" (1Coríntios 1:27-29).

A FAMA DE JESUS AUMENTA

Não demorou muito e multidões se reuniram em Cafarnaum para ver e ouvir Jesus. As pessoas estavam impressionadas com a autoridade com que ele ensinava (Lucas 4:32). Com essa mesma autoridade, ele expulsou demônios (vs. 33-36) e curou os doentes — começando com a sogra de Pedro (vs. 38-42). Multidões começaram a vir de toda a região para serem curadas e libertadas, e "ele os curou [a todos], impondo as mãos sobre cada um deles" (v. 40).

Ele teve de escapulir para um lugar deserto a fim de escapar das demandas das multidões. Elas o seguiram até lá e "insistiram que não as deixasse. Mas ele disse: 'É necessário que eu pregue as boas novas do Reino de Deus em outras cidades também, porque para isso fui enviado" (vs. 42,43). Assim, tendo Cafarnaum como sua base, ele continuou o ministério que havia começado antes daquele sábado tumultuado em Nazaré, ministrando em sinagogas por toda a Galileia.

Multidões continuaram a seguir Jesus aonde ele ia. Eram tão grandes e se comprimiam tanto nas praias da Galileia que a única maneira pela qual Jesus pôde pregar para elas sem estar completamente cercado e ser engolido por um mar de pessoas foi sentar-se em um barco e ensinar afastado um pouco da praia. Ele purificou leprosos, curou todos os tipos de doenças e ensinou as multidões cada vez maiores. Uma vez que não havia enfermidade que ele não pudesse curar nem um endemoniado que não pudesse libertar, as multidões continuaram a aumentar e a segui-lo de um modo mais agressivo do que nunca. "Mas Jesus retirava-se para lugares solitários, e orava" (Lucas 5:16).

O que Lucas descreve é uma campanha incansável e contínua de ensino diário e ministério público. Multidões sempre seguiam Jesus, todos os dias, do nascer ao pôr do sol. Nas regiões rurais da Galileia, até algumas centenas de pessoas formavam uma grande multidão — sem dúvida, grande o suficiente para inundar uma vila do tamanho de Cafarnaum. Mas os enxames de pessoas continuaram a aumentar até chegarem aos milhares. Todos os quatro evangelhos registram que cinco mil pessoas foram alimentadas — um número impressionante, considerando a população relativamente escassa da região. E, mais surpreendente ainda, todos os evangelhos indicam que essas grandes multidões se reuniam incansavelmente todos os dias, seguindo Jesus até o deserto, tornando-lhe praticamente impossível ter algum tipo de solidão. Isso lembrava o ministério de João Batista no deserto (cf. Mateus 3:5; 4:25) — exceto os milagres.

Naturalmente, notícias sobre o ministério de Jesus na Galileia chegaram a Jerusalém e ao Sinédrio.

Entram os fariseus

Quando Lucas menciona pela primeira vez os "fariseus e mestres da lei", eles observavam Jesus a distância. Haviam vindo a Cafarnaum, não como parte da multidão normal que procurava se beneficiar com o ministério de Jesus, mas como observadores críticos, procurando razões para condená-lo e, se possível, frustrá-lo antes que se tornasse mais popular. É claro que já haviam traçado um plano de ação antes, porque chegaram "certo dia [...] de todos os povoados da Galileia, da Judeia e de Jerusalém" (Lucas 5:17).

Jesus estava em uma casa em Cafarnaum. Marcos parece sugerir que era a casa onde o próprio Jesus vivia (Marcos 2:1). Como sempre, o empurra-empurra da multidão era sufocante, e Jesus pregava de dentro da casa para o maior número possível de pessoas que estavam reunidas ali, ao alcance da voz. Marcos descreve a cena: "Muita gente se reuniu ali, de forma que não havia lugar nem junto à porta; e ele lhes pregava a palavra" (v. 2). Lucas acrescenta: "E o poder do Senhor estava com ele para curar os doentes" (Lucas 5:17).

Aqui está um padrão que você notará em quase todo confronto entre Jesus e os fariseus: De um modo ou de outro, sua deidade sempre está na essência do conflito. É como se ele tivesse a intenção de provocá-los com declarações, afirmações ou ações às quais sabe que eles se oporiam e, então, usa o conflito resultante para demonstrar que tinha, de fato, toda a autoridade que alegava ter.

Nessa ocasião, a questão em jogo era o perdão de pecados. Lembre-se de que Jesus vinha realizando curas públicas por várias semanas em toda a Galileia. Não há dúvida alguma sobre sua capacidade de curar qualquer doença ou libertar o oprimido espiritualmente de qualquer tipo de escravidão demoníaca. Demônios e doenças, igualmente, sempre desapareceram diante de sua Palavra — às vezes até em sua presença. "E aonde quer que ele fosse, povoados, cidades ou campos, levavam os doentes para as praças. Suplicavam-lhe que pudessem pelo menos tocar na borda do seu manto; e todos os que nele tocavam eram curados" (Marcos 6:56). Nas próprias palavras de Jesus, esta era a prova de todas as suas declarações e a confirmação de todos os seus ensinamentos: "Os cegos veem, os aleijados andam, os leprosos são purificados, os surdos ouvem, os mortos são ressuscitados e as boas novas são pregadas aos pobres" (Lucas 7:22).

Nesse dia em particular, no entanto, a Jesus foi mostrado um caso particularmente difícil — uma aflição trágica e incurável tão incapacitante que o homem doente teve de ser carregado em uma maca por outros quatro homens. A multidão estava tão concentrada e tão apertada em volta de Jesus para ouvir que seria quase impossível a um homem saudável se enfiar no meio dela e se aproximar de Jesus, muito menos quatro homens carregando um paraplégico em uma maca.

Aqui estava um homem desesperado que precisava tanto da cura que outros quatro — talvez amigos e vizinhos, talvez até parentes — se deram a todo esse trabalho para levá-lo a Cafarnaum a fim de buscar ajudar com esse homem que curava sobre quem todos haviam ouvido falar. Mas, quando chegaram lá, não havia nem esperança de verem Jesus, porque as multidões que morriam de fome espiritual, basicamente, o haviam impedido de sair de casa, de onde seus ensinamentos eram ouvidos com uma voz fraca.

É bem possível que o tema que ele estava ensinando fosse o perdão. O assunto, sem dúvida, pairava no ar. Pouco antes disso, depois de ensinar do barco de Pedro, Jesus instruiu Pedro a ir para um lugar fundo e jogar suas redes (v. 4). Para qualquer pescador, essa estratégia pareceria ridícula. A melhor hora para pescarem era à noite, em águas rasas, enquanto os peixes estavam se alimentando. Pedro havia se esforçado a noite toda e não havia pegado nada (v. 5). Durante as horas do dia, os peixes migravam para águas mais profundas e mais frias, onde normalmente era impossível alcançá-los com redes. Pedro disse: "Mas, porque és tu quem está dizendo isto, vou lançar as redes" (v. 5). Quando viu que a quantidade de peixes era tão grande que as redes começaram a se rasgar, Pedro ficou impressionado no mesmo instante e percebeu que estava na presença do poder divino — e a primeira coisa da qual se deu conta foi o peso de sua própria culpa: "Prostrou-se aos pés de Jesus e disse: 'Afasta-te de mim, Senhor, porque sou um homem pecador!'" (v. 8).

O perdão também era um dos assuntos favoritos de Jesus em suas pregações. Foi um dos principais temas em seu Sermão do Monte. Foi o foco da oração do Senhor e o tema que ele expôs ao final daquela oração (Mateus 6:14,15). É o tema central que domina todo o capítulo 5 de Lucas. Se não era sobre o perdão que Jesus estava pregando, o tema estava, não obstante, para se tornar o assunto do dia.

Agora imagine os fariseus, sentados em algum lugar ali por perto, observando e ouvindo coisas para criticarem quando quatro homens carregando uma maca chegaram ao local da cena.

Quem pode perdoar pecados senão Deus?

Se queriam ver Jesus em ação, os fariseus, com certeza, vieram no dia certo. Aqui estava um paralítico em desespero que havia sido trazido de algum lugar distante por outros quatro homens cuja viagem de outro vilarejo talvez não tenha sido fácil. E, quando chegaram, é provável que viram de imediato que não tinham a mínima chance de se aproximar de Jesus por algum método convencional. Mesmo que esperassem até que Jesus saísse da casa, a multidão era muito grande e estava muito agitada para abrir caminho para cinco homens passarem por ela até o centro das pessoas que estavam em torno de Jesus aonde quer que ele fosse.

O fato de o homem ser carregado em um colchão de palha, e não sentado em algum tipo de carrinho, sugere que ele era, provavelmente, tetraplégico, com todos os membros totalmente paralisados — talvez em consequência de alguma lesão no pescoço. Era um clássico exemplo prático da condição humana caída. Não podia se mexer; dependia totalmente da boa vontade e da bondade dos outros, era completamente impotente para fazer qualquer coisa sozinho.

Aqui estava uma enfermidade que exigia um verdadeiro e óbvio milagre de cura. Não era como as indisposições invisíveis (dores nas costas, enxaquecas e dores de estômago) que muitas vezes vemos sendo "curadas" por pessoas que, hoje, dizem possuir dons de cura. Os músculos desse homem estavam atrofiados e reduzidos a nada por não serem usados. Se Jesus pudesse curá-lo, ficaria instantaneamente óbvio para todos que um verdadeiro milagre havia acontecido.

O total desespero do homem e de seus quatro amigos pode ser calculado pelo que eles fizeram quando perceberam que não poderiam se aproximar de Jesus. Foram para o telhado. Para que quatro homens subissem com uma maca, é provável que houvesse uma escada externa que desse em um terraço ou passagem. Mesmo assim, a subida seria difícil. Mas é óbvio que era uma casa ampla, com um típico pátio no piso superior ao estilo mediterrâneo, próximo a uma área coberta de telhas. Isso deu aos homens exatamente a oportunidade de que precisavam. Levaram o paraplégico para o andar superior, definiram aproximadamente onde Jesus estava abaixo deles e começaram a tirar as telhas daquela parte do telhado.

Que entrada impressionante foi essa! Sem dúvida, a multidão surpreendeu-se quando o telhado começou a se abrir. O buraco precisava ser grande o suficiente para o homem e sua maca — o que provavelmente significava que não só as telhas externas do telhado, mas também algumas treliças que estavam por baixo e as sustentavam tiveram de ser removidas com cuidado. Um telhado com telhas não era uma cobertura barata ou provisória, e simplesmente não havia como abrir um buraco em um telhado como esse sem que muitos escombros e pó caíssem na multidão lá embaixo. É normal que esperássemos que a multidão e o dono da casa ficassem irritados com as ações desses homens.

Mas, aos olhos de Jesus, era uma prova clara de grande fé. Todos os três evangelhos sinópticos registram esse incidente, e os três dizem que Jesus *"viu* a fé que eles tinham" (v. 20; Mateus 9:2; Marcos 2:5). É claro que ele viu a fé refletida na persistência e na determinação desses homens. Depois de todo o trabalho que tiveram para colocar o homem aos pés de Jesus, ficou óbvio para todos por que estavam ali: eles haviam trazido o homem para receber a cura física. Qualquer um que pensasse a respeito podia ver que era preciso ter certa fé na capacidade que Jesus tinha de curar para ter todo aquele trabalho.

Contudo, o texto está sugerindo que Jesus viu algo ainda mais profundo. Uma vez que ele é Deus encarnado, também podia sondar o coração deles, perceber seus motivos e até conhecer seus pensamentos — assim como havia sondado o coração de Nicodemos e como havia discernido a fé apática daqueles primeiros admiradores de seu ministério em Jerusalém, com os quais não quis se comprometer (João 2:23-25).

O que ele viu quando esses homens baixaram o amigo do teto foi a verdadeira fé — a fé contrita. Nenhum dos relatos dos evangelhos sugere que o paralítico ou seus amigos disseram uma palavra. Não houve nenhum testemunho verbal do homem sobre seu arrependimento. Não houve nenhuma declaração de contrição. Não houve nenhuma confissão de pecados. Não houve nenhuma afirmação de fé em Deus. Não houve nenhum clamor verbal por misericórdia. Não era preciso, pois Jesus podia sondar o coração e a mente do homem. Ele sabia que o Espírito Santo havia realizado uma obra no coração do paralítico. O homem viera até Jesus com um espírito quebrantado e contrito. Queria se acertar com Deus. Nem mesmo precisou dizer isso. Jesus sabia porque, como Deus, ele conhece todos os corações.

Aqui estava uma oportunidade para Jesus mostrar sua deidade. Todos puderam ver a *aflição* do homem; somente Jesus pôde ver sua *fé*. Sem nenhum comentário da parte do paralítico aos pés de Jesus ou da parte dos quatro homens espreitando pelo buraco no telhado, Jesus se voltou para o paralítico e disse: "Homem, os seus pecados estão perdoados" (v. 20).

De bom grado, ele o perdoou. Ele o justificou completamente. Com aquelas palavras, os pecados do homem foram apagados de sua conta, eliminados dos livros divinos. Baseado em sua autoridade pessoal, Jesus instantaneamente absolveu para sempre aquele homem de toda a culpa por todos os seus pecados.

Com aquela declaração, Jesus deu aos escribas e fariseus exatamente o que eles estavam esperando: uma oportunidade para acusá-lo. E não se engane: as palavras de Jesus para o paralítico seriam muito escandalosas para a religião dos fariseus segundo qualquer padrão. Em primeiro lugar, se ele não fosse Deus encarnado, seria, de fato, o cúmulo da blasfêmia fingir que tinha autoridade para perdoar pecados. Em segundo lugar, a religião dos fariseus era muito voltada para as obras — de modo que, na visão deles, o perdão deveria ser *merecido*. Era impensável para eles que o perdão pudesse ser concedido de imediato e, de forma incondicional, somente pela fé.

De acordo com Mateus, alguns dos escribas que estavam lá reagiram de imediato (Mateus 9:3). Mas, curiosamente, nesse exemplo, eles não se levantaram nem fizeram um protesto verbal. O ministério de Jesus ainda estava bem no começo, e eles formavam uma minoria tão pequena à margem dessa multidão na comunidade de Jesus que sua reação inicial parece, surpreendentemente, reprimida. Se o espanto se manifestou de fato, foi apenas no rosto deles. Lucas diz que eles "começaram a pensar: 'Quem é esse que blasfema? Quem pode perdoar pecados, a não ser somente Deus?'" (Lucas 5:21). Mateus deixa claro que eles disseram essas coisas "a si mesmos" — não em voz alta (Mateus 9:3). De igual modo, Marcos diz: "Estavam sentados ali alguns mestres da lei, raciocinando em seu íntimo: 'Por que esse homem fala assim? Está blasfemando! Quem pode perdoar pecados, a não ser somente Deus?'" (Marcos 2:6,7). Na mente deles, todos estavam pensando a mesma coisa. *Este era o pior tipo de blasfêmia. Quem, a não ser Deus, pode legitimamente perdoar pecados?*

A pergunta foi meramente retórica; eles não estavam, de fato, querendo saber qual poderia ser a resposta. Sabiam perfeitamente que ninguém pode perdoar pecados, a não ser Deus. Sua doutrina sobre aquela questão era muito sensata. Nós podemos perdoar qualquer ofensa que nos seja feita no que diz respeito às nossas próprias reivindicações por justiça, mas não temos a autoridade para absolver ninguém da culpa perante o trono de Deus. Nenhum homem pode fazer isso. Nenhum pastor pode fazer isso. Ninguém pode fazer isso, a não ser Deus. Quem se apropria dessa prerrogativa ou é Deus ou um blasfemo. Na verdade, para alguém que não seja Deus, isso, na verdade, seria o pior ato de idolatria consistindo em blasfêmia — colocar-se no lugar de Deus.

Quem é esse?

De caso pensado, Jesus havia se colocado no centro de uma realidade que forçaria todo observador a dar um veredicto sobre ele. Isso se aplicava não só às pessoas que foram testemunhas oculares em Cafarnaum naquele dia, mas também àquelas que simplesmente leem essa história nas Escrituras. E a escolha é clara. Só existem duas possíveis conclusões que podemos tirar com relação a Cristo: Ele é Deus encarnado ou é um blasfemo e um impostor. Não há meio-termo e essa era exatamente a situação que Jesus tinha em mente.

Mesmo hoje, há muitas pessoas que desejam ser condescendentes com Jesus, dizendo que ele foi um homem bom, um líder religioso notável, um importante profeta, um profundo eticista, um modelo de integridade, bondade e decência — um *grande* homem, mas ainda assim um simples homem — não Deus encarnado. Mas esse episódio em seu ministério público é suficiente para apagar essa escolha da lista de possibilidades. Ele é Deus ou o pior blasfemo. Ele, decididamente, cancelou toda alternativa possível de meio-termo.

Jesus não repreendeu os fariseus por pensarem que somente Deus poderia perdoar pecados. Eles não estavam errados nesse sentido. Nem Jesus desconsiderou a preocupação deles como se fosse um mal-entendido sobre sua intenção. Era isso que ele teria feito se fosse, de fato, um homem bom que não estivesse se declarando Deus encarnado e que não estivesse, de fato, alegando qualquer autoridade especial para perdoar pecados ou justificar pecadores. Se esse fosse o caso, deveria ter imediatamente dito: "Opa, opa, opa! Vocês me entenderam mal. Não estou dizendo que *eu* posso perdoar o homem. Eu simplesmente queria dizer que *Deus* perdoará o homem." Qualquer homem bom, nobre e temente a Deus iria querer corrigir uma ideia errada e colocar as coisas em seu devido lugar, afirmando que somente Deus pode perdoar pecados. Jesus não fez nada disso.

Pelo contrário, ele os repreendeu por "[pensarem] maldosamente" a seu respeito (Mateus 9:4). Eles estavam errados em pensar o pior a seu respeito quando, na verdade, já havia muitas vezes demonstrado o poder de Deus de forma convincente e pública, curando doenças que ninguém, a não ser Deus, poderia curar e expulsar demônios sobre os quais somente Deus tinha poder. Em vez de pensarem: *Um simples homem não pode perdoar pecados. Ele simplesmente blasfemou*, deveriam ter perguntado para si mesmos: *Será possível que ele não seja um simples homem?*

Todos os três evangelhos sinópticos enfatizam que Jesus leu o pensamento deles (Mateus 9:4; Marcos 2:8; Lucas 5:22). Assim como conhecia o coração do paralítico e percebeu que a primeira preocupação daquele homem era a salvação de sua alma, ele conhecia o coração dos fariseus e percebeu que o único motivo deles era encontrar uma forma de acusá-lo. O fato de saber o que eles estavam pensando deveria ter sido outro sinal de que ele não era um simples homem.

Mas já estavam pensando nisso havia tempo. No que dizia respeito a eles, era, pura e simplesmente, um caso de blasfêmia, e nem parece que outra opção lhes ocorreu. Além disso, se pudessem fazer com que *essa* acusação surtisse efeito, poderiam exigir que fosse apedrejado. A blasfêmia declarada era um crime capital. Levítico 24:16 era enfático sobre essa questão: "Quem blasfemar o nome do Senhor terá que ser executado. A comunidade toda o apedrejará. Seja estrangeiro, seja natural da terra, se blasfemar o Nome, terá que ser morto."

O QUE É MAIS FÁCIL?

Antes que os escribas e fariseus pudessem expressar o que estavam pensando, o próprio Jesus insistiu. "Perguntou: 'Por que vocês estão pensando assim? Que é mais fácil dizer: Os seus pecados estão perdoados, ou: Levante-se e ande?'" (Lucas 5:22-23).

Eles estavam pensando: *Este homem está blasfemando porque alega fazer o que somente Deus pode fazer*. Observe que Jesus nem sequer insinuou que eles poderiam ter entendido mal suas intenções. Ele não voltou atrás nem tentou qualificar sua própria afirmação. Nem contestou a crença deles de que somente Deus pode perdoar pecados. Na verdade, tinham toda razão nesse sentido.

Sem dúvida, somente Deus pode, infalivelmente, ler o coração humano também. Em Ezequiel 11:5, o próprio Deus diz: "Eu sei em que vocês estão pensando." Ele fala novamente em Jeremias 17:10: "Eu sou o Senhor que sonda o coração e examina a mente." Nenhum ser humano tem a capacidade de sondar perfeitamente a mente de outro assim. "O Senhor não vê como o homem: o homem vê a aparência, mas o Senhor vê o coração" (1Samuel 16:7). Jesus acabara de mostrar que conhecia a mente do paralítico e os pensamentos secretos deles a seu respeito. Isso não deveria tê-los feito parar e pensar em quem era esse com quem estavam lidando?

Era exatamente isso que Jesus os estava desafiando a considerar. Ele propôs um teste simples: "Que é mais fácil dizer: Os seus pecados estão perdoados, ou: Levante-se e ande?" (Lucas 5:23). Embora seja, sem dúvida, verdade que somente Deus pode perdoar pecados, de igual modo é verdade que somente Deus pode realizar o tipo de milagre regenerativo necessário para restaurar à perfeição os músculos atrofiados e ossos frágeis de um tetraplégico em uma fração de segundo — de modo que ele pudesse, literalmente, se levantar e andar sob uma ordem. A questão não era se Jesus poderia tornar esse homem *melhor*, mas se ele poderia, instantaneamente, torná-lo perfeito e saudável.

Mesmo com os melhores métodos da medicina moderna, se alguém recuperar a capacidade de se mexer depois de sofrer uma lesão catastrófica desse tipo, que causa uma grave paralisia, normalmente leva meses de terapia para que o cérebro redescubra como enviar sinais precisos pelos caminhos nervosos lesados aos membros incapacitados. Por menor que tenha sido o tempo em que esse homem ficou paralisado, poderíamos esperar, no mínimo, que ele precisaria de algum tempo para aprender a andar novamente. Mas as curas de Jesus sempre ignoraram toda essa terapia. Pessoas cegas de nascença não só recebiam a visão, mas também a capacidade instantânea de compreender o que viam (João 9:1-38; Marcos 8:24,25). Quando curou um surdo, Jesus também curou imediatamente seu resultante defeito na fala — não foi preciso terapia (Marcos 7:32-35). Toda vez que curava aleijados, ele lhes dava não só tecidos musculares regenerados, mas também a força e a habilidade para pegarem suas macas e andarem (Mateus 9:6; Marcos 2:12). Parece-me irônico o paciente normalmente acabar imóvel ou com convulsões incontroláveis quando os que curam pela fé e os charlatões carismáticos, em nossos dias, alegam curar pessoas. As curas de Jesus tinham exatamente o efeito contrário. Até um homem enfermo e de cama havia 38 anos pôde, imediatamente, pegar sua maca e ir embora (João 5:6-9).

Era simplesmente disso que esse homem precisava: um ato de poder divino e criativo assim como só Deus pode realizar.

Observe com cuidado como Jesus formulou sua pergunta: "Que é mais fácil *dizer*?" Ele estava procurando falhas no processo mental deles. Eles estavam indignados porque Jesus havia concedido perdão àquele homem. Mas, os fariseus nunca desafiaram seu direito de curar. Obviamente, perdoar e curar são coisas impossíveis para um simples homem *fazer*. Um simples homem não tem o poder de curar nem de perdoar pecados à vontade. A cura é, na verdade, uma metáfora perfeita para perdão nesse sentido. Na realidade, as duas coisas são inseparáveis, porque a doença é o resultado da maldição que o pecado fez vir sobre a criação. A doença é simplesmente um sintoma; o pecado é a causa maior. (É claro que isso não significa que toda doença é a consequência imediata de um pecado específico. Em João 9:3, Jesus expressamente diz que existem outras razões para os males que afligem este ou aquele indivíduo. Mas a existência da doença em um universo que foi originalmente criado perfeito é, entretanto, em última análise, o resultado da maldição do pecado.) Assim, o poder para curar todas as doenças pressupõe o poder para perdoar qualquer pecado. Ambos são humanamente impossíveis. Mas Jesus podia fazer uma coisa ou outra ou ambas as coisas com a mesma autoridade.

Entretanto, o que é mais fácil *dizer*? É óbvio que é mais fácil dizer a alguém que seus pecados estão perdoados, porque ninguém pode ver se isso realmente aconteceu. O tipo de perdão que Jesus concedeu a esse homem é uma transação divina. Ocorre na mente de Deus e no tribunal do céu. É um decreto que somente Deus pode baixar, e não há nenhuma evidência terrena imediata disso. É fácil *dizer*, mas humanamente impossível *fazer*.

Assim, Jesus, na verdade, pergunta: "Vocês estão questionando se posso perdoar os pecados daquele homem, não estão? E vocês acham que é muito fácil dizer: 'Seus pecados estão perdoados.' Na verdade, vocês acham que estou dizendo blasfêmias e que ultrapassei um limite do qual nenhum homem deveria se aproximar."

É significativo o fato de que, mesmo conhecendo o coração deles de um modo tão perfeito, Jesus não quis evitar o conflito público que eles procuravam. Sabia perfeitamente bem que os fariseus ficariam ofendidos se declarasse perdoados os pecados desse homem e, mesmo assim, não deixou de fazer isso. Na verdade, fez isso da maneira mais pública possível. Sem dúvida, ele *poderia* ter curado a enfermidade desse homem sem provocar aquele tipo de conflito aberto com os fariseus. Poderia também ter tratado em particular da questão da culpa do homem, em vez de fazer uma declaração como essa ao alcance dos ouvidos de todos. Jesus estava, sem dúvida, ciente de que muitas pessoas no meio de uma multidão daquele tamanho não poderiam entender o que ele estava fazendo ou por que havia feito isso. No mínimo, poderia ter feito uma pausa e explicado por que tinha o direito de exercer a autoridade divina. Qualquer uma dessas coisas ou todas elas teriam, no mínimo, evitado que as pessoas percebessem que ele estava, conscientemente, irritando os fariseus.

São esses tipos de coisas que um típico evangélico solícito nestes tempos pós-modernos talvez insista que *deveriam* ser feitas. Não deveríamos evitar a controvérsia pública a qualquer preço, especialmente em circunstâncias como essas, com tantos aldeões simples presentes? O atrito entre Jesus e a elite religiosa de Israel não poderia ser edificante para os pescadores comuns e donas de casa de Cafarnaum, poderia? Uma pessoa sábia faria tudo o que estivesse ao seu alcance para não ofender os fariseus — certo? Que proveito poderia haver em transformar a libertação desse homem em um teatro de controvérsia pública?

Mas Jesus não tinha escrúpulos. O ponto de vista que ele estava apresentando era muito mais importante do que o modo como os fariseus ou o povo de Cafarnaum se sentiam com relação à questão. Portanto, "'para que vocês saibam que o Filho do homem tem na terra autoridade para perdoar pecados'.— disse ao homem paralítico — 'eu lhe digo: Levante-se, pegue a sua maca e vá para casa'" (Lucas 5:24).

Agora, não é nada fácil dizer a alguém assim: "Levante-se, pegue a sua maca e vá." Pois, se você disser isso e a pessoa não fizer de imediato o que você pediu, acabou de revelar que não tem autoridade nenhuma para fazer o que está afirmando. Ao contrário das curas fingidas exibidas nos programas religiosos de televisão por celebridades de hoje que curam pela fé, os milagres de Jesus envolviam enfermidades sérias e visíveis. Ele curava pessoas que havia muito tempo sofriam de males terríveis. Ele curava todo tipo imaginável de doença — incluindo deficiências congênitas e deformidades físicas. Curava pessoas quando elas vinham até ele — na cidade natal delas e nas ruas —, sem usar a segurança de um palco cercado de câmeras e seguranças. Ele realizou diversas curas — muito mais do que aquelas especificamente descritas nas Escrituras (João 21:25) —, curando todos os que vinham até ele em busca de alívio de qualquer enfermidade (Mateus 4:24; 12:15; 19:2; Marcos 5:56; Lucas 6:18,19). E curou de perto, na presença de muitas testemunhas oculares cujo testemunho não poderia ser contestado.

Impostores, falsos curandeiros, milagres encenados e curas forjadas eram tão comuns na época de Jesus como o são hoje. Assim, é significativo o fato de ninguém ter questionado seriamente a realidade dos milagres de Jesus — incluindo os fariseus. Eles sempre o atacavam por outros motivos. Questionavam a fonte de seu poder. Acusavam-no de não seguir a lei ao curar no sábado. Sem dúvida, teriam alegado que ele estava simplesmente usando truques baratos se um argumento crível a favor dessa acusação pudesse ter sido apresentado. Mas nada no registro do evangelho sugere que os fariseus ou qualquer outra pessoa tenham tentado acusá-lo de engano. Como é que eles poderiam, considerando a natureza e a abundância dos milagres de Jesus?

Agora, toda a reputação de Jesus dependia de uma impossibilidade. Ele demonstrará, da maneira mais explícita possível, que tem autoridade para fazer o que somente Deus pode fazer.

Os críticos ficaram em silêncio

O relato de Lucas é notável por sua óbvia sinceridade. O estilo do texto reflete como o milagre foi surpreendentemente súbito. Desse momento em diante na narrativa, tudo acontece de modo tão rápido que Lucas trata de tudo em dois pequenos versículos. Sobre o paralítico, Lucas diz: "*Imediatamente* ele se levantou na frente deles, pegou a maca em que estivera deitado e foi para casa louvando a Deus" (Lucas 5:25).

Muita coisa aconteceu naquele único instante. Os ossos do homem, frágeis pela falta de uso, fortaleceram-se perfeitamente. Seus músculos voltaram à força total e a funcionar de uma só vez. Suas juntas e tendões ficaram firmes e se mexeram. Todos os elementos de sua fisiologia que haviam se atrofiado foram regenerados. Seu sistema nervoso voltou ao normal e, no mesmo instante, tornou-se plenamente funcional. Os filamentos dos neurônios que, havia muito tempo, tinham deixado de sentir qualquer coisa voltaram a ter vida. Em um instante, ele não sentia nada naquelas extremidades inúteis; no instante seguinte, sentia toda a força e energia que vêm junto com a saúde perfeita. Braços que, um minuto antes, precisaram ser levantados por quatro homens e uma maca, subitamente puderam carregar a maca de volta para casa.

A partida do homem parece muito abrupta. Mas a ordem de Jesus compreendia três simples imperativos: "Levante-se, pegue a sua maca e vá para casa" (v. 24). E foi exatamente isso que o homem fez. Se ele parou para agradecer Jesus, não foi por muito tempo. Sabemos com toda a certeza que ficou profundamente agradecido. Mas ele também estava, e com razão, ansioso para chegar em casa e mostrar aos seus entes queridos o que Deus havia feito por ele.

Lucas não diz a que distância ficava sua casa, mas a caminhada deve ter sido maravilhosa. E é aqui que vemos sua profunda gratidão: durante todo o caminho para casa, ele foi "louvando a Deus" (v. 25).

A Bíblia, às vezes, suaviza as coisas óbvias: "Louvando a Deus." Foi isso que os anjos fizeram no céu quando anunciaram o nascimento do Messias (Lucas 2:14,15). É fácil imaginar esse homem correndo, saltando, batendo palmas e dançando durante todo o caminho de volta para casa. Se esses quatro amigos foram para casa juntos, ele provavelmente foi mais rápido que todos os outros. É provável que eles estivessem um pouco cansados por terem-no carregado até Cafarnaum; já o homem havia acabado de renascer, estava cheio de vida e livre de todo o peso que havia carregado, com exceção daquela maca que agora não servia para mais nada.

"Louvando a Deus" é uma atitude que também envolvia muito barulho — risos, gritos e brados de aleluia. Imagino que ele mal podia esperar para chegar à porta de casa, abri-la com um grito de alegria, entrar de súbito com os braços abertos e comemorar sua nova condição com sua esposa, seus filhos ou com qualquer familiar que estivesse em casa.

Mas a *melhor* parte não foi o fato de ele poder ir aos pulos para casa; a melhor parte foi ter sido purificado de seus pecados. Não sei no que esse homem se aventurou a esperar quando ele e os quatro ex-carregadores do colchão de palha partiram naquela manhã. Mas estou bastante certo de que não esperava o que recebeu. Todos os seus pecados foram perdoados e ele se tornou uma nova criatura. Não é de admirar que tenha glorificado a Deus.

O milagre teve um efeito similar sobre o povo de Cafarnaum. "Todos ficaram atônitos e glorificavam a Deus, e, cheios de temor, diziam: 'Hoje vimos coisas extraordinárias!'" (v. 26). A expressão grega que Lucas usou significa "tomados de espanto e admiração". O substantivo nessa expressão é *ekstasis*, que, sem dúvida, é a raiz da palavra *êxtase*. Literalmente, refere-se a um choque mental — um forte impacto que consiste em espanto e profundo prazer. Nesse caso, no entanto, a tradução da palavra por *extasiados* não capturaria, de fato, a reação das pessoas como Lucas a descreve. A reação lembrou mais uma comoção atordoada — misturada com medo e deslumbramento.

Como o ex-paralítico, elas glorificaram a Deus. O louvor da multidão, no entanto, é de uma natureza diferente da adoração do homem curado. Ele foi tocado por uma profunda gratidão pessoal e um coração que acabara de ser libertado da culpa. Elas simplesmente ficaram maravilhadas com o fato de que haviam visto algo estranho. Sabemos pelos eventos subsequentes que grande parte da admiração de Cafarnaum por Jesus acabaria por ser uma forma inconstante de estima. Muitos que estavam na multidão eram discípulos apáticos e bajuladores que logo renunciariam quando os ensinamentos de Jesus ficassem mais duros.

Contudo, mais peculiar é o fato de Lucas não dizer mais nada sobre os fariseus. Com uma espécie de sigilo que logo se tornará um padrão, eles simplesmente mergulham no silêncio absoluto e desaparecem da história. Em uma direção vai para casa o homem curado, glorificando a Deus e se alegrando em seu recém-encontrado manto da justiça. Os líderes religiosos de Israel fogem na direção contrária — bufando silenciosamente de raiva, ressentidos porque Jesus havia declarado o paralítico perdoado, incapazes até de se alegrar com a felicidade do homem e, em silêncio, tramando sua próxima tentativa de desprestigiar Jesus. Sabemos que essa foi a resposta deles, porque, quando aparecerem novamente, estarão um pouco mais irritados, muito mais preparados e muito menos abertos para qualquer consideração séria acerca das afirmações de Jesus. Essa primeira controvérsia na Galileia parece marcar o início de um padrão de conflitos públicos com Jesus cada vez mais hostis por meio dos quais o coração deles estaria completamente endurecido contra ele.

Essa ocasião também resumia bem as razões espirituais para o terrível ódio que os fariseus sentiam por Jesus. Eles não conseguiam suportar a compaixão que perdoaria de imediato um pecador. A ideia de que Jesus justificaria instantânea e gratuitamente um paralítico — alguém que, por definição, não podia trabalhar — contradizia tudo o que eles defendiam. O fato de Jesus exercer a autoridade divina também os irritava. Não era tanto isso que realmente fazia com que acreditassem que era culpado de blasfêmia — afinal, ele respondeu a essa acusação repetidas vezes e de forma convincente, provando que tinha pleno poder de fazer o que somente Deus pode fazer. Mas eles tinham sua própria ideia do como Deus deveria ser, e Jesus simplesmente não se encaixava no perfil. Além de tudo isso, ele era uma ameaça à posição deles em Israel (João 11:48) — e quanto mais os humilhava em público desta forma, mais a influência deles diminuía. Daqui para frente, essa realidade surgia como uma crise urgente em todos os seus pensamentos a respeito dele.

Após esse episódio, fariseus críticos tornaram-se comuns em todas as narrativas dos evangelhos. Eles logo começaram a seguir os passos de Jesus em todos os lugares aonde ele ia, aproveitando-se de todas as razões que pudessem encontrar para acusá-lo, opondo-se em todas as situações e até recorrendo a mentiras e blasfêmias em seu desespero para desprestigiá-lo.

É claro que eles já o haviam rejeitado completamente. Se não o reconheceram quando viram um milagre extraordinário como a cura instantânea desse paralítico, nada penetraria o coração endurecido e hipócrita deles. Já estavam longe demais no caminho que os tornaria os principais conspiradores no assassinato de Jesus.

Jesus, sem dúvida, encarnou *todos* os atributos de Deus — bondade, sofrimento e misericórdia, por um lado; ira, justiça e juízo, por outro. Todas essas qualidades são discerníveis, de certa forma, no modo como ele lidou com os fariseus durante seu ministério. Mas, uma vez que o evangelho estava em jogo e sua própria autoridade estava constantemente sendo atacada por esses homens que eram os líderes espirituais mais influentes da nação, a ternura de Jesus nunca ofuscou, em nenhum momento, seu modo severo de tratá-los.

O curso deles já estava traçado, ao que parece, algum tempo antes desse primeiro encontro com ele na Galileia. O coração deles já estava determinado a não se render à sua autoridade, a ignorar seus ensinamentos, a opor-se à sua verdade, a ser insensível à sua justiça e impenetrável às suas repreensões. Em essência, eles já o haviam rejeitado.

Ele logo os rejeitaria também.

Irmãos, o caráter do Salvador tem toda a bondade em toda a perfeição; Jesus é cheio de graça e verdade. Alguns homens, em nossos dias, falam dele como se fosse simplesmente a benevolência encarnada. Não é bem assim. Nenhuma boca já proferiu com indignação tão estrondosa contra o pecado como a boca do Messias. "Ele será como o fogo do ourives e como o sabão do lavandeiro. Ele traz a pá em sua mão e limpará sua eira." Enquanto, com ternura, ele ora por seu discípulo em tentação, para que a fé dele não fracasse, contudo, com um terrível rigor, ele peneira o monte de grãos e lança a palha ao fogo inextinguível. Falamos de Cristo como sendo manso e humilde de espírito, e era assim que ele era. Uma cana quebrada que ele não esmagou e o pavio fumegante que ele não apagou; contudo, sua mansidão era equilibrada por sua coragem e pela ousadia com que denunciou a hipocrisia: "Ai de vocês, mestres da lei e fariseus, hipócritas; vocês, cegos e insensatos; vocês, serpentes; vocês, raça de víboras. Como vocês escaparão da condenação ao inferno?" Essas não são as palavras do homem delicado que é descrito por alguns autores como sendo Cristo. Ele é um homem — um homem completo do começo ao fim — um homem como Deus — delicado como uma mulher, mas, não obstante, severo como um guerreiro no meio do dia da batalha. O caráter é equilibrado; tanto em uma virtude como em outra. Como na Divindade, todo atributo é completamente iluminado; a justiça nunca ofusca a misericórdia, nem a misericórdia ofusca a justiça, nem a justiça ofusca a fidelidade; assim, no caráter de Cristo, temos todas as coisas excelentes.

CHARLES H. SPURGEON[3]

CAPÍTULO 5

VIOLANDO O SÁBADO

[Ele] não somente estava violando o sábado,
mas também estava dizendo que Deus
era seu próprio Pai, igualando-se a Deus.

JOÃO 5:18

MATEUS, MARCOS E LUCAS REGISTRAM que o chamado e a conversão de Mateus vieram logo depois da cura do paralítico. Sem dúvida, ele se tornou um dos Doze e é o autor do evangelho que leva seu nome. Contudo, até ser chamado por Jesus para o discipulado, Mateus teria sido um dos homens mais odiados e desprezíveis em toda a região da Galileia. Ele era um coletor de impostos (um *publicano*, usando a terminologia bem conhecida das versões bíblicas). Portanto, era considerado por toda a comunidade como um traidor da nação judaica. Era o extremo oposto dos fariseus — em quase todos os sentidos imagináveis.

Marcos refere-se a Mateus como "Levi, filho de Alfeu" (Marcos 2:14). Isso, associado ao fato de que o evangelho que ele escreveu é judaico do começo ao fim em termos de estilo e conteúdo, mostra que Mateus era hebreu de nascença. Mas trabalhava para Roma. Era um agente voluntário de César. Basicamente, estava mancomunado com o inimigo de Israel para facilitar sua maliciosa ocupação da terra prometida e ganhar dinheiro para si mesmo por meio da opressão do povo de Israel. O sistema tributário de Roma também era totalmente corrupto. Tarifas eram fixadas de forma vaga e cobradas de forma irregular por meio de um método que parecia mais extorsão do que qualquer outra coisa. Os coletores de impostos eram terrivelmente desonestos, conhecidos por usarem seu cargo para aceitar subornos. Oficialmente, Roma fazia vista grossa e permitia que eles fizessem isso. Afinal, a corrupção lubrificava as rodas de sua agressiva máquina geradora de rendas. E Mateus era uma grande peça no componente galileu daquele aparato.

Tudo sobre Mateus era detestável para israelitas fiéis. Na verdade, os publicanos eram os mais vis e desprezados de todos os excluídos sociais em toda a terra. Eram considerados os mais desprezíveis dos pecadores e, muitas vezes, correspondiam a essa fama em todos os sentidos imagináveis. Fariseus e pessoas comuns, de igual modo, viam-nos com o maior desprezo.

Um curto espaço de tempo

Não só todos os três evangelhos sinópticos colocam o chamado de Mateus logo depois da cura do paralítico; Mateus e Lucas mostram que o que se segue aconteceu imediatamente, naquele mesmo dia: "*Saindo,* Jesus viu um homem chamado Mateus, sentado na coletoria" (Mateus 9:9). "*Depois disso*, Jesus saiu e viu um publicano chamado Levi, sentado na coletoria" (Lucas 5:27). Ao que parece, assim que o paralítico pegou seu colchão de palha e foi embora para casa, Jesus saiu da casa onde a cura havia acontecido e seguiu em direção à beira do lago. Em um vilarejo tão pequeno como Cafarnaum, situado à beira das águas, isso não poderia passar de alguns quarteirões. Marcos mostra que o plano de Jesus era continuar a ensinar as multidões, e a área do lago obviamente oferecia um lugar melhor e mais adequado para isso do que uma casa. Quando "Jesus saiu outra vez para beira-mar" (Marcos 2:13), em algum momento ao longo do caminho "viu Levi, filho de Alfeu, sentado na coletoria" (v. 14).

É óbvio que a coletoria estava bem situada, de modo que Mateus pudesse acumular a maior quantidade possível de receitas. Comerciantes tentando poupar tempo e ignorar o perigoso sistema de rotas da Galileia regularmente transportavam bens por mar, atravessando o mar da Galileia. Cafarnaum era um dos melhores lugares na costa norte para se conectar com a *Via Maris* — uma importante rota entre Damasco e o Mediterrâneo. Mateus estava bem posicionado naquele cruzamento especial de modo que podia interceptar e cobrar impostos sobre o tráfego em todas as direções, fosse por mar ou por terra. Ele também podia ficar de olho no comércio lucrativo de pesca em Cafarnaum e fixar tributos regulares para os pescadores.

Isso significa que Mateus talvez fosse a pessoa com menor chance, em toda a Cafarnaum, de se tornar um dos doze seguidores mais próximos de Jesus. Os outros discípulos, principalmente pescadores de Cafarnaum, sem dúvida, o conheciam bem, e é provável que tenham desprezado o modo como ele enriqueceu às custas de seu ganha-pão.

"Siga-me!"

Mas, naquele dia, ao passar pela coletoria, Jesus chamou a atenção de Mateus e cumprimentou-o com uma simples palavra: "Siga-me!" Todos os três relatos desse incidente registram apenas isso; nada mais. É óbvio que Mateus era um homem que já estava condenado. Já fazia tempo que carregava o peso do pecado e da culpa, e, ao ouvir aquela simples ordem de Jesus, "levantou-se, deixou tudo e o seguiu" (Lucas 5:28).

Para um homem na posição de Mateus, deixar tudo para trás de um modo tão rápido era uma mudança radical comparável à súbita capacidade do paralítico de andar e carregar sua própria maca. A mudança no coração de Mateus foi um renascimento *espiritual*, mas não menos miraculosa que a cura física instantânea do paralítico. No que diz respeito à carreira de Mateus, essa foi uma mudança de curso total e irreversível. Não se podia deixar a comissão tributária de Roma, mudar de ideia após reconsiderar e pedir o cargo de volta dois dias depois. Contudo, Mateus não hesitou. Seu súbito arrependimento é uma das conversões mais drásticas descritas em qualquer passagem das Escrituras.[1]

Em um vilarejo do tamanho de Cafarnaum (menos de 190 metros da beira da água até o perímetro norte do vilarejo), é praticamente certo que o escritório de Mateus ficasse muito perto da casa onde Jesus curou o paralítico. Considerando o alvoroço da multidão, seria impossível que os eventos daquele dia escapassem da atenção de Mateus. É provável que ele tenha se animado quando Jesus declarou perdoados os pecados do paralítico. Afinal, ele era um publicano e um excluído social. Podemos perceber com sua resposta imediata a Jesus que estava farto da vida de pecado. É provável que estivesse sentindo a esterilidade espiritual que acompanha a riqueza material conquistada de forma desonesta. E é claro que estava sentindo o peso de sua própria culpa sob a convicção do Espírito Santo. Jesus acabara de conceder a um miserável tetraplégico a mesma coisa que a alma de Mateus desejava: perdão, purificação e uma declaração de justificação. Vindo de alguém como Jesus, que, obviamente, tinha a autoridade de dar respaldo aos seus decretos, isso definitivamente chamou a atenção de Mateus. É claro que, antes mesmo de Jesus passar e falar com ele, Mateus estava sendo atraído à fé por causa do que havia visto naquele dia.

A perspectiva de Mateus era completamente contrária à dos fariseus. Ele ansiava ser livre de seus pecados; aqueles nem sequer admitiam que eram pecadores. Não é de admirar que a resposta de Mateus para Jesus tenha sido tão imediata.

Por que ele se associa com publicanos e pecadores?

Mateus decidiu dar uma recepção festiva para Jesus naquele mesmo dia. Como todos os novos convertidos, ele estava desesperado para apresentar Jesus ao maior número possível de amigos, sem demora. Assim, abriu sua casa e recebeu Jesus como convidado de honra. Lucas diz que "muita gente [...] publicanos e outras pessoas" vieram para o banquete (Lucas 5:29). "Outras pessoas", sem dúvida, seriam os tipos desprezíveis que estavam dispostos a se socializar com um grupo de publicanos. Em outras palavras, essa reunião não teria incluído nenhum dos religiosos da sinagoga local.

A ideia de um rabino disposto a confraternizar em uma festa com pessoas como essas era totalmente repulsiva para os fariseus. Era diametralmente oposta a todas as suas doutrinas sobre separação e impureza cerimonial. Aqui está mais uma das questões prediletas dos fariseus, e Jesus estava abertamente violando os padrões deles, sabendo perfeitamente que o observavam de perto. Pela perspectiva dos fariseus, era como se ele estivesse intencionalmente alardeando seu desprezo pelo sistema deles.

A questão é que ele estava. Lembre-se de um fato importante que enfatizamos no capítulo anterior: todo o conflito que aconteceu em público entre Jesus e a elite religiosa de Israel até aqui foi totalmente instigado por *ele*. Até onde sabemos nas Escrituras, os fariseus ainda não haviam feito uma única crítica espontânea ou acusação pública contra ele.

Mesmo agora, os fariseus ainda não tiveram coragem suficiente para se queixar diretamente com Jesus. Procuraram seus discípulos e fizeram-lhes seus protestos. Mais uma vez, os três evangelhos sinópticos enfatizam que os fariseus fizeram suas queixas aos discípulos. Foi uma tentativa covarde de apunhalar Jesus pelas costas ao provocar uma discussão com seus seguidores. Gosto do modo como Lucas diz isso: "Os fariseus e aqueles mestres da lei que eram da mesma facção queixaram-se aos discípulos de Jesus" (Lucas 5:30).

Mas Jesus ouviu por acaso (Mateus 9:12; Marcos 2:17) e respondeu diretamente aos fariseus com uma única afirmação, que se tornou a máxima definitiva de sua interação com o Sinédrio moralista e sua casta: "Não são os que têm saúde que precisam de médico, mas sim os doentes. Eu não vim para chamar justos, mas pecadores" (Marcos 2:17). Para pecadores e coletores de impostos que estavam à procura de alívio para a carga de seus pecados, Jesus não tinha outra coisa senão boas notícias. Para as autoridades religiosas moralistas, ele não tinha absolutamente nada a dizer.

Duro? Segundo os padrões pós-modernos, essas foram palavras muito enérgicas a serem ditas. E (como muitas pessoas, hoje, logo mostrariam) quase não havia nenhuma possibilidade de um comentário como esse fazer os fariseus penderem para o ponto de vista de Jesus. Era muito mais provável que aumentasse a hostilidade deles.

E, não obstante, era a coisa *certa* que ele tinha a dizer naquele momento. Era a verdade que eles precisavam ouvir. O fato de não estarem "abertos" para essa verdade não mudou o compromisso de Jesus no sentido de falar a verdade — sem suavizá-la, sem distorcê-la para que se adequasse aos gostos e às preferências de seu público, sem pôr de lado os fatos do evangelho para dirigir a palavra às "necessidades sentidas" deles.

É evidente que os fariseus não tinham resposta para Jesus. Nenhum dos evangelhos registra alguma coisa além daquilo que disseram.[2] Aqui, mais uma vez, eles simplesmente ficam em silêncio e desaparecem no pano de fundo da narrativa. Ao que parecia, a estratégia deles, quando envergonhados dessa forma, era recuar, reagrupar-se, repensar sua estratégia e simplesmente procurar outra forma para acusá-lo. A cada vez, voltavam mais determinados e um pouco mais ousados.

Suas tentativas para desprestigiar Jesus de modo algum haviam acabado. Na verdade, os fariseus haviam apenas *começado* a lutar.

O conflito se consolida

Não muito tempo depois daquele dia histórico em Cafarnaum, Jesus fez outra viagem para a Judeia. João é o único dos evangelhos a mencionar que Jesus foi para Jerusalém (mais uma vez, para celebrar uma das festas anuais) quase no meio de seu ministério de três anos. O incidente está registrado no capítulo 5 do evangelho de João. Se, à primeira vista, parece muito cedo para Jesus estar no meio de seu ministério, é porque João, na verdade, resume toda a primeira fase do ministério público de Jesus na Galileia — cerca de um ano inteiro — em uma porção de versículos no final do capítulo 4.

João 4:43 marca o retorno de Jesus à Galileia via Samaria. João 4:45-54, então, descreve a cura do filho de um oficial do rei, que aconteceu em Cafarnaum enquanto Jesus estava em Caná durante a primeira parte de sua obra itinerante. É o *único* incidente que João menciona acerca daqueles meses na Galileia. Então, o versículo seguinte (João 5:1) diz: "Algum tempo depois, Jesus subiu a Jerusalém para uma festa dos judeus." Aquela viagem para Jerusalém resultou no próximo confronto crítico de Jesus com o Sinédrio.

João frequentemente cataloga os eventos na vida de Jesus de acordo com dias de festas. Ele menciona seis delas, e essa é a única que ele não identifica pelo nome.[3] É possível que a expressão "uma festa dos judeus" esteja descrevendo a festa da Páscoa daquele ano. O mais provável é que fosse a Festa das Cabanas — o festival da colheita.[4]

A questão que envolve qual era essa festa não tem importância para o significado real da narrativa. Mas é, entretanto, uma passagem fundamental, que marca uma grande virada no conflito de Jesus com o Sinédrio. Após esse incidente, eles não se contentaram simplesmente em desprestigiá-lo; estavam decididos a matá-lo (João 5:18). De agora em diante, suas oposições à autoridade de Jesus serão abertas, descaradas e cada vez mais estridentes.

De igual modo, as repreensões e admoestações que Jesus lhes dirige se tornarão mais e mais severas daqui para frente.

Esse incidente, em alguns sentidos um eco do anterior, começou com a cura de um homem que não saía da cama havia 38 anos (v. 5). O milagre aconteceu junto ao tanque de Betesda, perto da porta das Ovelhas, a nordeste da área do templo. Era muito perto do lugar onde Jesus havia expulsado os cambistas cerca de dezoito meses antes. João escreve:

> Há em Jerusalém, perto da porta das Ovelhas, um tanque que, em aramaico, é chamado Betesda, tendo cinco entradas em volta. Ali costumava ficar grande número de pessoas doentes e inválidas: cegos, mancos e paralíticos. [...]⁵ Um dos que estavam ali era paralítico fazia trinta e oito anos. Quando o viu deitado e soube que ele vivia naquele estado durante tanto tempo, Jesus lhe perguntou: "Você quer ser curado?" Disse o paralítico: "Senhor, não tenho ninguém que me ajude a entrar no tanque quando a água é agitada. Enquanto estou tentando entrar, outro chega antes de mim." Então Jesus lhe disse: "Levante-se! Pegue a sua maca e ande." Imediatamente o homem ficou curado, pegou a maca e começou a andar (João 5:2-9).

Como foi observado, esse episódio lembra, de forma comovente, o milagre que a delegação de fariseus havia visto Jesus realizar em Cafarnaum. A natureza e a extensão exatas da deficiência desse homem não são apresentadas. Ao que parece, ele não era totalmente paralítico como o homem em Cafarnaum. (No versículo 7, o próprio homem sugere que tinha certa capacidade de se mexer, embora devagar e com muita dificuldade.) É possível que tivesse uma artrite séria, uma doença muscular degenerativa, algum tipo de paralisia ou uma deficiência de longa data provocada por uma grave lesão.

Seja qual for a natureza precisa da aflição desse homem, ela era severa o bastante para impossibilitá-lo de se mover livremente com suas próprias pernas. Portanto, ele estava, em essência, acamado e, ao que parecia, estava assim havia uma vida inteira — 38 anos. Esse homem não estava apto para trabalhar e muito provavelmente era pobre. Um tanque alimentado por um manancial de águas minerais quentes era a terapia mais barata e mais eficaz que as melhores práticas médicas daquela época poderiam oferecer para uma defi-ciência como a dele.

Mas havia um problema: quem o havia trazido para Betesda não permaneceu com ele e, assim, o homem nem sequer podia entrar na água quando a fonte começava a fluir. Era o retrato da impotência.

Esse tanque era um ímã para os doentes e enfermos. Suas cinco colunatas cobertas abrigavam "grande número de pessoas doentes e inválidas: cegos, mancos e paralíticos" (v. 3). Cada uma delas, sem dúvida, ficaria contente ao ser curada. Mas Jesus ignorou todas elas e, em silêncio, escolheu esse homem solitário. Aproximou-se e falou com ele em particular. Fez uma pergunta cuja resposta parecia ser óbvia: "Você quer ser curado?" (v. 6).

A resposta do homem revela o que estava em sua mente. Ele estava frustrado e desanimado. É evidente que, no momento em que Jesus se aproximou dele, o sujeito estava deitado ali, refletindo sobre a amarga ironia de sua situação. Estava a alguns metros do escasso alívio que tinha à sua disposição e, não obstante, de nada lhe servia, porque, quando as águas tranquilizantes estavam fluindo, ele não conseguia entrar no tanque antes de ser comprimido pelos outros.

Isso era uma irritante afronta, e ele estava claramente pensando nisso quando Jesus se aproximou. Gosto do comentário de D. A. Carson sobre a resposta do homem para Jesus (v. 7): "[Ela] parece menos uma resposta apropriada e delicada para a pergunta de Jesus do que as queixas excêntricas de um homem velho e sem muita percepção que pensa que está respondendo a uma pergunta idiota."[6]

Parece que o homem acreditava que era importante ser o primeiro a entrar no tanque assim que as águas fossem agitadas. Ele não estava procurando alguém para segurar firme seu braço e sustentá-lo enquanto entrava no tanque da melhor maneira possível. Pelo contrário, a expressão que usou no versículo 7 poderia ser literalmente traduzida desta forma: "Não tenho ninguém para me *jogar* no tanque quando a água é agitada." Ele talvez estivesse insinuando que, se Jesus realmente estivesse interessado no bem-estar de um coxo, deveria ficar ao seu lado até que as águas fossem agitadas novamente e, em seguida, lançar rapidamente o homem no tanque!

Essa era, a bem dizer, uma resposta *positiva* para a pergunta de Jesus, pois, sem outra palavra, Jesus lhe disse: "Levante-se! Pegue a sua maca e ande" (v. 8). Era praticamente a mesma forma de expressão que Jesus havia usado com o paralítico em Cafarnaum: três imperativos, sendo todos eles ordens às quais o pobre homem, em si mesmo, não tinha capacidade de obedecer. Contudo, com a ordem veio o poder milagroso do alto e, "*imediatamente*" (v. 9), a aflição do homem que já durava 38 anos chegou ao fim. Ele simplesmente pegou seu colchão de palha e foi embora. Enquanto isso, Jesus misturou-se em silêncio à multidão (v. 13).

Na amplitude de todo o ministério de Jesus, é possível que essa tivesse sido uma cura pouco notável. Ela não foi acompanhada de nenhum sermão ou discurso público. Jesus simplesmente falou em particular e de um modo muito rápido com o enfermo, em um contexto tão apinhado de gente, que é bem possível que poucas pessoas perceberam, se é que alguma. Não houve alarde antes da cura, e a descrição do incidente feita por João não nos dá nenhuma razão para pensar que a cura do homem *por si só* resultou em algum espetáculo público. Jesus havia curado várias pessoas antes e, nesse sentido, tudo sobre esse incidente era mais ou menos rotina no ministério de Jesus.

Exceto um detalhe. João termina o versículo 9 com a seguinte observação: "Isso aconteceu em um sábado." À primeira vista, talvez pareça ser um fato incidental de segundo plano. Mas, na verdade, é o momento decisivo da narrativa, incitando um conflito que marcará mais um grau na escalada de hostilidade entre Jesus e os principais líderes religiosos de Israel. No final desse dia, o desprezo deles por Jesus terá atingido um nível de ódio absoluto tão alto que, de agora em diante, eles não descansarão — ou não o deixarão descansar — até que o tenham eliminado completamente.

Lembre-se de que questões referentes à obediência no sábado faziam parte do terreno dos fariseus. Jesus sabia muito bem que eles eram quase fanáticos nesse sentido. Haviam inventado todos os tipos de restrições para a dia de descanso, acrescentando suas próprias regras mais que rígidas à lei de Moisés em nome da tradição. Tratavam os costumes criados por eles mesmos como se fossem leis obrigatórias, iguais em termos de autoridade à palavra revelada de Deus.

Sem dúvida, faziam o mesmo com todos os preceitos cerimoniais da lei, indo além do que exigiam as Escrituras. Tornavam cada ritual o mais elaborado possível e cada ordenança a mais restritiva possível. Acreditavam que esse era um caminho para a santidade maior. Mas o sábado era um evento semanal, a pulsação da vida religiosa de Israel e um símbolo de teocracia. Como tal, era um constante lembrete de que a verdadeira autoridade debaixo da lei de Moisés vinha de Deus por meio do sacerdócio — não por meio de decretos governamentais de um rei terreno ou de César. Assim, a autoridade prepotente que os fariseus reivindicavam naquele dia era a grande tradição que guardavam da forma mais agressiva.

Insistiam que *todos* deviam observar rigidamente seus princípios sabáticos. Em especial em Jerusalém, exigia-se basicamente que toda a população observasse o sábado à maneira dos fariseus. Sobre essa questão, até os saduceus se rendiam às tradições dos fariseus. Não se esqueça de que os escrúpulos dos saduceus sobre a observância do sábado não eram tão estritos quanto os dos fariseus, mas toda a questão era tão volátil que, em nome da paz (e também para proteger sua própria reputação entre o povo comum que estava sob a influência dos fariseus), os saduceus tinham de seguir as convenções dos fariseus em se tratando da observância do sábado. O próprio sumo sacerdote saduceu rendeu-se — pelo menos, em público — à doutrina sabática extremamente rígida dos fariseus. E, em Jerusalém, até soldados romanos pagãos mostravam o maior respeito possível às restrições dos fariseus para aquele único dia da semana. O legalismo da doutrina sabática extremamente rígida, portanto, tornou-se o emblema cultural para a definição da vida e da religião em Israel.

Jesus, no entanto, negou-se a se curvar às regras criadas pelos fariseus. Violou seus sábados de forma aberta, repetida e deliberada. Ensinou que "o sábado foi feito por causa do homem, e não o homem por causa do sábado" (Marcos 2:27). Depois seguiu essa afirmação ao dizer com ousadia para os fariseus: "Assim, pois, o Filho do homem é Senhor até mesmo do sábado" (v. 28).

O primeiro grande conflito sobre essas questões veio à tona em consequência da silenciosa cura no sábado junto ao tanque de Betesda. Assim que pegou sua maca (pela primeira vez em 38 anos) e começou a andar, o homem curado encontrou alguns líderes religiosos que o acusaram de violar o sábado. Antes que o dia acabasse, Jesus justificaria por que havia violado as restrições sabáticas dos fariseus ao dizer que ele era o Filho de Deus e, portanto, estava perfeitamente livre para fazer o que o próprio Deus fazia no sábado.

Esse incidente determinou as questões e definiu os rumos que dominariam a controvérsia de Jesus com o Sinédrio pelo resto de sua vida terrena. Desse dia em diante, a grande maioria dos conflitos entre Jesus e os fariseus envolverá a questão sobre quem realmente tem autoridade sobre o sábado. As tradições sabáticas dos fariseus e a autoridade divina de Jesus, portanto, se tornarão questões de igual importância sobre as quais todos os conflitos dos fariseus com Jesus agora se consolidam. Quase toda controvérsia pública que eles terão daqui em diante será instigada por sua recusa a se curvar ao legalismo dos fariseus, por suas declarações de estar em pé de igualdade com Deus ou por ambas. Sua posição clara quanto a *ambos* os pontos de controvérsia está perfeitamente resumida na declaração de que *ele* é Senhor do sábado.

Agora observe como surgiu o primeiro conflito sobre o sábado.

Não é lícito carregar sua maca

Ninguém podia andar por Jerusalém no sábado carregando *alguma coisa* (muito menos um leito ou uma maca grande o suficiente para um adulto) sem despertar o olhar crítico de alguns fariseus. Especialmente quando isso acontecia perto do templo. Como era de se esperar, antes que o ex-deficiente estivesse bem longe do tanque de Betesda, um grupo de autoridades religiosas o deteve e questionou seu direito de carregar seu leito no dia de descanso. (João refere-se aos interlocutores do homem como "judeus", o que, em seu evangelho, quase sempre significa autoridades religiosas reconhecidas do alto escalão. Assim, é provável que esses homens fossem membros do concílio do Sinédrio.) "Hoje é sábado, não lhe é permitido carregar a maca" (v. 10).

O homem explicou que havia acabado de receber uma cura miraculosa e disse: "O homem que me curou me disse: 'Pegue a sua maca e ande'" (v. 11).

Não ignore o fato de que essas autoridades religiosas estavam mais preocupadas com tradições criadas pelo homem acerca do sábado do que com o bem-estar de um homem que havia sofrido por tanto tempo. Estavam agindo como aqueles monitores do ensino fundamental que ficam nos corredores, não como seres humanos maduros. Vamos colocar um ponto final em suas declarações de superioridade moral. Até a maioria das pessoas às quais os fariseus sempre desprezavam teria dado uma resposta melhor que a deles. Qualquer pessoa com um pingo de sentimento e uma noção básica de humanidade naturalmente se alegraria com a felicidade do homem. A simples curiosidade levaria a maioria de nós a pedir mais detalhes sobre o que havia acontecido e como uma cura maravilhosa como essa, depois de uma aflição que já durava tanto tempo, havia se cumprido. É preciso ter um tipo peculiar de falso moralismo extremamente religioso para se comportar de forma tão insensível como se comportaram essas autoridades judaicas. Elas ignoraram totalmente o glorioso triunfo da cura e exigiram saber exatamente quem o havia curado, para que pudessem se queixar com quem quer que tivesse *dito* àquele homem que não havia problema algum em carregar a cama.

Mas Jesus já havia desaparecido no meio da multidão. O breve encontro em Betesda havia sido tão inesperado e tudo acontecera de modo tão rápido que o homem nem teve tempo de descobrir quem era aquele que o curou.

Jesus igualando-se a Deus

Ao que parece, o homem estava em algum lugar entre Siloé e o templo quando foi detido e questionado. Isso significava que ele havia percorrido uma pequena distância antes de ser acusado de violar o sábado. Não está totalmente claro se já seguia em direção ao templo. É possível que tenha mudado rapidamente de direção e ido até lá como uma forma de demonstrar visivelmente sua religiosidade depois de ser interpelado e ameaçado. Em todo caso, "mais tarde Jesus o encontrou no templo e lhe disse: 'Olhe, você está curado. Não volte a pecar, para que o pior não lhe aconteça'" (v. 14).

Não nos é dito nada sobre o estado espiritual desse homem. Jesus não declarou que seus pecados estavam perdoados, como havia feito no caso do paralítico em Cafarnaum. Nem Cristo teceu comentários sobre a fé do homem, como muitas vezes fazia quando curava pessoas (p. ex., Mateus 9:22; Marcos 10:52; Lucas 7:50; 17:19). O fato de ele estar no templo é a única pista que temos de que tinha algum interesse espiritual. Mais uma vez, seu motivo para ir até lá, em primeiro lugar, não está claro.

Mas a séria advertência que Jesus fez ao homem sugere que a doença da qual ele fora curado talvez fosse uma consequência direta de (ou um castigo divino para) algum pecado que cometera. O significado literal do tempo verbal que Jesus usou é "não continue a pecar". Sem dúvida, as Escrituras deixam claro que não devemos imaginar que toda doença ou catástrofe significa que Deus está castigando alguém por um pecado específico (João 9:3; Lucas 13:2,3; Jó 32:3). Entretanto, é igualmente claro que às vezes Deus castiga pelo pecado usando esses meios (Deuteronômio 28:58-61; 1Coríntios 11:30). Se a aflição desse homem era, de fato, um castigo por causa do pecado, então "o pior" que Jesus disse que poderia acontecer a esse homem talvez até fosse uma referência ao juízo eterno. Nesse caso, então a admoestação de Jesus era um chamado ao arrependimento, e isso indicava que o homem ainda não havia vindo para a fé em Cristo. Jesus às vezes curava pessoas de males físicos antes que elas tivessem vindo para a fé salvadora (cf. João 9:35-38; Lucas 17:11-19).

Mas o que especialmente coloca a fé desse homem em dúvida é o modo como ele reagiu depois de encontrar Jesus no templo e descobrir a identidade daquele que o havia curado. Se expressou qualquer elogio ou gratidão — ou deu alguma resposta para Jesus —, João não menciona nada. Em vez disso, o texto diz: "O homem foi contar aos judeus que fora Jesus que o tinha curado" (João 5:15).

Ele não somente se afastou da presença de Jesus, mas foi direto às autoridades judaicas que o haviam confrontado e, basicamente, entregou Jesus. É difícil imaginar qualquer motivo nobre para que ele fosse se arrastando até os líderes religiosos. Na pior das hipóteses, o homem estava sendo pecaminosamente egoísta; na melhor das hipóteses, estava sendo ingenuamente idiota. Não era possível que tivesse alguma afeição ou relacionamento com os líderes judeus que o haviam questionado. Eles o teriam tratado como impuro antes de sua cura e o trataram com um insensível desprezo logo depois disso. Mas o homem não queria nenhuma briga com eles. E é possível que tivesse sentido um medo exagerado de ser censurado, temendo talvez que eles pudessem, de fato, apedrejá-lo. Nesse caso, talvez estivesse simplesmente ansioso para se inocentar de qualquer culpa.

Por outro lado, ele tinha razões de sobra para saber que os líderes religiosos estavam extremamente irritados com a suposta violação do sábado. Quando exigiram, a princípio, saber quem o havia curado, é provável que tenha ficado claramente óbvio que eles não tinham a intenção de cumprimentar Jesus por sua benevolência. Se o homem se sentiu tão intimidado por eles e com medo das repercussões da insatisfação que sentiram, é difícil explicar por que se esforçaria para encontrá-los novamente e dar-lhes novas informações sobre Jesus.

Seja qual for a razão que tinha para isso, o homem foi direto às autoridades religiosas que o acusaram e relatou que era Jesus que estavam procurando. Como era de esperar, eles "passaram a perseguir Jesus, porque ele estava fazendo essas coisas no sábado" (v. 16). Tão logo o homem confirmou quem o havia curado, os líderes religiosos foram diretamente a Jesus e começaram a acusá-lo e a ameaçá-lo com o apedrejamento.

Sob a lei de Moisés, qualquer violação deliberada e notória do sábado era motivo de apedrejamento (Êxodo 31:14; 35:2). Um dos primeiros apedrejamentos registrados no Antigo Testamento envolvia uma violação do sábado (Números 15:32-36). Assim, as autoridades religiosas agora acreditavam que tinham um motivo biblicamente justificável e adequado para apedrejar Jesus. O Sinédrio tinha o poder de vida e de morte em assuntos religiosos, mesmo sob o domínio de Roma, e frequentemente o usava para tratar de casos de blasfêmia intencional e sacrilégio deliberado. Dificilmente os romanos aprovariam a execução de alguém que violou o sábado por acaso ou de um modo meramente superficial. (E, segundo qualquer padrão, esse caso era um pequeno delito.) Mas, se os líderes religiosos pudessem desenvolver um caso crível de que Jesus era um blasfemador malicioso e crônico, poderiam matá-lo sem nenhuma oposição mais séria de Roma.

Parece que esse incidente que começou em Betesda plantou essa ideia na cabeça deles, e é por isso que o sábado logo se torna o motivo central do conflito com Jesus. Também explica a mudança óbvia na estratégia que passaram a usar daqui para frente. Eles se tornam mais ousados e explícitos em suas acusações. Não tentam mais simplesmente desacreditar Jesus, mas, em vez disso, estão inclinados a destruí-lo. Começam a observá-lo com um escrutínio especialmente cuidadoso no que diz respeito aos sábados. Na verdade, depois disso, toda vez que Jesus cura no sábado, há sempre fariseus presentes que irão desafiá-lo.

Mesmo sabendo perfeitamente que toda ocasião do gênero provocaria um conflito aberto com eles, Jesus nunca desistiu nem deixou de curar abertamente no sábado. Na verdade, ele aproveitava essas oportunidades e realizava curas em público da maneira mais notória possível. Às vezes, anunciava de antemão aos fariseus que pretendia operar um milagre, praticamente os desafiando a condenar o ato *antes* de tê-lo feito (cf. Mateus 12:10; Lucas 14:3). Fazia isso, sem dúvida, não porque gostava de contenda, mas porque era a melhor maneira de enfatizar o erro e a injustiça que estavam incrustados no sistema dos fariseus.

Na verdade, na ocasião dessa primeira controvérsia sobre o sábado em Jerusalém, Jesus respondeu à condenação dos líderes religiosos dizendo algo que praticamente era certo que iria ofendê-los mais do que nunca — e que, de fato, intensificaria a raiva que sentiam dele de um modo jamais visto.

Sem dúvida, havia muitas razões bíblicas e racionais boas para explicar por que o fato de Jesus curar no sábado não era uma violação da lei de Moisés. Nem era pecado dizer ao homem que pegasse sua maca e fosse para casa. Em primeiro lugar, "o sábado foi feito por causa do homem, e não o homem por causa do sábado" (Marcos 2:27). O sábado foi dado como um *descanso* do trabalho diário (Deuteronômio 5:14). Ele era para ser um deleite (Isaías 58:13), não um fardo oneroso para as pessoas. Era sempre lícito fazer o bem no sábado (Mateus 12:12). Além disso, o bom-senso e a própria tradição dos fariseus ensinavam que determinados tipos de trabalho eram perfeitamente aceitáveis no sábado. Até "[desamarrar] no sábado [um] boi ou jumento do estábulo e o [levar] dali para dar-lhe água" não era, oficialmente, uma violação do sábado, porque seria cruel negar ao animal as necessidades básicas da vida. Circuncisões, exigidas pela lei de Moisés que fossem realizadas no oitavo dia, podiam ser feitas sem restrição mesmo que fosse em um sábado (João 7:21-23). Segundo que ideia corrompida de misericórdia poderia ser considerado aceitável dar água a um boi ou circuncidar um menino no sábado e considerado um crime capital libertar um homem de um fardo que ele havia carregado por 38 anos?

Jesus *poderia* ter usado qualquer um desses argumentos ou todos eles e, em conflitos subsequentes sobre as conveniências do sábado, usou todos eles e outros.

Mas, na ocasião em que surgiu o problema pela primeira vez, Jesus deu aos líderes religiosos uma resposta que praticamente era certo que lançaria mais lenha na fogueira, levando o desprezo que tinham por ele a um nível jamais visto. Ele simplesmente disse: "Meu Pai continua trabalhando até hoje, e eu também estou trabalhando" (João 5:17). Em outras palavras, o próprio Deus não se prendia a quaisquer restrições do sábado. Ele continua a trabalhar dia e noite (Salmos 121:4; Isaías 27:3). Jesus estava se apropriando da mesma prerrogativa. Era o mesmo que dizer que ele era Senhor do sábado. Era, de fato, uma declaração que somente o Deus encarnado poderia fazer de maneira justificada.

Os líderes religiosos entenderam a mensagem no mesmo instante. Já estavam perseguindo Jesus e insinuando que deveria ser apedrejado, mesmo antes de ele fazer esse comentário. Agora, porém, o clima entre eles esquentou: "Por essa razão, os judeus mais ainda queriam matá-lo, pois não somente estava violando o sábado, mas também estava dizendo que Deus era seu próprio Pai, igualando-se a Deus" (João 5:18).

A acusação era bastante verdadeira. Jesus estava, de fato, se igualando a Deus. O problema é familiar. É o mesmo problema que levou os líderes religiosos a pensarem que ele era culpado de blasfêmia em Cafarnaum: "Quem pode perdoar pecados, a não ser somente Deus?" (Lucas 5:21). Naquela ocasião, ele respondeu com uma demonstração de sua autoridade para curar um homem cuja cura claramente exigia um poder criativo divino. Isso os silenciou. Mas, agora, estava sendo muito mais explícito, declarando Deus como seu Pai. Já era tradição antiga do povo judeu se referir a Deus na oração como "nosso Pai" (1Crônicas 29:10; Isaías 63:13). Mas o fato de Jesus chamar Deus de "*meu*

Pai" (especialmente em um contexto em que estava se comparando a Deus) era sugerir que ele era da mesma essência que Deus Pai — desse modo, "igualando-se a Deus".

A propósito, essa é a terceira vez na cronologia dos relatos dos evangelhos em que está registrado que Jesus usou essa expressão em público. A primeira foi com doze anos, quando perguntou para seus pais: "Não sabiam que eu devia estar na casa de meu Pai?" (Lucas 2:49). A segunda foi quando purificou o templo pela primeira vez, dizendo: "Parem de fazer da casa de meu Pai um mercado!" Depois disso, ele frequentemente se refere a Deus como "meu Pai".

Nessa ocasião, no entanto, ele estava, na verdade, revelando pela primeira vez em público de um modo tão explícito a verdade de que era o Filho unigênito de Deus — não somente um profeta ou rabino brilhante, mas Deus plenamente encarnado. Assim que usou essa expressão aqui, todo o inferno veio abaixo contra ele. Em sua maioria, os líderes religiosos de Israel, já seus inimigos jurados, "queriam matá-lo".

E, não obstante, até aqui, os adversários mais implacáveis de Jesus, ao que parece com medo de sua poderosa presença e sem saber ao certo o que o público pensaria (cf. Mateus 24:46), mais uma vez, desapareceram subitamente no segundo plano.

Jesus, em contrapartida, manteve-se firme contra eles e expôs sem medo as ramificações de sua própria divindade em um discurso que vai de João 5:19 até o final do capítulo. Ele não só declarou ser igual a Deus em sua *pessoa*, como implicaram corretamente os líderes religiosos na afirmação no versículo 17, mas também alegou propriedade com o Pai em suas *obras*: "O que o Pai faz o Filho também faz" (v. 19). Depois descreveu uma incomparável intimidade em seu próprio *conhecimento* do Pai e deu a entender contundentemente que todo o propósito do Pai é glorificar o Filho: "O Pai ama ao Filho e lhe mostra tudo o que faz. Sim, para admiração de vocês, ele lhe mostrará obras ainda maiores do que estas" (v. 20). Também igualou sua própria *soberania* à do Pai: "Da mesma forma que o Pai ressuscita os mortos e lhes dá vida, o Filho também dá vida a quem ele quer" (v. 21). Ele lhes disse que o Pai já lhe havia passado a responsabilidade do julgamento divino: "O Pai a ninguém julga, mas confiou todo julgamento ao Filho" (v. 22, cf. v. 27). E proclamou que o Filho é digno da mesma honra dada ao Pai: "Todos honrem o Filho como honram o Pai. Aquele que não honra o Filho, também não honra o Pai que o enviou" (v. 23).

Assim, ele estava, na verdade, igualando-se a Deus. Ele até continuou a atribuir a si mesmo o poder de ressuscitar: "Eu lhes afirmo que está chegando a hora, e já chegou, em que os mortos ouvirão a voz do Filho de Deus, e aqueles que a ouvirem, viverão" (v. 25; cf. vs. 28,29). Ele disse ter existência própria, um importante atributo da divindade, exatamente como o Pai:[7] "Da mesma forma como o Pai tem vida em si mesmo, ele concedeu ao Filho ter vida em si mesmo" (v. 26). Declarou que tudo o que faz sempre está em perfeita harmonia com a vontade do Pai: "Por mim mesmo, nada posso fazer; eu julgo apenas conforme ouço, e o meu julgamento é justo, pois não procuro agradar a mim mesmo, mas àquele que me enviou" (v. 30).

A propósito, ao repudiar a ideia de que estava simplesmente fazendo sua própria vontade, Jesus certamente não estava contradizendo algo que acabara de afirmar sobre sua perfeita igualdade com Deus.[8] Pelo contrário, estava declarando que conhecia perfeitamente a vontade de Deus e sugerindo (por implicação, porém de modo bastante claro) que os líderes religiosos de Israel que o estavam oprimindo não faziam a menor ideia de qual era a vontade de Deus.

E, não obstante, Jesus disse: "Se testifico acerca de mim mesmo, o meu testemunho não é válido" (v. 31). Assim, ele terminou o discurso de João 5 citando quatro testemunhas impecáveis cujo testemunho prova que ele era fidedigno: João Batista (vs. 33-35); os milagres e outras boas obras que Jesus fez de forma consistente (v. 36); o próprio Pai (v. 37) e as Escrituras (vs. 38,39, 46,47).

Jesus sabia perfeitamente que nenhuma dessas testemunhas influenciaria os líderes religiosos. Para citar um exemplo, a despeito da aparência extremamente religiosa deles, Jesus disse que não tinham o amor de Deus neles (v. 42). Com relação a João Batista, disse: "Durante certo tempo, vocês quiseram alegrar-se com a sua luz [a luz de João]" (v. 35) — mas eles nunca aceitaram, de fato, o ensinamento de João. Em se tratando dos milagres de Jesus, os líderes de Israel ignoravam completamente tudo o que ele fazia, exceto aquilo que pensavam que poderiam distorcer. De todas as outras coisas eles duvidavam (v. 38). No que dizia respeito ao Pai, ele disse: "Vocês nunca ouviram a sua voz, nem viram a sua forma" (v. 37). E, com relação às Escrituras, disse: "Nem a sua palavra habita em vocês, pois não creem naquele que ele enviou" (v. 38).

Todo o discurso é mais um exemplo da franqueza espontânea de Jesus. Uma análise de versículo a versículo de toda a passagem foge ao escopo deste livro,[9] mas devemos observar que essa é uma denúncia firme e explícita dos principais líderes religiosos de Israel, incluindo várias afirmações que os censuram como completos incrédulos. ("Como vocês podem crer, se aceitam glória uns dos outros, mas não procuram a glória que vem do Deus único? — v. 44). Jesus encerra com uma última e forte crítica a todo o sistema deles, citando a única fonte em que eles *alegavam* confiar — os livros de Moisés — como testemunho contra eles: "Não pensem que eu os acusarei perante o Pai. Quem os acusa é Moisés, em quem estão as suas esperanças. Se vocês cressem em Moisés, creriam em mim, pois ele escreveu a meu respeito. Visto, porém, que não creem no que ele escreveu, como crerão no que eu digo?" (vs. 45-47).

Jesus não está fazendo nenhuma ponte com a instituição religiosa aqui; ele está censurando os líderes religiosos, e de um modo nem um pouco agradável. Em vez de tomar cuidado ao criticar as conhecidas percepções religiosas deles e tentar evitar ofendê-los, ele os descreve como homens completamente pecaminosos e sem vida espiritual (v. 40). E enfatiza esse ponto repetidamente, com algumas das palavras mais incisivas possíveis: "Nem a sua palavra habita em vocês" (v. 38); "Vocês não têm o amor de Deus" (v. 42); "Não creem" (vs. 38, 47).

Por outro lado, Jesus não está tentando provocá-los simplesmente por diversão. Ele tinha uma razão distinta para usar o tipo de discurso ríspido que muitos, hoje, impensadamente, considerariam deselegante: "Menciono isso para que vocês sejam salvos", ele lhes disse (v. 34). Os líderes religiosos de Israel estavam perdidos e endureciam cada vez mais o coração contra Jesus. Eles *precisavam* de algumas palavras duras. Ele não permitiria que o ignorassem ou à sua verdade, com o pretexto de mostrar-lhes o tipo de consideração e honra pública que desejavam receber dele.

Jesus poderia ter evitado todos os outros conflitos com o Sinédrio simplesmente amenizando um pouco sua mensagem e tendo um diálogo cordial com o concílio judeu bem aqui? Ele poderia ter abrandado a oposição deles desde o começo, deixando de manifestar suas críticas? É possível que o tivessem deixado em paz se ele simplesmente lhes mostrasse o tipo de respeito que desejavam em contextos públicos, reservando suas divergências para contextos privados e amigáveis nos quais estivessem frente a frente?

Talvez.

Mas isso não teria servido à causa da verdade e o preço pela conciliação com a elite religiosa de Israel teria sido a perda da redenção para todos os pecadores. Assim, Jesus estava, na verdade, mostrando a maior justiça e graça, embora os estivesse provocando de forma deliberada.

As consequências

O final do discurso de Jesus também é o final do capítulo 5 de João. Nenhum outro comentário da parte das autoridades judaicas é registrado. Mas elas não estavam, de modo algum, deixando o assunto de lado.

Jesus voltou para a Galileia (João 6:1) e a delegação de fariseus dali imediatamente começou a observá-lo com mais atenção na questão do sábado. Se seguirmos a cronologia dos eventos do evangelho,[10] descobriremos que, logo depois de Jesus voltar para a Galileia, seu ministério foi marcado por uma série de conflitos com os fariseus pelo fato de ele não observar o sábado segundo seus termos.

O primeiro conflito na Galileia acerca do sábado ocorreu quando alguns fariseus observavam os discípulos de Jesus colhendo espigas no sábado enquanto passavam por eles em uma lavoura de cereal. De acordo com Lucas 6:1, eles estavam simplesmente de passagem; não estavam lá no meio da lavoura colhendo espigas. Mas os discípulos de Jesus "começaram a colher e a debulhar espigas com as mãos, comendo os grãos".

Segundo o raciocínio dos fariseus, o movimento de debulhar espigas com as mãos, separando o joio do trigo, tecnicamente era uma forma de peneirar; assim, era um trabalho e estava proibido no sábado de acordo com suas leis. Eles questionaram Jesus, que defendeu as ações de seus discípulos com um argumento multifacetado do Antigo Testamento.

Em primeiro lugar, mostrou que Davi havia comido o pão da Presença no tabernáculo quando teve fome (Mateus 12:3-4). Naquele obscuro incidente do Antigo Testamento (1Samuel 21:3-6), Davi e seus homens estavam com muita fome e procuraram descanso e refúgio perto do tabernáculo. O pão da Presença sobre o altar havia acabado de ser substituído por pão fresco (v. 6). Mesmo depois de ser retirado do altar, o pão da Presença mais velho era considerado sagrado e normalmente guardado apenas para os sacerdotes. Mas Davi, mesmo assim, pediu o pão, mostrando que seus homens estavam cerimonialmente puros (v. 5) e que, agora, o pão era tecnicamente comum. Assim, o sacerdote concordou e deu-lhe o pão. Nem Davi, nem seus homens, nem o sacerdote foram condenados nas Escrituras pelo ato. Jesus citou isso como prova de que *obras essenciais e atos de misericórdia* estavam acima das exigências rígidas da lei cerimonial e, portanto, essas obras podiam ser feitas no sábado. Como outras evidências, ele mostrou que os sacerdotes no templo *devem* trabalhar no sábado (Mateus 12:5).

Citando Oseias 6:6, ele então disse: "Se vocês soubessem o que significam estas palavras: 'Desejo misericórdia, e não sacrifícios', não teriam condenado inocentes" (v. 7). Ele estava fazendo uma clara distinção entre a importância moral da lei ("misericórdia") e seus elementos cerimoniais ("sacrifícios"), e sugerindo que a intenção moral da lei sempre supera detalhes técnicos cerimoniais sem valor. Sem dúvida, essa é a mesma lição que ele estava mostrando no exemplo em que Davi come o pão da Presença.

Foi essa a ocasião em que ele fez as duas afirmações definitivas, explicando por que se recusara a se curvar ao legalismo dos fariseus no que se referia ao sábado: "O sábado foi feito por causa do homem, e não o homem por causa do sábado" (Marcos 2:27-28).

Cheios de raiva

Logo depois disso ("noutro sábado" — Lucas 6:6), ele curou um homem com a mão atrofiada em uma sinagoga aonde havia ido para ensinar. Lucas simplesmente diz: "Os fariseus e os mestres da lei estavam procurando um motivo para acusar Jesus; por isso o observavam atentamente, para ver se ele iria curá-lo no sábado. Mas Jesus sabia o que eles estavam pensando e disse ao homem da mão atrofiada: 'Levante-se e venha para o meio'" (vs. 7,8).

Mais uma vez, Jesus deliberadamente fez algo que sabia que causaria atrito. Plenamente consciente de que os fariseus o estavam observando de perto e de que ficariam profundamente ofendidos se ele curasse esse homem no sábado, Jesus trouxe-o à frente da sinagoga e operou a cura em público da maneira mais enfática possível. Antes de realizar a cura, contestou abertamente o erro dos fariseus. Ele disse: "Eu lhes pergunto: O que é permitido fazer no sábado: o bem ou o mal, salvar a vida ou destruí-la?" (v. 9). Lucas sugere que, de caso pensado, Jesus, então, olhou para cada um de seus adversários eclesiásticos pouco antes de curar o homem: "Então, olhou para todos os que estavam à sua volta e disse ao homem: 'Estenda a mão'" (v. 10).

Foi um daqueles milagres inegáveis realizados pelo poder de Deus envolvendo o poder da criação. O braço que estava "atrofiado" (no sentido de estar murcho e fisicamente deformado), de repente, ficou perfeito! Quem poderia duvidar de que essa era uma manifestação do poder de Deus?

Mas os fariseus na plateia não se comoveram com o milagre. Ao contrário, encheram-se de raiva contra Jesus. "Eles ficaram furiosos" (v. 11).

A sabedoria convencional de nossa era sugeriria que Jesus tratou suas diferenças com esses fariseus de modo errado. O que ele esperava conseguir ao fazer algo que sabia que enfureceria os fariseus? Por que não preferiu chamá-los de lado e tentar corrigi-los em particular? Por que não tentava fazer pontes em vez de construir muros? Por que tinha a intenção de provocar discussões em vez de tentar fazer as pazes com eles? E, se fosse necessário corrigi-los em suas visões sobre o sábado, não seria melhor manter aquele conflito entre eles? Por que provocava esses homens diante de uma multidão de leigos em um lugar de adoração? Por que provocar *essa* briga sobre um assunto que era tão precioso para eles?

Contudo, mais uma vez, Jesus não estava provocando os fariseus por diversão ou por prazer. Além disso, essa discussão não era simplesmente sobre quem tinha a visão correta acerca da *cerimônia*. A questão mais importante e fundamental ainda era o princípio da justificação e como os pecadores poderiam se acertar com Deus. A justificação não é obtida por mérito, nem é conquistada por meio de rituais. A verdadeira justiça não pode ser adquirida por meio de obras humanas, mas o perdão e a total justificação são dados gratuitamente àqueles que creem.

Em outras palavras, a diferença entre Jesus e os fariseus não era que eles tinham costumes divergentes no que dizia respeito ao modo de observar o sábado; era que eles tinham visões contraditórias sobre o meio de salvação. Essa verdade era muito importante para ficar enterrada sob o manto de uma civilidade artificial. O evangelho devia ser defendido contra mentiras e falsos ensinamentos, e o fato de que a verdade do evangelho muitas vezes ofende até as pessoas religiosas mais distintas *nunca* é motivo para tentar amansar ou amenizar a mensagem. O próprio Jesus é nosso modelo para isso.

Os escribas e fariseus, em Lucas 6, sentiram-se tão ofendidos por Jesus que se reuniram depois e "começaram a discutir entre si o que poderiam fazer contra Jesus" (v. 11). Marcos 3:6 diz que eles "saíram e começaram a conspirar com os herodianos[11] contra Jesus, sobre como poderiam matá-lo".

O plano de ação das autoridades religiosas estava definido, e seu coração estava firmemente endurecido. Sua determinação em ver Jesus levado à morte, de repente, se transformou em uma trama bem elaborada. Muitos outros conflitos ainda estavam por vir e nem Jesus nem seus adversários religiosos mostravam qualquer sinal de que abandonariam a guerra.

Por que delicado? De todos os epítetos que poderiam ser aplicados a Cristo, esse parece ser o menos apropriado [...]. Jesus Cristo poderia muito bem ser chamado de "manso", no sentido de ser abnegado, humilde e totalmente devotado ao que considerava correto, fosse qual fosse o preço pessoal a ser pago; mas "delicado", nunca!

J. B. Phillips[12]

CAPÍTULO 6

Dura pregação

Isso os escandaliza?

João 6:61

O CONFLITO DE JESUS COM OS fariseus não era uma tranquila divergência guardada em um lugar secreto. Nem o próprio Jesus procurava amenizar o aspecto público de sua contínua rixa com os líderes religiosos. Ele não tinha escrúpulos em se tratando de convenções sociais e bons modos que são tão predominantes nos discursos teológicos que fazemos em público hoje em dia. Pelo contrário, a pregação de Jesus provavelmente era o aspecto mais importante de sua implacável polêmica contra os líderes da instituição religiosa judaica e a hipocrisia institucionalizada que eles representavam. Era claro para todos que o ensino dos fariseus era um dos principais alvos de Jesus, quer estivesse fazendo um discurso para benefício de seus discípulos ou pregando para grandes multidões.

Na verdade, todo o tema do Sermão do Monte (Lucas 6; Mateus 5-7) foi uma crítica à religião dos fariseus. Jesus condenou a doutrina deles, sua falsa visão da santidade prática, seu estilo pedante de distorcer as Escrituras e sua confiança pretensiosa e excessiva. O discurso sobre o Pão da Vida (João 6), de igual modo, provocou um conflito tão grande com os fariseus que a maioria dos seguidores de Jesus se sentiu seriamente desconfortável. Muitos deles deixaram de segui-lo depois disso.

Neste capítulo, examinaremos essas duas mensagens fundamentais. É óbvio que não há uma maneira prática de fazer uma exposição de versículo por versículo de qualquer uma das passagens em um livro como este,[1] mas, para entendermos o estilo de pregação de Jesus, precisamos examinar uma ou duas mensagens típicas de um modo geral. Em especial, precisamos observar as principais características que epitomizam a natureza profética e provocativa da pregação de Jesus.

O Sermão do Monte

O sermão mais conhecido e mais longo de Jesus registrado nas Escrituras aparece depois do ponto central de uma linha do tempo que representa o ministério público de Jesus.[2] Pouco antes de pregar o sermão, Jesus subiu ao topo de um monte próximo e passou a noite toda em oração (Lucas 6:17). Ao amanhecer, reuniu seus discípulos e escolheu doze deles para acompanharem-no diariamente. Também os convocou a fim de que pregassem como seus representantes. E deu-lhes autoridade para expulsar demônios.

Era claro que algo extraordinário estava acontecendo no monte naquele dia, pois uma grande multidão de discípulos esperava Jesus quando ele desceu do monte com o grupo que acabara de designar como seus doze principais discípulos.

O nome Sermão do Monte deriva da descrição feita por Mateus do que aconteceu em seguida: "Vendo as multidões, Jesus subiu ao monte" (Mateus 5:1). Alguns imaginaram uma contradição entre a descrição de Mateus e a de Lucas, porque Lucas diz: "Jesus *desceu* [do monte] com eles e parou num lugar plano. Estavam ali muitos dos seus discípulos e uma imensa multidão procedente de toda a Judeia, de Jerusalém [...]" (Lucas 6:17). Ele subiu ou desceu? E ele ensinou do monte ou de "um lugar plano"? A resposta é tudo o que acabamos de dizer. Há um monte pequeno e árido (cujo pico está a aproximadamente 820 metros acima do nível do mar da Galileia) a cerca de dez quilômetros ao noroeste de Cafarnaum. Desça esse monte pegando a rota mais curta em direção ao lago e o caminho passa pelo vilarejo de Corazim. Ao sul de Corazim e oeste de Cafarnaum está um planalto que faz parte do pé do monte. Se Jesus (*descendo* do monte) se deparou com as multidões chegando de Cafarnaum, perto do pé daquele planalto, ele *subiu* novamente ao planalto (um "lugar plano" na grande base do monte), onde há um anfiteatro natural perfeito — um lugar ideal para ensinar uma multidão. Esse é, na verdade, o lugar exato há muito considerado pela tradição como o lugar onde Jesus pregou o chamado Sermão do Monte. Hoje, ele é popularmente conhecido como "O Monte das Bem-aventuranças".

As bem-aventuranças

O sermão de Jesus começa com as bem-aventuranças — aquela conhecida série de bênçãos para os pobres em espírito, os puros de coração, os pacificadores e os perseguidos. Há oito bem-aventuranças no registro de Mateus e, combinadas, elas descrevem a verdadeira natureza da fé salvadora.

> Bem-aventurados os pobres em espírito, pois deles é o Reino dos céus. Bem-aventurados os que choram, pois serão consolados. Bem-aventurados os humildes, pois eles receberão a terra por herança. Bem-aventurados os que têm fome e sede de justiça, pois serão satisfeitos. Bem-aventurados os misericordiosos, pois obterão misericórdia. Bem-aventurados os puros de coração, pois verão a Deus. Bem-aventurados

> os pacificadores, pois serão chamados filhos de Deus. Bem-aventurados os perseguidos por causa da justiça, pois deles é o Reino dos céus. Bem-aventurados serão vocês quando, por minha causa, os insultarem, os perseguirem e levantarem todo tipo de calúnia contra vocês. Alegrem-se e regozijem-se, porque grande é a sua recompensa nos céus, pois da mesma forma perseguiram os profetas que viveram antes de vocês (Mateus 5:3-12).

Os "pobres em espírito" (v. 3) são os que sabem que não têm recursos espirituais próprios. "Os que choram" são pessoas contritas, que realmente sofrem por causa de seus próprios pecados. "Os humildes" (v. 5) são os que realmente temem a Deus e sabem que não são dignos à luz da santidade de Deus. "Os que têm fome e sede de justiça" (v. 6) são os que, tendo se desviado do pecado, anseiam o que Deus ama. Essas quatro bem-aventuranças são *qualidades internas* da fé autêntica. Descrevem o estado do coração do cristão. Mais especificamente, descrevem como o cristão se vê diante de Deus: pobre, triste, humilde e com fome.

As últimas quatro bem-aventuranças descrevem as *manifestações externas* dessas qualidades. Concentram-se principalmente no caráter moral do cristão e descrevem como deveria ser o cristão autêntico para um observador objetivo. "Os misericordiosos" (v. 7) são os que, como beneficiários da graça de Deus, estendem essa graça aos outros. "Os puros de coração" (v. 8) descrevem pessoas cujos pensamentos e ações são caracterizados pela santidade. "Os pacificadores" (v. 9) referem-se principalmente àqueles que espalham a mensagem da "paz com Deus, por nosso Senhor Jesus Cristo" (Romanos 5:1) — que é a única paz verdadeira e duradoura. E, obviamente, "os perseguidos por causa da justiça" (Mateus 5:10) são cidadãos do reino de Cristo que sofrem por causa de sua associação e de sua fidelidade a ele. O mundo os odeia porque odeia Cristo (João 15:18; 1João 3:1, 13).

A ordem é significativa. Quanto mais à risca a pessoa viver de acordo com as sete primeiras bem-aventuranças, mais sofrerá a perseguição mencionada na oitava.

Todas essas qualidades divergem radicalmente dos valores do mundo. O mundo valoriza mais o orgulho do que a humildade, ama a alegria ao pranto, acredita que a agressividade obstinada é superior à verdadeira mansidão e prefere a satisfação dos prazeres da carne a uma sede da verdadeira justiça. O mundo considera com total desprezo a santidade e a pureza de coração, desdenha todo pedido de paz com Deus e constantemente persegue quem é, de fato, justo. Jesus não poderia ter inventado uma lista de virtudes que estivesse mais em desacordo com sua cultura.

E isso se aplicava *especialmente* ao estilo de religião que predominava na época. Considere o seguinte: como um grupo, os fariseus opunham-se a cada um daqueles limites estabelecidos por Jesus. A autossuficiência espiritual definia todo o sistema deles. Recusavam-se a reconhecer seus pecados, muito menos a lamentar por eles. Longe de serem mansos, eram a encarnação da autoafirmação obstinada e autoritária. Não tinham fome nem sede de justiça; na verdade, pensavam que a haviam aperfeiçoado. Não eram misericordiosos, mas especializados em "[atar] fardos pesados e os [colocar] sobre os ombros dos homens, mas eles mesmos não [estavam] dispostos a levantar um só dedo para movê-los" (Mateus 23:4). Seu coração era imundo, e não puro, e Jesus os confrontava nesse sentido regularmente (Mateus 23:27). Eram encrenqueiros espirituais, e não pacificadores. E, acima de tudo, eram os piores perseguidores dos justos. Seu relacionamento com Jesus já estava começando a deixar isso claro.

Assim, as bem-aventuranças são uma repreensão a todo o sistema dos fariseus. E os fariseus que talvez estivessem no meio da multidão ouvindo o sermão, com certeza, sentiram-se pessoalmente atacados e humilhados em público. E, se houver alguma dúvida quanto às intenções de Jesus, existem provas de que ele *queria* repreendê-los ao longo do restante do sermão. Na verdade, a mensagem central do Sermão do Monte está resumida no versículo 20 de Mateus 5: "Eu lhes digo que se a justiça de vocês não for muito superior à dos fariseus e mestres da lei, de modo nenhum entrarão no Reino dos céus." O sermão é uma crítica contínua a todo o sistema de crenças deles. As bem-aventuranças são simplesmente uma introdução, comparando o espírito da fé autêntica com a hipocrisia do falso moralismo dos fariseus.

Vocês ouviram... mas eu lhes digo

Depois das bem-aventuranças, Jesus passa diretamente para um longo discurso sobre o verdadeiro significado da lei no Antigo Testamento.[3] O restante de Mateus 5 é uma crítica sistemática ponto a ponto à interpretação dada pelos fariseus à lei de Moisés. Jesus está corrigindo alguns dos erros típicos deles.

Alguns comentaristas sugerem que Jesus está alterando ou expandindo as exigências morais da lei de Moisés para uma nova dispensa. O próprio Jesus, enfaticamente, disse o contrário: "Não pensem que vim abolir a Lei ou os Profetas; não vim abolir, mas cumprir. Digo-lhes a verdade: Enquanto existirem céus e terra, de forma alguma desaparecerá da Lei a menor letra ou o menor traço, até que tudo se cumpra" (vs. 17,18).

Além disso, todo princípio que Jesus usou para refutar a interpretação da lei feita pelos fariseus já estava enunciado ou simplesmente implícito no Antigo Testamento. Veremos isso de um modo muito claro em nossa análise desta seção.

Contudo, o mais importante a ser observado aqui é que Jesus, deliberadamente, usa sua descrição acerca da autêntica justiça *contra* a religião dos fariseus. A pior parte do sermão está diretamente voltada para eles. O Sermão do Monte é, em essência, uma lamentação contra esse tipo único de hipocrisia deles. Esse é o tema singular que une todo o sermão.

Além disso, quando escolheu esses equívocos específicos acerca da lei de Moisés, Jesus estava claramente contestando as doutrinas que os fariseus mais estimavam. Ele estava denunciando em público o que eles ensinavam. Todos os que estavam na multidão entenderam isso. Era impossível ignorar. Jesus não fez nenhum esforço para fazer com que a dicotomia fosse sutil nem para descrever suas diferenças com eles de um modo delicado. Atacou o ponto fraco das crenças que eles defendiam com mais rigor. Até mencionou os fariseus pelo nome e expressamente afirmou que a justiça deles era inadequada — para que não houvesse nenhum equívoco acerca *de quem* era a doutrina que ele estava refutando.

Logo depois de dizer: "Se a justiça de vocês não for muito superior à dos fariseus e mestres da lei, de modo nenhum entrarão no Reino dos céus" (v. 20), Jesus começou a desmontar todo o sistema deles. Atacou o método que os líderes religiosos usavam para interpretar as Escrituras, seus meios de aplicar a lei, suas noções sobre culpa e mérito, sua obsessão por minúcias cerimoniais e seu amor pelo casuísmo moral e doutrinário.

Os principais argumentos nesta seção do sermão estão estruturados de um modo que contrasta a interpretação da lei feita pelos fariseus com o verdadeiro significado da lei, conforme exposto por Cristo: "Vocês *ouviram* o que foi dito aos seus antepassados [...]. Mas *eu* lhes digo [...]." Por seis vezes na segunda metade de Mateus 5, Jesus usou essa fórmula ou uma variação dela (vs. 21-22, 26-28, 31,32, 33,34, 38,39, 43,44). Quando falou do que "vocês ouviram", estava descrevendo o ensino dos fariseus. E, em cada caso, refutou.

Mais uma vez, ele não estava alterando nem ampliando as exigências morais da lei, simplesmente reafirmando o significado que ela sempre teve. Enquanto meditava na lei, Davi disse: "Não há limite para o teu mandamento" (Salmos 119:96). O sentido literal rígido das palavras não enfraquece o significado dos Dez Mandamentos. Jesus diz, por exemplo, que o sexto mandamento proíbe não só atos literais de assassinato, mas atitudes assassinas também — incluindo raiva exagerada, discurso abusivo e espírito rancoroso (vs. 22-25). O sétimo mandamento proíbe não apenas atos de adultério, mas até o coração adúltero (v. 28). O mandamento para amar o próximo aplica-se não só ao que é amigável, mas também ao que é nosso inimigo (v. 44).

Leitores superficiais às vezes são inclinados a pensar que Jesus estava modificando ou elevando o padrão da lei de Moisés. Afinal, ele citou o sexto e o sétimo mandamentos (vs. 21, 27) e o princípio do Antigo Testamento conhecido como *lex talionis* ("olho por olho e dente por dente" — v. 38; cf. Êxodo 21:24, Levítico 24:20 e Deuteronômio 19:21) —, e, então, disse após essas citações: "Mas eu lhes digo [...]." Para um leitor casual, isso, na verdade, poderia ser como se Jesus estivesse mudando a própria lei ou criando uma nova que contrastasse com o que o Antigo Testamento sempre ensinou. Mas lembre que o próprio Jesus, inequivocadamente, negou essa ideia nos versículos 17 e 18.

Em vez disso, o que Jesus faz nesse trecho do sermão é expor o verdadeiro e pleno significado da lei como ela foi originalmente proposta — especialmente em contraste com a visão limitada, estreita e rigidamente literal dos fariseus. A hermenêutica (o método pelo qual se interpretava as Escrituras) dos fariseus estava carregada de sofismas. Eles conseguiam expor durante horas os melhores pontos invisíveis da lei enquanto inventavam distorções e mudanças técnicas para fazer exceções a alguns dos preceitos morais mais importantes da lei.

Por exemplo, o quinto mandamento é bastante claro: "Honra teu pai e tua mãe" (Êxodo 20:12). Mas os fariseus tinham um costume segundo o qual "se alguém [dissesse] a seu pai ou a sua mãe: 'Qualquer ajuda que vocês poderiam receber de mim é Corbã', isto é, uma oferta dedicada a Deus, [os fariseus] o [desobrigavam] de qualquer dever para com seu pai ou sua mãe" (Marcos 7:11,12). Na verdade, se alguém tivesse prometido sua herança a Deus e depois usasse qualquer um de seus recursos para cuidar dos pais já velhos, os fariseus consideravam esse ato de caridade um sacrilégio, porque era uma violação do voto de *Corbã*. Jesus disse-lhes: "Vocês anulam a palavra de Deus, por meio da tradição que vocês mesmos transmitiram. *E fazem muitas coisas como essa*" (v. 13, ênfase do autor).

Era exatamente esse tipo de tolice hermenêutica que Jesus estava corrigindo no Sermão do Monte. Os fariseus interpretavam o sétimo mandamento de forma rígida como uma proibição restrita do adultério consumado. Sem dúvida, ao definirem adultério somente em termos do ato externo, eles deixavam o coração totalmente indefeso. Como muitos, hoje, que erroneamente pensam serem inofensivas as fantasias quando não são colocadas em prática, os fariseus se sentiam livres para despertar desejos pecaminosos e se entregar a eles na privacidade de suas imaginações — como se o coração estivesse, de algum modo, isento dos padrões da lei. Na verdade, essa concepção equivocada está na raiz de todos os erros dos fariseus. Era como eles justificavam toda a sua hipocrisia.

Os fariseus também tinham um padrão muito liberal para o divórcio, permitindo, na verdade, um tipo de adultério serial legalizado. Jesus corrige esse erro nos versículos 31 e 32.

De igual modo, aplicavam o sexto mandamento da forma mais limitada possível, acreditando que ele proibia somente crimes reais de homicídio. Enquanto isso, incentivavam efetivamente o indivíduo a ter ódio dos inimigos (Mateus 5:43), o que, na verdade, fomentava atitudes assassinas. Os versículos 39 a 47 consistem em uma extensão que refuta essa falácia.

Na verdade, é nesse ponto que Jesus levanta a questão sobre a lei do olho por olho. O contexto de Êxodo 21:24,25, em que o padrão foi apresentado, mostra que era um princípio destinado a *limitar* punições impostas a casos civis e criminais. Jamais deveria autorizar a retaliação pessoal de insultos insignificantes e infrações pessoais. Era um princípio que impunha restrições ao sistema *legal* (cf. Êxodo 21:1), não uma lei que tinha por objetivo colocar indivíduo contra indivíduo em uma guerra de ataques e contra-ataques de um lado e de outro. Mas os fariseus, basicamente, transformaram-no nisso. Vingança pessoal envenenava o clima social de Israel, e os líderes religiosos justificavam-na apelando a Moisés. Jesus disse que isso era um total abuso e mau uso da lei de Moisés.

Outra prova de que Jesus não estava alterando o padrão legal da lei é vista no fato de que todo princípio que ele apresentava para refutar o ensino dos fariseus já poderia ser encontrado no Antigo Testamento. Salmos 37:8-9, por exemplo, afirma claramente que o mesmo princípio citado por Jesus está implícito na proibição da lei acerca do assassinato. O salmo até faz eco da linguagem das bem-aventuranças sobre a mansidão: "Evite a ira e rejeite a fúria; não se irrite: isso só leva ao mal. Pois os maus serão eliminados, mas os que esperam no Senhor receberão a terra por herança."

De igual modo, quando disse que a cobiça é uma violação do princípio moral implícito no sétimo mandamento, Jesus não estava acrescentando nada à lei. A cobiça era *expressamente* proibida pelo décimo mandamento e foi identificada com o pecado de adultério em Provérbios 6:25. Sem dúvida, o coração é o campo de batalha mais importante na luta pela pureza moral (Provérbios 4:23); e, uma vez que Deus vê o coração (1Samuel 16:7; Salmos 139:2; Provérbios 15:11; Jeremias 17:10), todos os pecados que acontecem na imaginação de uma pessoa são pecados reais cometidos diante da face de Deus (Salmos 90:8). Os fariseus claramente deviam saber disso.

Malaquias 2:14-16 condena o divórcio com palavras similares às do Sermão do Monte: "'Eu odeio o divórcio', diz o Senhor, o Deus de Israel, 'e também odeio homem que se cobre de violência'" (v. 16). Deuteronômio 23:21-23 proíbe votos casuais. Lamentações

3:30 fala da virtude de dar o outro lado da face. O dever de amar o inimigo é explicado de forma muito clara em Êxodo 23:4-5: "Se você encontrar perdido o boi ou o jumento que pertence ao seu inimigo, leve-o de volta a ele. Se você vir o jumento de alguém que o odeia caído sob o peso de sua carga, não o abandone, procure ajudá-lo." De igual modo, Provérbios 25:21 ensina o mesmo princípio: "Se o teu inimigo tiver fome, dê-lhe de comer; se tiver sede, dê-lhe de beber." Esses mandamentos também deveriam ter deixado perfeitamente claro que o princípio do olho por olho não tinha por objetivo ser uma receita para a vingança pessoal. O próprio Deus disse: "A mim pertence a vingança e a retribuição" (Deuteronômio 32:35; cf. Salmos 94:1).

É claro que Jesus não estava, de forma alguma, expressando nenhuma discordância da lei de Moisés nem corrigindo seu conteúdo moral. Todo princípio no Sermão do Monte estava obviamente declarado ou implícito de forma clara no Antigo Testamento. O Sermão do Monte, portanto, deve ser entendido como a *exposição* feita por Jesus da lei do Antigo Testamento, não um padrão moral diferente. Ele estava simplesmente refutando o ensino mal interpretado dos fariseus sobre os preceitos morais da lei.

Mateus 5 termina com uma breve passagem destinada ao estilo moralista de separatismo dos fariseus. Ela faz parte da seção em que Jesus está expondo o dever de amar o próximo. Os fariseus, em sua paixão por manifestações cerimoniais de devoção religiosa, até atravessavam a rua a fim de evitar contato com seus inimigos, para não serem contaminados (cf. Lucas 10:31-32). Esse mesmo modo de pensar também estava por trás de suas frequentes queixas sobre o contato íntimo de Jesus com pecadores (Mateus 9:11; Lucas 15:2; 19:7). Jesus mostrou que o parâmetro que eles haviam estabelecido para o segundo mandamento ("Ame o seu próximo como a si mesmo" — Mateus 22:39) era tão baixo, que até o mais vil pecador não teria dificuldade alguma para obedecer: "Se vocês amarem aqueles que os amam, que recompensa vocês receberão? Até os publicanos fazem isso! E se saudarem apenas os seus irmãos, o que estarão fazendo de mais? Até os pagãos fazem isso!" (Mateus 5:46,47). Na verdade, Jesus estava ensinando que o padrão de comportamento dos fariseus não era melhor que os princípios morais de qualquer publicano.

Em seguida, Jesus identificou claramente o verdadeiro padrão, que é infinitamente superior a esse: "Sejam perfeitos como perfeito é o Pai celestial de vocês" (v. 48).

É óbvio que a perfeição divina é impossível para pecadores caídos. Essa era uma parte importante do argumento que Jesus estava apresentando. A própria lei exige perfeição absoluta (Levítico 19:2; 20:26; Deuteronômio 18:13; 27:26; cf. Tiago 2:10). Nenhum pecador pode corresponder a esse padrão, o que explica por que dependemos da graça para termos salvação. Nossa própria justiça nunca pode ser boa o suficiente (Filipenses 3:4-9); precisamos desesperadamente da justiça perfeita que Deus imputa àqueles que creem (Romanos 4:1-8).

Mas os fariseus epitomizam a falácia central de toda a religião humana. "Ignorando a justiça que vem de Deus e procurando estabelecer a sua própria [...]" (Romanos 10:3). Eles acreditavam que o que tinham de melhor era bom o suficiente para Deus — especialmente se adornassem sua religião com o maior número possível de cerimônias e rituais realizados com cuidado. Era nisso que estavam toda a sua confiança e toda a sua esperança do céu. Sem dúvida, eles reconheciam formalmente que também eram imperfeitos, mas minimizavam suas próprias imperfeições e as encobriam com exibições públicas de religiosidade. Estavam convencidos de que isso era bom o bastante para Deus, principalmente porque os fazia *parecer* muito melhores do que todos os outros.

Naturalmente, qualquer fariseu que talvez estivesse entre os ouvintes do Sermão do Monte teria entendido a mensagem de Jesus de forma bastante clara: sua justiça, com toda a ênfase em pompas e circuncisões, simplesmente não correspondia ao padrão divino. Eles não eram nem um pouco melhores que os coletores de impostos. E Deus *não* aceitava sua justiça imperfeita. Jesus foi o mais direto possível sobre essa questão. Ele não poderia ter dito palavras para atingi-los mais ainda. De acordo com ele, a religião dos fariseus era completamente inútil.

Não sejam como os hipócritas

Jesus estava longe de encerrar o assunto. Praticamente, todo o capítulo 6 de Mateus continua a fazer uma crítica severa, ponto a ponto, contra as características mais visíveis do farisaísmo. O sermão não é feito com divisões de capítulos, é claro, por isso é importante ter em mente que todo o catálogo de hipocrisias que Jesus ataca no capítulo 6 vem logo depois de sua crítica no capítulo 5 à interpretação equivocada dos fariseus acerca da lei. De certo modo, o capítulo 5 foi simplesmente um aquecimento para o que vem em seguida e o capítulo 6 é apenas mais um desenvolvimento da proposição fundamental apresentada em Mateus 5:20: "Se a justiça de vocês não for muito superior à dos fariseus e mestres da lei, de modo nenhum entrarão no Reino dos céus."

A propósito, mesmo Jesus não tendo especificamente citado os fariseus, qualquer pessoa em sua audiência teria sabido exatamente de quem estava falando, ainda que só pela lista de hipocrisias que ele fez no capítulo 6. Aqueles eram os principais emblemas da religião dos fariseus. Os filactérios grandes e as franjas colossais nas quatro pontas do manto de um fariseu (cf. Deuteronômio 22:12) eram metáforas apropriadas para as muitas formas pelas quais os fariseus tornavam sua religiosidade o mais ostentosa possível. De um modo quase constitucional, eles eram incapazes de fazer qualquer ato de caridade ou de devoção sem dar, ao mesmo tempo, um espetáculo de mau gosto em público.

É nisso que consiste grande parte do capítulo 6 de Mateus. Jesus estava contrastando o exibicionismo religioso dos fariseus com a fé autêntica que havia descrito nas Bem-aventuranças. A fé tem seu principal impacto no coração de quem crê. Em contrapartida, a religião dos fariseus era, principalmente, para ser exibida, para ser vista pelos outros (Mateus 6:1). É o mesmo contraste que o apóstolo Paulo (ele mesmo como um fariseu convertido) muitas vezes enfatizou entre fé autêntica e uma religião baseada em meras obras. A verdadeira fé que salva, inevitavelmente, produz boas obras, porque se expressa em amor (Gálatas 5:6); mas as exibições superficiais de "caridade" na religião baseada em obras não são nem caridosas de fato. Uma vez que a religião ao estilo dos fariseus é motivada principalmente por um desejo de receber o elogio dos homens, ela, inerentemente, engrandece a si mesma, tornando-se a antítese da autêntica caridade.

Jesus foi categórico sobre essa questão. Ele disse que os hipócritas nas sinagogas e nas ruas de Jerusalém procuravam apenas o louvor dos homens e, uma vez que essa era a única recompensa que realmente importava para eles, essa seria a única que receberiam (v. 2).

Ele também descreveu os fariseus como homens que, quando faziam obras de caridade, anunciavam isso com trombetas (v. 2). Não há registro em nenhum lugar da literatura daquela época em que alguém *realmente* fazia um desfile com trombetas quando dava esmolas. Jesus estava fazendo uma descrição vívida, criando, de fato, uma paródia divertida sobre o exibicionismo dos fariseus. Estava usando um sarcasmo puro para mostrar como o sistema deles era ridículo. Pelos padrões da subcultura evangélica excessivamente tolerante de hoje, essa sátira seria considerada uma maneira implacavelmente cruel de mostrar os defeitos dos adversários. Contudo, mais uma vez, vemos que Jesus não estava preso aos escrúpulos pós-modernos.

Ele continuou a censurar a hipocrisia de orações longas e em voz alta feitas em público (outra peculiaridade dos fariseus), dizendo novamente que a única recompensa que essa prática recebe é a atenção terrena (v. 5). Foi nesse ponto que apresentou pela primeira vez o modelo de oração que se tornou conhecido como a oração do Senhor.[4] Nessa oração, a concisão, a simplicidade e o foco em Deus eram o que a distinguiam do estilo de oração dos fariseus.

Em seguida, ele se voltou para a questão do jejum, uma prática da qual os fariseus abusavam muito. Jesus descreveu como exploravam até essa disciplina espiritual muito pessoal como um meio de exibir sua própria justiça: "Eles mudam a aparência do rosto a fim de que os outros vejam que eles estão jejuando" (Mateus 6:16). Especificamente, eles usavam "uma aparência triste", como um símbolo ostentoso de devoção religiosa e terrível autossacrifício. Mas, na realidade, tudo não passava de uma farsa — um verniz fino e apagado que mal cobria seus motivos totalmente egoístas, os quais estavam radicalmente errados. Sem dúvida, o jejum autêntico deve ser um meio para nos ajudar a deixar de lado as preocupações deste mundo para nos concentrarmos na oração e nas coisas espirituais. Os fariseus, em vez disso, transformavam o jejum em outra maneira de ostentar sua religiosidade em público, provando mais uma vez que não poderiam se preocupar menos com as coisas celestiais. Era com o aplauso do mundo que eles realmente se preocupavam. Todo o jejum que faziam tinha exatamente o efeito contrário do que um jejum deveria ser; chamava a atenção para eles, em vez de eliminar coisas que distraíam. Jesus expôs a hipocrisia no jejum.

O restante do capítulo 6 de Mateus (vs. 19-34) é uma breve lição sobre a importância de se manter uma perspectiva celestial. O capítulo apresenta o mesmo princípio que o apóstolo Paulo, mais tarde, resumiria em Colossenses 3:2: "Mantenham o pensamento nas coisas do alto, e não nas coisas terrenas." Jesus inclui uma advertência correspondente contra a atitude de se consumir com as preocupações deste mundo. Nessa seção do Sermão do Monte, ele fala sobre o uso adequado de nossos recursos financeiros (vs. 19-24). Também trata do pecado da preocupação (vs. 25-34). De acordo com Jesus, aqueles que se preocupam com o futuro manifestam uma falta de confiança em Deus e uma ideia distorcida no que diz respeito a prioridades.

Tudo isso também é uma simples continuação da crítica pungente que Jesus faz à visão religiosa dos fariseus. A atitude que Jesus estava condenando era fruto inevitável da obsessão dos fariseus por coisas externas. Ela dava cor a todos seus pensamentos — tornando-os patologicamente superficiais, dando-lhes uma perspectiva carnal e mundana, e impedindo-os de realmente confiar em Deus. É por isso que eles (e seus discípulos) eram obcecados por riquezas e se sentiam sufocados com as preocupações. Vimos isso claramente no raciocínio que serviu de base para toda a conspiração deles contra Jesus. Toda a hostilidade dos fariseus contra Jesus foi motivada pelo medo de que, se ele chegasse ao poder como Messias, perderiam sua posição, seus meios para obter riquezas e todas as suas vantagens terrenas (João 11:48).[5] A despeito de todas as suas dissimulações religiosas, aquelas coisas significavam mais para eles do que a justiça. Assim, quando Jesus diz: "Busquem, pois, em primeiro lugar o Reino de Deus e a sua justiça, e todas essas coisas lhes serão acrescentadas", estava ensinando mais uma verdade que era um ataque direto ao sistema de valores dos fariseus (v. 33).

ÁRVORES RUINS, FRUTOS RUINS

Mateus 7 continua e conclui o Sermão do Monte com algumas das denúncias mais devastadoras de Jesus contra o farisaísmo até aqui. O capítulo começa com um ataque às críticas moralistas. (Os fariseus eram mestres nisso.) Jesus suscita as imagens engraçadas de alguém com um grande pedaço de madeira no olho tentando remover um cisco do olho de outra pessoa (Mateus 7:1-5). Essa era outra caricatura verbal feita aos fariseus, que faziam coisas como criticar os discípulos por debulharem um punhado de grãos no sábado (Mateus 12:2), mas que tinham o coração e a mente como covis secretos de iniquidade, entregues a todos os tipos de maus pensamentos (Mateus 12:34). É importante que entendamos o versículo 1 de forma adequada: "Não julguem, para que vocês não sejam julgados" não é uma condenação geral de todos os tipos de julgamentos — apenas os julgamentos hipócritas, superficiais e equivocados que os fariseus faziam. O contexto deixa claro que esse é um pedido para que façamos julgamentos de modo caridoso e generoso, "pois da mesma forma que julgarem, vocês serão julgados; e a medida que usarem, também será usada para medir vocês" (v. 2). Muitas vezes é necessário fazer julgamentos, e, quando os fazemos, não devemos julgar apenas pela aparência, mas fazer julgamentos justos (João 7:24).

As próprias palavras de Jesus deixam claro que ele espera que façamos julgamentos com discernimento, porque ele ainda diz: "Não deem o que é sagrado aos cães, nem atirem suas pérolas aos porcos" (v. 6). "Porcos" e "cães" nesse versículo referem-se a pessoas que são cronicamente contrárias ao evangelho — aquelas cuja resposta previsível às coisas sagradas é que elas pisarão e despedaçarão quem leva a mensagem (v. 6). É óbvio que, para obedecermos a esse mandamento, temos de saber quem são os porcos e os cães. Assim, uma suposição fundamental é que *devemos* julgar com cuidado e de acordo com a Bíblia.

Mas o que é mais curioso aqui é que Jesus estava claramente fazendo alusão aos fariseus e a outros como eles, não aos gentios e párias morais que normalmente eram rotulados como "porcos" e "cães" pela elite religiosa de Israel. Porcos e cães eram animais impuros de acordo com a lei do Antigo Testamento, sem dúvida. Assim, os judeus nunca criavam porcos como animais domesticados.

Cães não eram animais de estimação que ficavam dentro de casa. Ambas as espécies normalmente eram vistas como animais selvagens e irascíveis que só se alimentavam de carniça. Naturalmente, esses rótulos carregavam uma conotação muito forte de impureza e desumanidade. Normalmente eram aplicados aos excluídos mais vis e às pessoas intocáveis na sociedade.

Lembre-se, no entanto, de que Jesus tinha um ministério vigoroso entre as pessoas que normalmente recebiam esses títulos. É por isso que os fariseus, ironicamente, o chamavam de "comilão e beberrão, amigo de publicanos e 'pecadores'" (Lucas 7:34). Considerando o contexto do Sermão do Monte e os ataques implacáveis de Jesus contra a hipocrisia e o exibicionismo dos fariseus, está claro quem ele tinha em mente quando proibiu que se jogassem pérolas aos porcos. Não era aos publicanos e pecadores arrependidos a quem regularmente mostrava misericórdia.

O próprio Jesus foi exemplo do tipo de discrição que está pedindo aqui. Ele normalmente "[escondia] estas coisas dos sábios e cultos e as [revelava] aos pequeninos" (Lucas 10:21). Em outras palavras, aos humildes e arrependidos, ele sempre dava e ensinava mais. Mas, intencionalmente, ocultava a verdade dos arrogantes e moralistas, a fim de que ainda que vissem, não percebessem; ainda que ouvissem, não entendessem (Marcos 4:12). Suas parábolas serviam a esse mesmo propósito: elas ofuscavam a verdade das pessoas cujo coração se tornara insensível e cujos ouvidos espirituais tinham dificuldade para ouvir (Mateus 13:15).

Ele não oferecia coisas sagradas aos cães nem lançava suas pérolas aos porcos. Em suma, cães e porcos representam a antítese espiritual dos "que têm fome e sede de justiça" (5:5). Os primeiros estão todos inchados com os próprios egos e predispostos a rejeitar *qualquer* verdade que não esteja de acordo com seus planos. Eles, então, se voltam contra quem leva a mensagem e o faz em pedaços. Era exatamente isso que os fariseus e aqueles que conspiravam com eles já estavam para fazer com Jesus.

Mas os que têm fome espiritual — aqueles que sabem que estão doentes e precisam de um médico (Lucas 5:31) — deixarão todas as demais coisas para receber a verdade que procuram, a qual dá vida, sacia a sede e satisfaz a alma. Jesus, com sua ternura, já havia alcançado todas essas pessoas.

Esse sermão não é uma exceção. Embora seja repleto de críticas contra a religiosidade ao estilo dos fariseus, lembre-se de que ele começou com palavras de graça para os pobres em espírito, as almas que têm sede e os puros de coração. Ao começar a seção conclusiva de sua mensagem, Jesus retoma o mesmo tema:

> Peçam, e lhes será dado; busquem, e encontrarão; batam, e a porta lhes será aberta. Pois todo o que pede, recebe; o que busca, encontra; e àquele que bate, a porta será aberta. Qual de vocês, se seu filho pedir pão, lhe dará uma pedra? Ou se pedir peixe, lhe dará uma cobra? Se vocês, apesar de serem maus, sabem dar boas coisas aos seus filhos, quanto mais o Pai de vocês, que está nos céus, dará coisas boas aos que lhe pedirem! (Mateus 7:7-11).

O restante do sermão de Jesus inclui um sumário e apelo final. O sumário é um único versículo, a chamada Regra de Ouro: "Assim, em tudo, façam aos outros o que vocês querem que eles lhes façam; pois esta é a Lei e os Profetas" (v. 12). (A propósito, observe que o entendimento correto das exigências morais da Lei é o oposto extremo da interpretação equivocada dos fariseus acerca da *lex talionis* da Lei. Eles distorciam uma afirmação que deveria limitar punições de modo que fosse um princípio que justificava a vingança pessoal — fazer aos outros aquilo que eles fizeram para ofender você. Jesus disse que o verdadeiro princípio moral que impera na lei, entendido de forma correta, é o *amor* — cujo significado preventivo é fazer aos outros o que você quer que eles lhe façam.)

Ao dizer "esta é a Lei e os Profetas", Jesus, sem dúvida, não quis dizer que a lei estava, com isso, reduzida a exigências horizontais da Regra de Ouro. Ele estava dizendo que o princípio do amor que define a Regra de Ouro é o princípio fundamental de toda a lei. Em outra passagem (Mateus 22:36-40), Jesus deixou claro que a lei exige o amor a Deus como também o amor ao próximo. O verdadeiro amor a Deus também está implícito na Regra de Ouro, considerando todo o contexto do Sermão maior — especialmente Mateus 5:45, que afirma que o amor ao próximo é o modo pelo qual passamos a ser como nosso Pai celestial.

O caminho largo para a destruição

A última declaração no Sermão do Monte é um convite geral para que eles "entrem pela porta estreita, pois larga é a porta e amplo o caminho que leva à perdição, e são muitos os que entram por ela. Como é estreita a porta, e apertado o caminho que leva à vida! São poucos os que a encontram" (Mateus 7:13,14). A porta estreita e o caminho apertado são referências à exigência do evangelho à total autonegação e humildade — e todas as outras qualidades enfatizadas nas bem-aventuranças.

Pecadores orgulhosos que não se quebrantam sempre escolhem o caminho errado. É por isso que ele está cheio de viajantes. É largo o bastante para acomodar todos, de perfeitos devassos aos mais rígidos fariseus. Todos gostam dele, porque ninguém tem de soltar ou deixar nenhuma bagagem para trás a fim de entrar nesse caminho. Além disso, todos os sinais na estrada prometem o céu.

Só há um problema, e ele é significativo: a estrada, na verdade, não vai para o céu. Pelo contrário, leva à total destruição. Além disso, Jesus diz que o mundo está cheio de falsos profetas que conduzem as pessoas ao caminho largo. Cuidado com eles. Eles "vêm a vocês vestidos de peles de ovelhas, mas por dentro são lobos devoradores"

(v. 15). É bem possível que Jesus estivesse fazendo uma descrição verbal dos fariseus. Essa é, na verdade, uma descrição geral de *todos* os falsos profetas em todas as épocas, mas a elite religiosa de Israel epitomizava tudo aquilo sobre o que ele estava falando. Esse fato certamente não teve efeito sobre eles ou sobre o público em geral.

Jesus disse: "Vocês os reconhecerão por seus frutos" (v. 16). As imagens de árvores ruins com frutos ruins tinham um significado especial para os fariseus. Não fazia muitos meses antes disso que alguns fariseus e saduceus haviam procurado João Batista. Ao que parece, eles viram como João era popular e quiseram a admiração de seus seguidores. João chamou-os de raça de víboras e disse-lhes para dar "fruto que [mostrasse] o arrependimento" (Mateus 3:7,8). E disse mais: "O machado já está posto à raiz das árvores, e toda árvore que não der bom fruto será cortada e lançada ao fogo" (v. 10) — e começou a profetizar sobre Jesus. Agora, ao encerrar seu Sermão do Monte, Jesus empregou as mesmas imagens e até citou as palavras exatas de João Batista: "Toda árvore boa dá frutos bons, mas a árvore ruim dá frutos ruins. A árvore boa não pode dar frutos ruins, nem a árvore ruim pode dar frutos bons. *Toda árvore que não produz bons frutos é cortada e lançada ao fogo*" (Mateus 7:17-20). Essas foram palavras fortes de condenação, e, embora a admoestação de Jesus não estivesse limitada apenas aos líderes religiosos, ninguém poderia ignorar o fato de que Jesus estava pisando nos calos dos fariseus e dos saduceus.

Uma mensagem para as massas

Não obstante, seria errado concluir que o Sermão do Monte foi somente — ou até *principalmente* — pregado para o benefício dos líderes religiosos hipócritas de Israel. Embora os fariseus e os saduceus epitomizassem a hipocrisia e o falso moralismo para os quais Jesus apontava, eles, de modo algum, foram os únicos que Jesus estava contestando. Jesus falava a todos que estavam no caminho largo. Sua descrição do juízo que os aguarda no final daquela estrada é assustadora:

> Nem todo aquele que me diz: "Senhor, Senhor", entrará no Reino dos céus, mas apenas aquele que faz a vontade de meu Pai que está nos céus. Muitos me dirão naquele dia: "Senhor, Senhor, não profetizamos em teu nome? Em teu nome não expulsamos demônios e não realizamos muitos milagres?" Então eu lhes direi claramente: Nunca os conheci. Afastem-se de mim vocês, que praticam o mal! Portanto, quem ouve estas minhas palavras e as pratica é como um homem prudente que construiu a sua casa sobre a rocha. Caiu a chuva, transbordaram os rios, sopraram os ventos e deram contra aquela casa, e ela não caiu, porque tinha seus alicerces na rocha. Mas quem ouve estas minhas palavras e não as pratica é como um insensato que construiu a sua casa sobre a areia. Caiu a chuva, transbordaram os rios, sopraram os ventos e deram contra aquela casa, e ela caiu. E foi grande a sua queda (vs. 21-27).

A palavra *muitos* ecoa pela passagem. *Muitos entram* pela porta larga que leva ao caminho amplo (v. 13). *Muitos* dirão: "Não [...] realizamos muitos milagres?" (v. 22). Mas, observe: não são só fariseus e saduceus que tentarão argumentar no tribunal, dizendo que suas obras deveriam ser suficientes para fazê-los entrar no céu. Jesus está descrevendo pessoas que professam ser cristãs. Elas chamam Jesus de "Senhor, Senhor". Declaram ter realizado obras poderosas *em nome dele*. Mas ele as dispensa com essas palavras de perturbar a alma: "Nunca os conheci. Afastem-se de mim."

Assim, o Sermão do Monte não é uma mensagem dirigida apenas aos fariseus, mesmo Jesus tendo atacado as crenças deles do começo até a conclusão do sermão. A mensagem implícita é principalmente dirigida aos discípulos, e é uma advertência para eles, para que não caiam nos mesmos erros que transformaram a religião dos fariseus em uma atrocidade abominável para Deus e os tornavam hostis à verdade.

Outras palavras duras para os discípulos

Aquelas palavras finais do Sermão do Monte deixaram as pessoas sem fôlego. Elas "estavam maravilhadas com o seu ensino, porque ele as ensinava como quem tem autoridade, e não como os mestres da lei" (vs. 28,29).

Os fariseus não conseguiam ensinar sem citar esse ou aquele rabino e se basear na linhagem de tradições que existiam havia séculos. Sua religião era acadêmica em praticamente todos os sentidos da palavra. E, para muitos deles, ensinar era apenas outra oportunidade de tentar obter o louvor dos homens — ao ostentarem seus conhecimentos. Tinham muito orgulho em citar o maior número possível de fontes, acrescentando com cuidado notas aos seus sermões. Estavam mais preocupados com o que os outros diziam sobre a lei do que com o que a lei em si realmente ensinava. Haviam, portanto, aprendido a lei sem nunca ouvirem-na de fato (cf. Gálatas 4:21).

Jesus, em contrapartida, não citava outra autoridade que não fosse a Palavra de Deus. Dava a interpretação da Palavra sem reforçar seu ponto de vista com citações intermináveis de escritores antigos. Quando citava estudiosos religiosos, era para refutá-los. Falava como aquele que *tem* autoridade, porque ele tem. Ele é Deus e seu estilo de entregar a mensagem refletia isso. Suas palavras eram cheias de amor e de ternura para pecadores arrependidos — porém, igualmente duras e rígidas aos moralistas e satisfeitos consigo mesmos. Como vimos desde o começo, ele não estava convidando a um diálogo para troca de opiniões, fazendo um discurso acadêmico ou procurando uma causa comum com os líderes religiosos da terra; estava declarando a Palavra de Deus *contra* eles.

Aquilo foi tão chocante na cultura de Jesus como seria na nossa. Não ignore o verdadeiro significado dos versículos 28,29. As pessoas não ficaram exatamente satisfeitas com a visão de Jesus. Elas ficaram "maravilhadas", a princípio. Logo ficariam irritadas.

De sua parte, quanto mais Jesus pregava repetidamente para as mesmas multidões, mais suas mensagens eram cheias de repreensões e pedidos urgentes para que se arrependessem. Ele não se impressionava com o tamanho nem com o entusiasmo das grandes multidões. Não estava interessado em acumular o tipo de discípulos cuja principal preocupação era aquilo que poderiam ganhar com a relação. Nunca amenizou sua mensagem a fim de torná-la mais agradável à opinião do povo, tampouco arrefeceu o fervor retórico para deixar a congregação o mais confortável possível. Na verdade, sua abordagem era exatamente o oposto. Ele parecia fazer tudo o que podia para inquietar meros curiosos que não eram convertidos. Com certeza, essas pessoas adoravam quando ele realizava milagres. Ele os repreendia por isso e cuidava para que não ignorassem sua *mensagem.*

Como observamos anteriormente, o lugar onde Jesus pregou o Sermão do Monte estava situado entre as aldeias de Cafarnaum e Corazim. Não muitos dias depois de dar esse sermão, Jesus pregou outro sermão no mesmo local ou perto dele. Mateus 11:20-24 descreve o que aconteceu:

> Então Jesus começou a denunciar as cidades em que havia sido realizada a maioria dos seus milagres, porque não se arrependeram. "Ai de você, Corazim! Ai de você, Betsaida! Porque se os milagres que foram realizados entre vocês tives-

sem sido realizados em Tiro e Sidom, há muito tempo elas se teriam arrependido, vestindo roupas de saco e cobrindo-se de cinzas. Mas eu lhes afirmo que no dia do juízo haverá menor rigor para Tiro e Sidom do que para vocês. E você, Cafarnaum, será elevada até o céu? Não, você descerá até o Hades! Se os milagres que em você foram realizados tivessem sido realizados em Sodoma, ela teria permanecido até hoje. Mas eu lhe afirmo que no dia do juízo haverá menor rigor para Sodoma do que para você.

Palavras duras, de fato. Essa repreensão foi um sinal de outra grande mudança no ministério público de Jesus. Daquele momento em diante, ele percorreu mais a Galileia estando mais concentrado na instrução particular de um círculo cada vez menor de discípulos mais devotos. Seus discursos públicos subsequentes, em geral, foram mais urgentes e mais severos.

O discurso sobre o pão da vida

João 6 contém um dos mais conhecidos exemplos da pregação dura de Jesus. O capítulo também narra a rejeição de Jesus por parte de um grande número de pessoas que antes o havia seguido de perto a ponto de ser incluído entre seus discípulos. Quando sua mensagem começou a parecer áspera e desagradável, as pessoas se debandaram em massa.

O começo do capítulo 6 de João mostra cinco mil pessoas sendo alimentadas. (Além da ressurreição, esse é o único dos milagres de Jesus a ser registrado nos quatro evangelhos, por isso é claramente um evento importante.) No início do capítulo, Jesus está ministrando perto do mar da Galileia (v. 1) para aquela "grande multidão" (vs. 2, 5) de, *pelo menos*, cinco mil pessoas (v. 10).

Todos os escritores dos evangelhos concordam com esse número. Era uma multidão considerável (especialmente quando consideramos o fato de que Jesus falava às pessoas ao ar livre sem nenhum auxílio acústico ou de amplificação do som). É um número especialmente surpreendente considerando que a população total de Cafarnaum não poderia ter sido superior a 1.700 habitantes.[6] Mas algumas pessoas que seguiam Jesus vinham de lugares muito distantes. Marcos 3:7-8 diz: "Uma grande multidão vinda da Galileia o seguia. Quando ouviram a respeito de tudo o que ele estava fazendo, muitas pessoas procedentes da Judeia, de Jerusalém, da Idumeia, das regiões do outro lado do Jordão e dos arredores de Tiro e de Sidom foram atrás dele." Elas devem ter ocupado todos os alojamentos disponíveis em Cafarnaum, em Corazim, em Betsaida e em todas as aldeias vizinhas. Os que não puderam encontrar alojamento encontrariam lugar para acampar na região. Havia um alvoroço em toda a Galileia, que estava cheia de atividades e de conversas a respeito de Jesus.

E esta é a cena que vemos no início de João 6: multidões entusiasmadas vindo de regiões distantes para ver Jesus — todos empolgados com seus milagres e dedicados a ponto de virem para aprender pessoalmente com ele. A resposta humana natural seria aceitar isso como um sinal totalmente positivo de que Jesus estava causando um grande impacto em sua cultura. Ele estava acumulando seguidores que poderiam levar sua mensagem de volta para suas próprias comunidades. Parecia para todos que isso poderia ser o começo de um movimento do povo comum que tinha o potencial de influenciar todo o mundo.

Na verdade, era isso. Mas a situação como um todo não era tão positiva quanto parecia ser à primeira vista. A estratégia de Jesus não era acumular multidões cujo principal interesse era ver milagres. Suas energias concentravam-se no treinamento de onze discípulos que eram a coluna vertebral de todo o seu plano. *Eles* eram a chave para a expansão posterior da igreja pelo mundo. Quanto às multidões, sem dúvida havia muitos crentes verdadeiros entre elas, bem como muitos parasitas apáticos. Sem medo e sem pedir desculpas, Jesus entregou-lhes toda a mensagem que precisavam ouvir — sem fazer rodeios. Era impossível ignorar a ele e à mensagem que ensinava.

João 6 é um registro de como toda a boa vontade do povo gerada pelos milagres de Jesus deu lugar à raiva e à indignação por causa da mensagem que proclamava. As grandes multidões reduziram-se a praticamente nada ao longo de alguns versículos.

A deidade de Jesus é o tema principal no capítulo 6 de João. Já examinamos a controvérsia acerca do sábado em Jerusalém, registrada em João 5. Você se lembrará que a deidade de Jesus se tornou o foco daquele conflito também, quando ele respondeu à acusação de violar o sábado ao declarar as prerrogativas de Deus (João 5:17) — e até ao declarar que é digno de receber a mesma honra de todos os que realmente adoram a Deus: "[...] para que todos honrem o Filho como honram o Pai. Aquele que não honra o Filho, também não honra o Pai que o enviou" (v. 23). Como observamos, o restante de João 5 é um catálogo de testemunhos que afirmam a deidade de Jesus.

João 6 continua com outras provas da deidade de Jesus enquanto alimenta os cinco mil, anda sobre as águas e declara ser o pão da vida. Contudo, grande parte do capítulo dedica-se a um sermão conhecido como o "discurso do Pão da Vida".

O cenário é importante. Jesus alimentou as multidões em algum lugar na costa oriental da Galileia, então (andando sobre as águas no meio de uma tempestade) voltou a Cafarnaum (na praia ao norte) para fugir da multidão apaixonada. Quando chegou a Tiberíades (na praia ocidental) a notícia de que Jesus havia alimentado os cinco mil, muitas outras pessoas saíram à sua procura, esperando que repetisse o milagre.

As multidões, agora ultrapassando os cinco mil, encontraram Jesus em Cafarnaum (João 6:24,25; cf. v. 59). Sua mensagem começou com uma repreensão aos motivos das pessoas: "A verdade é que vocês estão me procurando, não porque viram os sinais miraculosos, mas porque comeram os pães e ficaram satisfeitos. Não trabalhem pela comida que se estraga, mas pela comida que permanece para a vida eterna, a qual o Filho do homem lhes dará. Deus, o Pai, nele colocou o seu selo de aprovação" (vs. 26,27).

Ele queria conversar com elas sobre coisas espirituais; elas estavam interessadas principalmente na refeição. Começaram a insistir para que ele repetisse o milagre do dia anterior. Disseram que ouviriam o que ele tivesse a dizer *se* lhes desse comida. Como se estivessem dando um toque espiritual à exigência, mostraram que, afinal, o maná na época de Moisés era literalmente um alimento que podia ser comido: "Os nossos antepassados comeram o maná no deserto; como está escrito: 'Ele lhes deu a comer pão dos céus'" (v. 31).

Jesus continuou a falar de um tipo diferente de comida vindo do céu — o *"verdadeiro* pão". Contudo, disse que o pão que dá vida é uma Pessoa, não um alimento comestível como o maná que poderia ser colocado em uma vasilha: "Pois o pão de Deus é aquele que desceu do céu e dá vida ao mundo" (v. 33).

As multidões ainda procuravam comida — ainda procuravam uma forma de alimentar seu desejo físico — quando disseram: "Senhor, dá-nos sempre desse pão!" (v. 34).

O diálogo entre uma parte e outra forma um estudo frustrante em se tratando de mal-entendido e cegueira espiritual. As vozes da multidão exigiam literalmente alimento; Jesus estava falando de algo infinitamente mais importante. Mas eles não enxergavam. Havia claramente um tom de petulância e arrogância em suas repetidas exigências (v. 30). Também era óbvio que não ficariam satisfeitos com uma única repetição do milagre do dia anterior. "Dá-nos *sem-*

pre desse pão" implica que queriam que Jesus produzisse alimento do céu todos os dias daquele momento em diante — como um gênio que, em uma mágica, atendesse a qualquer desejo que caísse no agrado deles. Afinal, sugeriram, isso era muito parecido com o que Moisés havia feito para os israelitas no deserto. O maná vinha todos os dias.

Basicamente, essas pessoas estavam propondo um acordo a Jesus: elas creriam se ele concordasse em produzir comida daquele momento em diante, toda vez que elas exigissem.

Sem dúvida, Jesus *poderia* ter lhes dado comida (ou qualquer outra coisa que quisessem) toda vez que quisessem. Teria sido uma forma muito sensível de garantir que as filas de seus seguidores nunca diminuiriam. Quem não estaria disposto a abandonar tudo e se tornar um discípulo se Jesus assegurasse uma vida sossegada e com alimento constante vindo do céu?

Mas Jesus não estava ali para discutir o cardápio do almoço com elas, muito menos negociar a fé dessas pessoas ao realizar milagres sob demanda. Ele conversaria com elas sobre coisas espirituais. Assim, simplesmente disse: "Eu sou o pão da vida" (v. 35).

Essa afirmação instantaneamente levou os líderes religiosos que estavam no meio da multidão a murmurar protestos. Eles viram claramente que Jesus estava alegando ser mais do que um simples homem. "Com isso os judeus começaram a criticar Jesus, porque dissera: 'Eu sou o pão que desceu do céu'. E diziam: 'Este não é Jesus, o filho de José? Não conhecemos seu pai e sua mãe? Como este pode dizer: Desci do céu?'" (vs. 41,42).

Jesus encarou a reprovação deles de frente: "Parem de me criticar […] Eu sou o pão da vida" (vs. 43, 48). Deveria ter ficado perfeitamente claro que estava falando do alimento *espiritual* e da vida *espiritual*, porque também disse: "Aquele que crê tem a vida eterna" (v. 47). A doutrina da justificação pela fé estava claramente implícita nessa afirmação. Ele lhes estava dando a essência da verdade do evangelho, se tivessem ouvidos espirituais para ouvir.

Ele até explicou por que o verdadeiro pão da vida era superior ao maná de Moisés: "Os seus antepassados comeram o maná no deserto, mas morreram. Todavia, aqui está o pão que desce do céu, para que não morra quem dele comer" (vs. 49,50). Assim, esse pão poderia dar-lhes a vida espiritual, em vez de um simples alimento físico, e o pão era o próprio Cristo. Ele estava claramente explicando uma profunda realidade espiritual e não descrevendo o alimento literal a ser ingerido pela boca.[7]

João Batista havia testemunhado em público que Jesus era o cordeiro de Deus para tirar o pecado do mundo. As palavras de Jesus ecoaram essa profecia: "Este pão é a minha carne, que eu darei pela vida do mundo" (v. 51). As palavras estão cheias de imagens pascais, revelando Cristo como o cumprimento de tudo o que o sistema sacrificial significava. Assim como o cordeiro simbólico da Páscoa era um banquete para ser comido, Cristo (o *verdadeiro* Cordeiro pascal) era um banquete espiritual a ser recebido pela fé. Ele era o cumprimento de tudo o que o maná e a festa da Páscoa simbolizavam, e mais.

Se as multidões tivessem mostrado o mínimo interesse em ouvir a verdade, teriam pedido explicação daquilo que não entenderam. Jesus estava claramente lhes falando sobre realidades espirituais. Desde o começo dessa conversa cada vez mais polêmica, eles haviam resistido e exigido uma refeição gratuita. Agora eram incapazes de pensar de outra forma que não fosse literal.

"Então os judeus começaram a discutir exaltadamente entre si: 'Como pode este homem nos oferecer a sua carne para comermos?'" (v. 52). Lembre-se de que João regularmente usa a expressão "os judeus" para se referir aos líderes religiosos hostis. Ao que parece, eles estavam à frente dessa multidão.

Observe que Jesus não os interrompeu nesse momento para declarar: "Não, vocês não entenderam. Deixe-me explicar o que quero dizer." Eles não mostraram nenhum interesse em entendê-lo, por isso Jesus insistiu em sua difícil analogia. Na verdade, ele usou a metáfora de forma ainda mais forte desta vez: "Eu lhes digo a verdade: Se vocês não comerem a carne do Filho do homem e não beberem o seu sangue, não terão vida em si mesmos. Todo aquele que come a minha carne e bebe o meu sangue tem a vida eterna, e eu o ressuscitarei no último dia. Pois a minha carne é verdadeira comida e o meu sangue é verdadeira bebida. Todo aquele que come a minha carne e bebe o meu sangue permanece em mim e eu nele" (vs. 53-56). Por quatro vezes em uma rápida sequência ele falou não só de comer sua carne, mas também de beber seu sangue.

O significado simbólico da questão que envolvia comer sua carne poderia ter sido muito transparente para qualquer pessoa que lembrasse que o Messias era o cordeiro sacrificial que tiraria o pecado do mundo. Mas, quando falou de beber seu sangue, estava usando palavras que seguramente ofenderiam seus ouvintes judeus. O consumo de sangue de qualquer natureza era considerado grosseiramente impuro sob a lei do Antigo Testamento. "Vocês não poderão comer o sangue de nenhum animal, porque a vida de toda carne é o seu sangue; todo aquele que o comer será eliminado" (Levítico 17:14). A preparação da comida *kosher* até hoje envolve remover cuidadosamente todo vestígio de sangue da carne. Naquela cultura, a ideia de consumir sangue era considerada repulsiva ao extremo.

As vozes na multidão insistiam teimosamente em falar sobre alimento literal. Quanto mais Jesus deixava claro que estava falando de modo figurado sobre a vida espiritual e o alimento espiritual, mais irritados ficavam os opositores e mais ofensivas soavam as palavras de Jesus — especialmente para os líderes judeus que se consideravam guardiões da devoção pública e da pureza cerimonial. Mas, por fim, até alguns dos discípulos de Jesus começaram a sussurrar entre eles: "Dura é essa palavra. Quem pode suportá-la?" (v. 60).

Sabendo perfeitamente o que eles estavam pensando, Jesus simplesmente disse: "Isso os escandaliza? Que acontecerá se vocês virem o Filho do homem subir para onde estava antes? O Espírito dá vida; a carne não produz nada que se aproveite. As palavras que eu lhes disse são espírito e vida. Contudo, há alguns de vocês que não creem" (vs. 62-64). Desse modo, ele declarou claramente que estava usando palavras espirituais para falar de coisas espirituais. Ele não oferecia um estudo exegético de seu simbolismo nem a explicação para o benefício daqueles que já haviam se irritado com ele. Jesus disse que o fato de não entenderem o que ele queria dizer era fruto da própria crença deles. E João nos lembra: "Jesus sabia desde o princípio quais deles não criam e quem o iria trair" (v. 64). Isso, sem dúvida, é outro eco de João 2:24 ("Jesus não se confiava a eles, pois conhecia a todos").

Era o fim do discurso. Jesus encerrou-o com estas palavras: "É por isso que eu lhes disse que ninguém pode vir a mim, a não ser que isto lhe seja dado pelo Pai" (v. 65). Ele estava se referindo a uma afirmação anterior, registrada no versículo 44: "Ninguém pode vir a mim, se o Pai, que me enviou, não o atrair." A implicação era que a maldade e a rebelião estão tão impregnadas no caráter de pecadores caídos que, à parte da graça divina, ninguém jamais creria. Aquelas foram, sem dúvida, as últimas palavras que muitos deles ouviram de Jesus. Depois de todos os milagres e obras graciosas que o viram realizar, isso deveria tê-los levado a suplicar por graça, misericórdia e um novo coração. Em vez disso, João diz: "Daquela hora em diante, muitos dos seus discípulos voltaram atrás e deixaram de segui-lo" (v. 66). O tempo verbal significa que eles deixaram de seguir Jesus de forma definitiva. Que tragédia! Eles ouviram Jesus pregar pessoalmente. Viram-no realizar milagres. Até o seguiram de perto como discípulos. Mas se afastaram no final; sem realmente saber o que era ter o coração de um verdadeiro discípulo sem vir à fé autêntica; sem entender os princípios básicos da mensagem de Jesus.

Jesus não correu atrás deles com uma explicação do que realmente queria dizer. Ele deixou as multidões irem embora, depois se voltou para os doze e perguntou: "Vocês também não querem ir?" (v. 67). Pedro, falando como sempre pelo grupo, assegurou-lhe que a intenção deles era continuar como discípulos e Jesus simplesmente respondeu: "Não fui eu que os escolhi, os Doze? Todavia, um de vocês é um diabo!" (v. 70).

Jesus não estava sendo contencioso, embora provavelmente seria acusado disso por alguns dos evangélicos sensíveis de hoje que pensam que o conflito de qualquer natureza nunca é espiritual. Ele estava sendo *verdadeiro* — de um modo claro e ousado, calculado para forçá-los a declarar se, de igual modo, amavam ou não a verdade. Estava pedindo aos verdadeiros discípulos para se declararem, estava expondo a inimizade de seus adversários e estava forçando as multidões indiferentes que estavam entre duas decisões a escolherem um lado ou o outro.

Havia claramente aspectos da doutrina dos fariseus que Jesus *poderia* ter escolhido para declarar que tinham certa "base comum" entre eles. Havia muita energia positiva no entusiasmo inicial das multidões que seguiam Jesus. Ele poderia ter usado isso e duplicado ou triplicado o tamanho de sua congregação.

Não fez isso. Fez exatamente o contrário — de caso pensado. Mais uma vez, não estava interessado em aumentar as filas de discípulos apáticos. Sua pregação tinha um objetivo: declarar a verdade e não receber elogios do público. Para aqueles que não estavam interessados em ouvir a verdade, ele não tentou fazer com que ela fosse mais fácil de ser recebida. O que fez, em vez disso, foi tornar impossível ignorá-la.

Um pregador nada manso

Antes de encerrarmos este capítulo, vale a pena fazermos uma pausa para considerar como a pregação de Jesus poderia ser compreendida se ele falasse daquele modo em um estádio cheio de evangélicos típicos do século XXI. Sejamos sinceros: O estilo de pregação de Jesus não era nem um pouco parecido com a maioria das pregações populares que ouvimos hoje — e seu estilo provavelmente não criaria a onda entusiástica de braços balançando e o clima de bem-estar que os cristãos de hoje normalmente gostam de ver em seus encontros em massa e festivais de música ao ar livre.

Analise o grande número atual de sites na internet dedicados a oferecer aos pregadores materiais pré-fabricados para sermões e você terá um retrato muito claro do que constitui a "grande pregação" na mente da maioria dos evangélicos do século XXI: modernidade, piadas engraçadas, um belo conjunto de coisas, recursos audiovisuais inventivos e sermões curtos, modernos e atuais sobre temas emprestados da cultura *pop*. Entre os assuntos favoritos estão casamento e sexo, relacionamentos humanos, autoaperfeiçoamento, sucesso pessoal, a busca da felicidade e qualquer outra coisa que agrade às plateias — especialmente se o tópico ou título do sermão puder facilmente ser associado ao filme de sucesso mais recente, à série de TV que devemos ver a qualquer preço ou a uma música popular. Nas igrejas mais modernas, você tem mais chances de ouvir o pregador citar a letra de músicas de Bono e do U2 do que palavras de Davi e dos Salmos. Uma megaigreja promoveu um sermão de quatro partes em que o pastor fez uma exegese de palavra por palavra extraída de livros do Dr. Seuss, começando com *Tonho choca o ovo*. O pastor de uma das maiores igrejas dos Estados Unidos colocou uma cama *king size* no púlpito como um objeto teatral enquanto pregava uma série de cinco semanas sobre sexo. Um ano ou algo assim depois, a mesma igreja foi manchete em todo o país por promover ainda outra série com um "desafio do sexo" tão descaradamente inapropriado que até algumas pessoas da mídia secular expressaram choque e indignação.

Essas peripécias vêm sob o título de *relevância* nos catálogos de estratégias atuais para crescimento de igrejas. Sermões apresentando exposições bíblicas diretas, doutrinas precisas, verdades delicadas ou assuntos que soam negativos são bastante desestimulados por praticamente todos os principais gurus de relevância cultural. E o povo que está enchendo os bancos das igrejas evangélicas "gosta dessas coisas" (Jeremias 5:31). "Não nos revelem o que é certo" (Isaías 30:10) é sua constante exigência. Ensino, repreensão, correção e instrução na justiça (cf. 2Timóteo 3:16) estão fora de cogitação. Sentir coceira nos ouvidos está na moda (cf. 2Timóteo 4:3). Nenhum pregador realmente antenado, hoje em dia, pensaria em encher sua mensagem de repreensões, correções ou exortações (v. 2). Em vez disso, ele faz o possível para atender às necessidades sentidas, às preocupações e às paixões do público. Muitos pastores contemporâneos estudam a cultura *pop* de um modo tão diligente quanto os puritanos estudavam as Escrituras. Deixam as pesquisas de opinião na congregação determinarem o que devem pregar e estão preparados para mudar de direção rapidamente se a pesquisa mais recente lhes disser que seu índice de aprovação está começando a cair.

Sem dúvida, é exatamente isso que Paulo disse a Timóteo para *não* fazer. "Pregue a palavra [...] a tempo e fora de tempo" (v. 2).

O desejo atual de ouvir sermões superficiais que agradem e entretenham está, pelo menos em parte, arraigado no mito popular de que o próprio Jesus sempre foi amável, agradável e simpático, e estava na vanguarda dos costumes de sua época. O Salvador domesticado, manso e humilde das revistas de escola dominical de hoje nunca ofenderia, consciente ou intencionalmente, alguém em um sermão — ofenderia?

Como vimos, até uma observação superficial do ministério de pregação de Jesus revela um quadro completamente diferente. Os sermões de Jesus *normalmente* apresentavam verdades delicadas, palavras duras e controvérsias enérgicas. Seus próprios discípulos se queixavam, dizendo que as pregações de Jesus eram muito difíceis de ouvir!

É por isso que a pregação de Jesus encabeça a lista de coisas que o tornam impossível de ser ignorado. Nenhum pregador já foi mais ousado, profético ou provocativo. Nenhum estilo de ministério público poderia ser mais irritante para os que preferem uma religião confortável. Jesus tornou impossível para qualquer ouvinte afastar-se de modo indiferente. Alguns saíam irritados; outros ficavam profundamente perturbados com o que ele tinha a dizer; muitos tinham os olhos abertos e muitos endureciam mais o coração contra sua mensagem. Alguns se tornaram seus discípulos, e outros, seus adversários. Mas ninguém que ouviu Jesus pregar por muito tempo pôde continuar o mesmo ou permanecer apático.

"Acredito ser um grave erro apresentar o cristianismo como algo atraente e popular sem conter nenhuma ofensa. Vendo que Cristo percorreu o mundo ofendendo da forma mais violenta a todos os tipos de pessoas, ao que parece seria absurdo esperar que a doutrina de sua pessoa pudesse ser apresentada de modo a não ofender ninguém. Não podemos evitar o fato de que o dócil Jesus, manso e humilde, era tão inflexível em suas opiniões e tão exaltado em suas palavras que foi expulso da igreja, apedrejado, perseguido de um lugar ao outro e, por fim, exposto ao desprezo como um agitador e um perigo público. Fosse qual fosse sua paz, não era a paz de uma indiferença amável."

DOROTHY SAYERS[8]

CAPÍTULO 7

O PECADO IMPERDOÁVEL

*Raça de víboras, como podem vocês,
que são maus, dizer coisas boas?
Pois a boca fala do que está cheio o coração.*

MATEUS 12:34

OUTRO GRANDE MOMENTO CRÍTICO nos tratos públicos de Jesus com os líderes judeus deve ser mencionado. Alguns dos fariseus que o vinham perseguindo repentinamente passaram a acusá-lo de blasfêmia por tê-los acusado de cometerem uma blasfêmia imperdoável. Esses especialistas da religião, que se sentiram tão ultrajados quando Jesus declarou que os pecados de um publicano estavam instantaneamente perdoados, estavam a ponto de ouvi-lo pronunciar que havia pecados deles que eram *im*perdoáveis.

De acordo com a melhor e mais simples harmonia dos evangelhos, esse capítulo do conflito de Jesus com os fariseus começou com uma cura espetacular que ocorreu em algum momento após o Sermão do Monte, mas antes dos eventos de João 6. Durante esse período de seu ministério, Jesus estava pregando de modo itinerante nas vilas da Galileia (Lucas 8:1). Ele estava viajando com os doze mais um pequeno grupo de mulheres que, sem dúvida, cuidavam das necessidades domésticas de Jesus e de seus discípulos — elas, de acordo com Lucas, "ajudavam a sustentá-los com os seus bens" (8:3). Uma dessas mulheres era a esposa do camareiro pessoal de Herodes; assim, elas tinham meios com os quais ajudar a atender quaisquer necessidades financeiras que estivessem associadas com as viagens e o ministério.

Contudo, as exigências diárias na época de Jesus eram tão esmagadoras naqueles dias que ele e o pequeno grupo "não conseguiam nem comer" (Marcos 3:20).

Durante aquela fase de seu ministério, Jesus tinha uma significativa contenda com um grupo de fariseus cujo antagonismo a ele, literalmente, não tinha limites. Estavam tão dispostos a desacreditá-lo que cometeram um ato de grosseira blasfêmia contra o Espírito de Deus, selando, desse modo, o destino deles de modo definitivo. A condenação de Jesus para a blasfêmia deles se destaca como um dos mais assustadores alertas em todas as Escrituras.

Mateus registra o incidente e suas consequências logo após descrever a cura do homem com a mão atrofiada. Sem dúvida, os dois eventos aconteceram em rápida sucessão — separados, talvez, por apenas alguns dias. Assim, os fariseus ainda estavam enfurecidos com a suposta violação, por parte de Jesus, de suas regras acerca do sábado. Eles continuaram a procurar meios de desacreditar Jesus, mas, francamente, haviam ficado sem argumentos. Era absolutamente claro para as multidões que Jesus falava por Deus, porque não havia milagre que não pudesse fazer, não havia enfermidade que não pudesse curar e não havia argumento dos líderes judeus a que não pudesse responder.

A elite religiosa de Israel estava desesperada. O apóstolo João descreve um grande concílio que se reuniu em Jerusalém durante essa mesma fase do ministério de Jesus ou pouco depois dela. Ele nos dá um vislumbre de como o Sinédrio estava pensando e o que aqueles homens estavam planejando: "Então os chefes dos sacerdotes e os fariseus convocaram uma reunião do Sinédrio. 'O que estamos fazendo?', perguntaram eles. 'Aí está esse homem realizando muitos milagres. Se o deixarmos, todos crerão nele, e então os romanos virão e tirarão tanto o nosso lugar como a nossa nação'" (João 11:47-48).

Observe que eles não discutiam a legitimidade das declarações de que era o Messias ou da realidade de seus milagres. Eles também não tinham nenhum argumento verdadeiro contra a doutrina de Jesus — além do fato de que representava uma séria ameaça para o poder deles.

Em suma, temiam mais os romanos do que a Deus. Queriam conservar o que tinham, em vez de render sua honra e obediência ao justo Messias de Israel. Amavam sua própria religiosidade artificial mais do que desejavam a autêntica justiça. Estavam satisfeitos com seus próprios méritos e desdenhavam qualquer um que questionasse a santidade deles — como Jesus havia feito pública e repetidamente. Desde o momento em que começou seu ministério público, Jesus se posicionou resolutamente contra todo o sistema de religião dos judeus e eles os odiavam por causa disso.

Essa é a razão pela qual os milagres de Jesus não causavam nenhum impacto nesses homens. Não teriam pensado de modo diferente sobre Jesus mesmo que ele tivesse feito descer fogo do céu na presença deles. Não teriam gostado mais de Jesus mesmo que ele houvesse literalmente banido cada último vestígio de doença e de sofrimento de toda a nação. Ainda o teriam odiado, não importando o que ele fizesse, enquanto se recusasse a concordar com *eles* e a honrá-*los*. E ele se recusou firmemente a fazer isso em qualquer circunstância.

Não é de surpreender. As próprias palavras deles revelam o mal que havia em seus corações. Eles tinham todas as evidências de que precisavam para crer que Jesus era quem dizia ser. Na verdade, estavam agora convencidos de que, se apenas o deixassem de lado, qualquer pessoa poderia vir a crer nele. Estavam determinados a impedir que isso acontecesse a qualquer preço. Como vimos, já estavam agressivamente conspirando para matá-lo. Mas isso levaria tempo. (Para se ter uma ideia prática de quanto planejamento e premeditação foram necessários para o assassinato de Jesus, simplesmente observe que a crucificação ainda estava, pelo menos, a um ano desse ponto.) Enquanto isso, os fariseus lançariam mão de quaisquer meios que pudessem para desacreditá-lo ou envergonhá-lo. Eles empreenderam todos seus esforços para segui-lo aonde quer que fosse. Daqui em diante, toda vez que Jesus ensinasse em público, o Sinédrio tinha seus representantes ali, prontos para criticar cada palavra e ação dele a distância.

Cura e libertação

Como já vimos, a cura da mão atrofiada em Mateus 12 foi um dos mais marcantes milagres de Jesus, porque o homem com o problema tornou-se instantaneamente perfeito e saudável diante dos olhos de todos. Essa cura, que examinamos no registro de Lucas, encheu os fariseus de fúria (Lucas 6:11). Dessa forma, tornou-se o incidente que estimulou a determinação deles para levá-lo à morte. Nas palavras de Mateus, "os fariseus saíram e começaram a conspirar sobre como poderiam matar Jesus" (Mateus 12:14).

O próximo relato na narrativa de Mateus descreve outra cura. Mais uma vez, é o tipo de cura que envolve um milagre indiscutível: "Depois disso, levaram-lhe um endemoninhado que era cego e mudo, e Jesus o curou, de modo que ele pôde falar e ver" (v. 22). O milagre foi instantâneo, abrangente e triunfante em muitos níveis. As limitações físicas do homem foram instantaneamente curadas e ele foi libertado da escravidão demoníaca de uma vez por todas.

Mateus diz que "todo o povo" testemunhou o milagre. Algumas daquelas pessoas certamente conheciam o homem e sua história, porque a reação à cura foi extraordinariamente forte. Mateus usa uma palavra grega especialmente intensa (*existēmi*, "atônito") que denota mais do que mera surpresa; ela sugere que eles ficaram admirados, praticamente fora de si. De todos os milagres que haviam visto, esse foi particularmente chocante — sem dúvida, porque o caso do homem era muito sério. Sua cegueira e incapacidade de falar impediam-no totalmente de usar qualquer meio de comunicação. Isso, combinado com quais fossem as grotescas manifestações que sua possessão demoníaca possa ter causado, afastaram-no para muito longe de qualquer esperança terrena na mente de todos que o conheciam. Mas Jesus fez com que ficasse completamente saudável no mesmo instante.

Ninguém, incluindo os fariseus, podia rejeitar o *fato* do milagre. Imediatamente, uma onda de empolgação passou pelas multidões. O povo ficou atônito e disse: "Não será este o Filho de Davi?" (v. 23). Isso não era uma expressão de dúvida, mas também não era uma profissão de fé. Era uma exclamação de admiração e de espanto. O milagre, além de tudo o que tinham visto e ouvido de Jesus, levou-os a pensar seriamente na possibilidade de que fosse, de fato, o Messias prometido. Ele não havia atendido suas expectativas sob muitos aspectos, porque esperavam que o Messias irrompesse na cena como um herói conquistador e um glorioso rei, não como um simples filho de carpinteiro de uma família que vivia entre eles. Mas não podiam ver tantos milagres extraordinários sem começar a se perguntar se, na verdade, Jesus não era o Prometido.

A BLASFÊMIA

Ao ouvir a conversa que surgia entre as multidões, os fariseus reagiram rapidamente, com a mais séria denúncia sobre Jesus que puderam colocar em palavras: "É somente por Belzebu, o príncipe dos demônios, que ele expulsa demônios" (v. 24).

Beelzebu (ou *Beelzebul*, como os melhores manuscritos trazem) era uma forma emprestada e levemente alterada de Baal-zebu (literalmente, "o senhor das moscas"), uma deidade dos filisteus (2Reis 1:2-3, 6, 16). A alteração pode ter sido deliberada, porque *Beel-zebul* em siríaco significa "deus do esterco". O nome era usado como referência a Satanás na época de Jesus. Em outras palavras, embora os fariseus não pudessem negar que algo autêntico havia ocorrido diante de seus próprios olhos, imediatamente começaram a insistir que o poder para realizar o milagre vinha diretamente de Satanás.

Como sempre, murmuravam aquela acusação no meio da multidão, de forma que Jesus não pudesse ouvir. Provavelmente, estavam fazendo o melhor para desacreditá-lo sem chamar sua atenção. Com certeza, não queriam outra confrontação pública. Cada embate público que haviam provocado com Jesus acabava em constrangimento para eles. Não eram corajosos o suficiente para confrontar Jesus diretamente e lançar-lhe na cara sua acusação.

Mas Mateus diz: "*Jesus, conhecendo os seus pensamentos*, disse-lhes: 'Todo reino dividido contra si mesmo será arruinado, e toda cidade ou casa dividida contra si mesma não subsistirá. Se Satanás expulsa Satanás, está dividido contra si mesmo. Como, então, subsistirá seu reino? E se eu expulso demônios por Belzebu, por quem os expulsam os filhos de vocês? Por isso, eles mesmos serão juízes sobre vocês. Mas se é pelo Espírito de Deus que eu expulso demônios, então chegou a vocês o Reino de Deus'" (vs. 25-28).

Sem dúvida, você percebeu que a onisciência de Jesus, particularmente sua capacidade de saber o que está no coração das pessoas, é um tema constante em suas discussões com os fariseus. João menciona-a repetidamente (João 2:24-25; 6:64). Mateus menciona isso aqui e em 9:4. Lucas observa o mesmo fato em um relato que é bastante próximo desse incidente (11:17). Se a rispidez dos tratos de Jesus com os líderes judeus o deixa chocado, lembre-se de que ele tinha a vantagem de conhecer o coração deles de um modo ainda mais perfeito que os próprios. O coração humano caído "é mais enganoso que qualquer outra coisa e sua doença é incurável. Quem é capaz de compreendê-lo?" (Jeremias 17:9). O potencial para autodecepção é tão grande que não devemos confiar em nosso próprio coração (Provérbios 28:26). Somente Deus sabe julgar corretamente o coração humano (Jeremias 11:20; 17:10; 20:12). Jesus *é* Deus e, portanto, podemos descansar seguros de que sua rígida severidade com os fariseus foi plenamente justificada (Lucas 16:15), mesmo quando ele parecia responder-lhes sem ter havido muita provocação visível.

Obviamente você e eu não podemos avaliar perfeitamente o coração das outras pessoas — muito menos confiar em nosso próprio coração (1Samuel 16:7; João 7:24). Por isso, também somos repetidamente alertados a lidar com os outros da maneira mais paciente e gentil possível (Gálatas 6:1; Efésios 4:2; Filipenses 4:5; 2Timóteo 2:24-26). Então, sejamos absolutamente claros sobre esta questão mais uma vez: a severidade de Jesus com os fariseus não nos dá licença irrestrita para tratar rudemente os outros toda vez que discordarmos. A *gentileza* deve caracterizar nossos relacionamentos com as pessoas, incluindo aqueles que nos perseguem (Lucas 6:27-36). "O *amor* é paciente, o amor é bondoso. [...] Tudo sofre, tudo crê, tudo espera, tudo suporta" (1Coríntios 13:4-7). Essas são regras gerais que devem ser supremas em todas as nossas interações com os outros.

No entanto, o constante atrito de Jesus com os fariseus indica que o conflito é, às vezes, necessário. Palavras duras nem sempre são inadequadas. Verdades desagradáveis e indesejáveis às vezes precisam ser ditas. Religião falsa sempre precisa ser contestada. O amor pode cobrir uma multidão de pecados (1Pedro 4:8), mas a hipocrisia grosseira de falsos mestres precisa desesperadamente ser *des*coberta — para que nosso silêncio não facilite as coisas e perpetue uma danosa ilusão. A verdade nem sempre é "legal".

Nesse caso, Jesus tomou a discussão apenas murmurada dos fariseus, trouxe-a para a frente, diante de toda a multidão, e, então, desconstruiu a lógica da acusação. Ele mostrou que, em primeiro lugar, um reino dividido não poderia permanecer. (Israel sabia desse fato muito bem graças à sua própria história.) Notou que havia supostos exorcistas entre os discípulos dos fariseus e levantou a questão acerca de qual poder *eles* empregavam para expulsar demônios. A observação é tingida de sarcasmo, porque, apesar de haver exorcistas no sistema dos fariseus, eles eram notoriamente malsucedidos — como os filhos de Ceva ("um dos chefes dos sacerdotes dos judeus"), mencionados em Atos 19:13-16, que tentaram usar o nome de Jesus como um abracadabra a fim de exorcizar um homem endemoninhado em Éfeso. As Escrituras dizem que "o endemoninhado saltou sobre eles e os dominou, espancando-os com tamanha violência que eles fugiram da casa nus e feridos". O predomínio de tantos casos extremos de possessão demoníaca na Galileia durante o ministério de Jesus dá testemunho de como foi grande a convocação de forças do inferno ordenada contra ele, como também de como eram ineficientes os exorcismos que os fariseus faziam. Em consequência ao desafio de Jesus aos fariseus — "Se eu expulso demônios por Belzebu, por quem os expulsam os filhos de vocês?" —, não é difícil imaginar uma onda de risadinhas se movendo pela multidão que assistia.

Considerando o resultado obtido por Jesus de sucesso absoluto em expulsão de demônios, a única conclusão razoável e racional era que ele fazia isso pelo poder de Deus — porque somente Deus é maior que todo o reino de Satanás. "Como alguém pode entrar na casa do homem forte e levar dali seus bens, sem antes amarrá-lo? Só então poderá roubar a casa dele" (Mateus 12:29).

Jesus deu uma resposta curta aos fariseus contendo um par de declarações significativas e ameaçadoras. Ele lhes disse, por exemplo: "Se é pelo Espírito de Deus que eu expulso demônios, então chegou a vocês o Reino de Deus" (v. 28). Em outras palavras, se estavam errados a respeito de Jesus (e claramente estavam; até mesmo eles sabiam disso no coração), então ele era de fato o Messias de Israel, e os fariseus estavam se colocando contra o poder e a autoridade do reino de Deus na presença de seu próprio Rei eterno!

Além disso, Jesus estabeleceu um limite absoluto: "Aquele que não está comigo, está contra mim" (v. 30). Essa declaração, ao que parece, foi principalmente dita para o benefício daqueles na multidão que ainda não eram discípulos totalmente comprometidos. Eles não podiam permanecer com o coração dividido e afastado enquanto fingiam ser seguidores de Jesus. Ao tentarem ficar em cima do muro entre Jesus e os fariseus, estavam, na verdade, endurecendo o coração contra Cristo. A prova de que eram contra Jesus seria, por fim, manifestada em apostasia. Judas era o exemplo clássico disso. Ele nunca havia sido abertamente hostil a Jesus, até o dia em que o traiu por dinheiro. Mas isso deixou claro que Judas nunca esteve realmente "com" Jesus (cf. 1João 4:19). Estou convencido de que há mais pessoas assim nas igrejas evangélicas do que os cristãos comuns imaginam, mesmo hoje em dia. Elas podem se identificar com Jesus superficialmente e misturar-se bem com os verdadeiros discípulos, mas não estão de fato comprometidas com ele e, portanto, são *contra* ele. O limite estabelecido por Jesus era um desafio para que aquelas pessoas examinassem a si mesmas honestamente e se comprometessem com ele de modo sério.

Para os fariseus que haviam expressado a blasfêmia, porém, Jesus tinha palavras ainda mais solenes.

Raça de víboras!

Se parece que Jesus estava pronunciando um juízo final de condenação contra esses fariseus nesse exato momento, creio que era exatamente isso que ele estava fazendo. Tendo demonstrado a total irracionalidade e a irresponsabilidade da acusação deles, Jesus acrescentou isto: "Por esse motivo eu lhes digo: Todo pecado e blasfêmia serão perdoados aos homens, mas a blasfêmia contra o Espírito não será perdoada. Todo aquele que disser uma palavra contra o Filho do homem será perdoado, mas quem falar contra o Espírito Santo não será perdoado, nem nesta era nem na que há de vir" (vs. 31,32). Marcos registra a mesma declaração com palavras um pouco diferentes: "Eu lhes asseguro que todos os pecados e blasfêmias dos homens lhes serão perdoados, mas quem blasfemar contra o Espírito Santo nunca terá perdão: é culpado de pecado eterno" (3:28,29). Porém, Marcos acrescenta este comentário editorial: "Jesus falou isso porque eles estavam dizendo: 'Ele está com um espírito imundo'" (v. 30). Assim, Marcos torna inquestionavelmente claro que as palavras de Jesus sobre o pecado imperdoável foram resposta à blasfêmia dos fariseus. O que é o pecado imperdoável? O que Jesus queria dizer com "blasfêmia contra o Espírito Santo"? O contexto, como sempre, dá uma resposta clara. Essa é a própria blasfêmia que aqueles homens haviam acabado de proferir.

A ira divina que provocou essas palavras de julgamento é evidente no modo como Jesus falou aos homens: "Raça de víboras, como podem vocês, que são maus, dizer coisas boas? Pois a boca fala do que está cheio o coração" (Mateus 12:34). O fruto das palavras deles demonstrava seu verdadeiro caráter (v. 33). Sua condenação era justa.

O perdoável e o imperdoável

As pessoas frequentemente têm problemas com a ideia de que há algo como um pecado imperdoável. Algumas se preocupam com isso por imaginar que, talvez, tenham-no inadvertidamente cometido. Outras, notando que Jesus não falou muito sobre a natureza desse pecado, tentam todo tipo de ginástica hermenêutica para defini-lo do modo mais preciso possível. Algumas têm dificuldade de conciliar a noção de pecado imperdoável com a doutrina da justificação pela fé e acabam com uma ideia confusa acerca de como funciona a salvação. Se é possível cometer uma blasfêmia que nunca poderá ser perdoada, elas pensam, então é possível que cristãos cometam esse pecado e percam a salvação.

Todos esses mal-entendidos e preocupações são facilmente resolvidos se mantivermos em vista o contexto dessa passagem. Esses fariseus foram culpados do pecado imperdoável porque, conscientemente — não por ignorância nem por acidente, mas *deliberadamente* —, rejeitaram a obra de Jesus como sendo obra do diabo. Além disso, sua rejeição a Cristo era uma renúncia plena, final e decidida a Cristo e a tudo o que ele representava. Compare o pecado deles com o de Pedro, que mais tarde negou conhecer Cristo e acentuou suas negativas com xingamentos e maldições. Mas Pedro encontrou perdão para seu pecado. Se pensarmos cuidadosamente sobre o que aconteceu aqui e o que Jesus de fato disse, a noção de pecado imperdoável não é de fato tão misteriosa.

Observe, em primeiro lugar, que essa passagem e as correlatas (Marcos 3:28-29; Lucas 12:10) são os únicos lugares nos quais as Escrituras mencionam o pecado imperdoável.[1] Hebreus 6:4-6 e 10:26 descreve um tipo de apostasia deliberada para o qual não há remédio, e 1João 5:16 menciona um "pecado que leva à morte". Mas o "pecado que leva à morte" é mais bem compreendido como um pecado que resulta em morte *física*. Esse não é um pecado específico, mas qualquer pecado cuja consequência direta é a morte, incluindo aqueles que Deus julga com a morte (veja 1Coríntios 11:30). As passagens em Hebreus 6 e 10 descrevem um deliberado distanciamento da verdade. É muito similar à blasfêmia que os fariseus cometeram, e pode, de fato, haver uma legítima correlação entre essas passagens e o pecado imperdoável, mas a ênfase em Hebreus está na impossibilidade de *arrependimento* (6:6), não na impossibilidade de se obter *perdão*.

Em segundo lugar, não esqueça o fato de que as palavras de Jesus sobre esse pecado imperdoável começam com uma abrangente promessa de perdão para "todo pecado e blasfêmia" (Mateus 12:31). Nosso Deus é um Deus perdoador — essa é sua natureza. "Quem é comparável a ti, ó Deus, que perdoas o pecado e esqueces a transgressão do remanescente da sua herança? Tu, que não permaneces irado para sempre, mas tens prazer em mostrar amor" (Miqueias 7:18). "Tu és bondoso e perdoador, Senhor, rico em graça para com todos os que te invocam" (Salmos 86:5). As Escrituras têm muitos textos como esses.

Jesus enfaticamente declara que a *severidade* do pecado nunca impede o perdão de Deus. "Todo pecado e blasfêmia" são perdoáveis. Afinal, o pecado mais grosseiro já cometido foi a crucificação de Jesus (Atos 2:23), e, não obstante, uma das últimas palavras que Jesus disse antes de morrer foi uma oração por perdão para seus executores e para a multidão que zombava dele (Lucas 23:34). O *número* de pecados que uma pessoa comete não torna seu caso imperdoável. A redenção adquirida por Cristo faz com que "muitíssimos pecados sejam perdoados" (Tiago 5:20). O *tipo* de pecado não é o fator que o torna imperdoável. "Se confessarmos os nossos pecados, ele é fiel e justo para perdoar os nossos pecados e nos purificar de *toda* injustiça" (1João 1:9). Ao longo de seu ministério, Jesus perdoou todo tipo e categoria imagináveis de impiedade. Mesmo quando estava pendurado na cruz, ele concedeu pleno e imediato perdão para um ladrão que havia levado uma vida inteira de pecado — porque o homem verdadeiramente se arrependeu.

Aqui, então, está a questão com os fariseus. Seu ódio por Jesus estava firmado e absolutamente estabelecido. Eles nunca se arrependeriam, e sua blasfêmia simplesmente demonstrou, sem qualquer dúvida, como o coração deles havia se tornado inexoravelmente endurecido. Diante de um milagre que chocou e maravilhou completamente todos que o viram, eles conseguiam se preocupar somente com um modo de desacreditar Cristo.

Não somente o coração deles estava permanentemente endurecido contra Cristo, como estavam plenamente resolvidos a fazer todo o possível para levar o maior número de pessoas a se voltar contra ele. Seu ódio por Jesus era motivado por intenções assassinas e agora estava misturado à blasfêmia definitiva.

A linguagem usada por Jesus ("pecado e blasfêmia") claramente coloca blasfêmia à parte de todos os outros pecados, significando que *qualquer* blasfêmia é pior do que outros pecados. Isso se deve ao fato de ser um pecado diretamente contra Deus, sem nenhum motivo a não ser desonrá-lo. A maior parte dos pecados é, pelo menos parcialmente, motivada por desejos de prazer, dinheiro, autoindulgência ou outros motivos complexos. Mas a blasfêmia não atende a nenhum desejo, não oferece recompensa e não gratifica nenhuma necessidade humana. De todos os pecados, esse é, pura e simplesmente, um ato de oposição a Deus. Por esse motivo, na listagem bíblica de obras malignas, a blasfêmia está em uma posição mais vil do que assassinato e adultério. Apesar disso, Jesus expressamente estabelece que mesmo atos de blasfêmia são perdoados quando o blasfemador se arrepende.

Note que Jesus se refere ao pecado imperdoável como "*a* blasfêmia contra o Espírito Santo" (Mateus 12:31). O artigo definido é significativo. Jesus estava claramente falando sobre um ato particular de blasfêmia — a expressão definitiva, máxima e descarada que sobressai sobre todas as outras formas de blasfêmia. Ele não estava sugerindo que cometer um lapso verbal ao invocar o nome do Espírito Santo em um pacto blasfemo seja automaticamente imperdoável. Algumas pessoas se cansam sob o engano de que se elas até mesmo questionarem qualquer dos vários fenômenos que outros afirmam ser manifestações do poder do Espírito Santo, hoje correm o risco de cometer um pecado imperdoável. E, assim, seu medo silencia o discernimento. Não é isso, de modo algum, que Jesus estava falando aqui. Ele não estava listando uma extensa categoria de ofensas e declarando-as todas imperdoáveis. Estava lidando com uma manifestação muito específica de blasfêmia grosseira, e foi *isso* que chamou de imperdoável. Era o pecado daqueles fariseus: fechar permanentemente o coração para Cristo mesmo após o Espírito Santo ter trazido plena convicção da verdade. Na realidade, Jesus fechou a porta dos céus para esses fariseus que tinham fechado o coração para ele de forma tão definitiva e deliberada.

Por que Jesus caracterizou o pecado deles como blasfêmia contra o Espírito Santo? Porque os milagres de Jesus eram feitos no poder do Espírito Santo. (Até os fariseus sabiam disso, no coração.) E, não obstante, afirmavam que Jesus operava no poder de Satanás. Na verdade, estavam chamando o Espírito Santo de maligno e dando ao diabo crédito pelo que o Espírito de Deus havia feito.

Mas o que tornou imperdoável esse pecado particular foi sua determinação. Foi algo deliberado. Foi uma expressão de coração frio, determinadamente incrédulo. Esses fariseus haviam visto, bem de perto, mais evidências do que poderiam necessitar para crer que Jesus era Deus encarnado. E, apesar disso, continuaram a exigir sinais mais extraordinários. Na verdade, logo depois que Jesus os advertiu acerca do perigo do pecado imperdoável, eles exigiram outro sinal — sugerindo que queriam ver algo de proporções cósmicas (v. 38) —, "um sinal do céu", nas palavras de Lucas 11:16.

O fato é que o coração deles já estava decidido. Nunca creriam, não importa o que Jesus fizesse ou dissesse. Portanto, o pecado deles era imperdoável. O Espírito Santo já havia aberto seus olhos para verem a verdade e havia convencido seus corações da culpa, mas, mesmo assim, eles persistiram na fria descrença. Foi isso que fez dessa blasfêmia em particular contra o Espírito Santo mais maligna e que pessoalmente mais desonrava Deus do que qualquer outra que casualmente eles pudessem ter expressado contra o próprio Jesus (v. 32).

Logo depois desse dia, Jesus começou a ensinar por parábolas (13:3). Desse dia em diante, quando ensinou em público, "Jesus falou todas estas coisas à multidão por parábolas. Nada lhes dizia sem usar alguma parábola" (v. 34). Isso era, pelo menos em parte, uma expressão do julgamento contra a dureza de coração dos fariseus. Citando Isaías 6:9-10 e 44:18, Jesus explicou aos seus discípulos a razão para as parábolas: "A vocês foi dado o mistério do Reino de Deus, mas aos que estão fora tudo é dito por parábolas, a fim de que, 'ainda que vejam, não percebam; ainda que ouçam, não entendam; de outro modo, poderiam converter-se e ser perdoados!'" (Marcos 4:11,12). Uma vez que a elite religiosa estava tão determinada a rejeitar a verdade, ele podia ocultá-la com parábolas, enquanto usava as mesmas parábolas para ilustrar a verdade para seus discípulos. "Quando, porém, estava a sós com os seus discípulos, explicava-lhes tudo" (v. 34).

Mas as parábolas também serviam para um propósito *misericordioso* nos tratos de Jesus com os fariseus. Com o coração deles agora permanentemente endurecido contra a verdade, quanto mais verdade ouvissem, maior seria seu julgamento final. Por sua determinação de se opor à verdade ser agora permanente e final, quanto menos verdade ouvissem de Jesus, melhor seria para eles.

Não muitas semanas após esse conflito com os fariseus, ocorreu o discurso sobre o Pão da Vida e uma deserção em massa dos seguidores de Jesus, os quais examinamos no capítulo anterior. Depois disso, Jesus terminou a fase galileia de seu ministério e começou a viajar para outras regiões. Seu ministério tirou-o de Tiro e Sidom, região norte da costa mediterrânea (Mateus 15:21), e levou-o para Cesareia de Filipe, ao norte, próxima da fronteira com a Síria (16:13), para Decápolis (Marcos 7:31) e Pereia, a leste do Jordão (João 10:40). Ele também percorreu a Galileia e a Judeia durante esses meses. Sem dúvida, os fariseus seguiram Jesus por todo lugar aonde ele ia e continuaram, mais agressivamente do que nunca, a opor-se em toda oportunidade, mas Jesus agora voltou sua atenção principalmente para o treinamento de seus próprios discípulos.

Se o tempo e o espaço nos permitissem examinar cada um dos vários desafios e confrontos que os fariseus trouxeram a Jesus, você veria que o padrão de antagonismo deles em relação a Jesus não só não arrefecia como também aumentava drasticamente à medida que o fim do ministério público de Jesus se aproximava. Lucas 20:20 diz: "Pondo-se a vigiá-lo, eles mandaram espiões que se fingiam justos para apanhar Jesus em alguma coisa que ele dissesse, de forma que o pudessem entregar ao poder e à autoridade do governador." Eles continuamente colocavam Jesus à prova (Lucas 11:54; Mateus 15:39; 22:15) e, com isso, repetidamente causavam constrangimentos a si mesmos. Em cada encontro subsequente que Jesus tinha com eles, o mesmo acontecia.[2]

Jesus sempre se opunha a eles e, invariavelmente, os deixava em silêncio. Ele frequentemente alertava seus discípulos sobre as tendências do sistema dos fariseus, referindo-se à hipocrisia deles como "fermento" (Mateus 16:6; Lucas 12:1). Mas ele tinha pouco mais a dizer-lhes além das mesmas verdades que já haviam ouvido sair de sua boca.

Por fim, durante aquela última semana antes da crucificação, ele resumiria sua opinião sobre os líderes religiosos de Israel e sua hipocrisia em uma escaldante crítica no jardim em frente à casa deles — a área do Templo em Jerusalém. Aquele sermão iria deixá-los espumando de raiva e ultrajados e isso selaria a determinação deles de matar Jesus tão logo fosse possível.

Todos temos ouvido pessoas dizerem uma centena de vezes, pois elas parecem nunca se cansar de dizer isso, que o Jesus do Novo Testamento é, na verdade, alguém muito humano, misericordioso e que ama a humanidade, mas que a Igreja escondeu este caráter humano em repelentes dogmas e o endureceu com terrores eclesiásticos até que ele se revestiu de um caráter desumano. Isso está, aventuro-me a repetir, muito próximo do inverso da verdade. A verdade é que é a imagem de Cristo nas igrejas que é completamente suave e misericordiosa.

G. K. CHESTERTON[3]

CAPÍTULO 8

Ai

Ai de vocês, mestres da lei e fariseus, hipócritas! Vocês são como sepulcros caiados: bonitos por fora, mas por dentro estão cheios de ossos e de todo tipo de imundície. [...] Eis que a casa de vocês ficará deserta.

MATEUS 23:27,38

TODO O CONTEÚDO DE MATEUS 23 é o registro de um sermão. É o último sermão público que Jesus pregou. Seu tema não é o evangelho ou o reino de Deus em si mesmos; é um ataque violento de repreensão contra os pecados religiosos de Israel e de seus líderes, em particular. Como é irônico (e como é muito significativo) que Aquele de quem foi dito: "Deus enviou o seu Filho ao mundo, não para condenar o mundo, mas para que este fosse salvo por meio dele" (João 3:17), tenha feito de seu último sermão público uma extensa mensagem de condenação.

Isso foi na metade da Semana Santa. Os eventos daquela tumultuada semana começaram com Jesus entrando em Jerusalém montado em um jumento com gritos de "Hosana!" reverberando pela cidade.¹ Para o mundo todo, era como se ele fosse levado por uma forte onda de apoio popular à sua proeminência e seu poder em alguma posição política — e então, finalmente, inaugurasse seu prometido reino. Mas o entusiasmo do povo com Cristo era uma ilusão. As pessoas esperavam um Messias que rapidamente libertasse Israel do domínio de Roma e estabelecesse um reino político que, no final, governasse até mesmo sobre César. Jerusalém estava feliz por ter um homem que realizava milagres e a esperança de um Rei conquistador como aquele. Mas eles não queriam a dura pregação de Jesus. Estavam chocados com o fato de Jesus parecer estar mais interessado em desafiar as instituições religiosas do que em conquistar Roma e libertá-los da opressão política. Estavam estupefatos com o tratamento que Jesus dava à elite religiosa de Israel — como se ela fosse composta de pagãos. Ele passava mais tempo chamando *Israel* ao arrependimento do que criticando os que oprimiam o povo. Além disso, eles não apreciavam a recusa de Jesus de ser o Messias nos termos dos *religiosos* (João 6:15). Antes que a semana terminasse, a mesma multidão que louvou Jesus com hosanas estaria gritando por seu sangue.

Não na casa de meu pai

Na manhã de terça-feira da fatídica semana, Jesus repetiu a purificação do templo. Exatos três anos haviam se passado desde que ele estivera ali pela primeira vez como um profeta com um chicote de cordas, expulsando do templo os inescrupulosos mercadores de animais e cambistas. Esse, você deve lembrar, foi seu primeiro ato público em Jerusalém. Naquele momento, era como se houvesse irrompido no complexo do templo, surgindo do nada, e pegado as autoridades religiosas completamente de surpresa. Era claro que eles não sabiam o que fazer com Jesus.

Agora, três anos depois, os especuladores cambistas estavam de volta ao trabalho, assim como os inescrupulosos vendedores de animais. Não haviam acontecido muitas mudanças, exceto que o coração dos líderes judeus havia se tornado mais duro e frio — e que agora eles sabiam exatamente o que queriam fazer com Jesus.

Todos os três evangelhos sinópticos descrevem a segunda purificação do templo, mas Marcos faz um registro mais detalhado:

> Jesus entrou no templo e ali começou a expulsar os que estavam comprando e vendendo. Derrubou as mesas dos cambistas e as cadeiras dos que vendiam pombas e não permitia que ninguém carregasse mercadorias pelo templo. E os ensinava, dizendo: "Não está escrito: 'A minha casa será chamada casa de oração para todos os povos?' Mas vocês fizeram dela um 'covil de ladrões'." Os chefes dos sacerdotes e os mestres da lei ouviram essas palavras e começaram a procurar uma forma de matá-lo, pois o temiam, visto que toda a multidão estava maravilhada com o seu ensino (Marcos 11:15-18).

Faz todo sentido Jesus ter concluído seu ministério ao apresentar o mesmo argumento que apresentara no início. A ideia de que ele havia purificado o templo duas vezes não força o senso comum ou a credulidade nem um pouco.[2] O que é realmente impressionante é que Jesus não fez isso toda vez que visitou Jerusalém ao longo de seu ministério, mas apenas uma vez no início e outra no final, demarcando seu ministério público.

Essas drásticas manifestações públicas da autoridade divina de Jesus destacavam sua oposição às instituições religiosas do judaísmo apóstata. Enfatizavam a natureza profética da mensagem de Jesus e explicavam amplamente porque suas interações com os líderes judeus sempre foram bastante temperadas com fel.

Agora, porém, as classes subordinadas do Sinédrio, os fariseus, os chefes dos sacerdotes, os líderes dos saduceus e a guarda do templo odiavam Jesus mais do que nunca. Mas eles também o temiam (Marcos 11:18) — principalmente porque ele parecia ser muito aceito pelas pessoas. Assim, em vez de prenderem-no imediatamente na área do templo, o plano era ficar de emboscada até surgir uma oportunidade para prendê-lo secretamente. É por isso que, nessa ocasião, Jesus pôde enxotar os cambistas do templo e sair de cena sem ser incomodado. (Lembre-se de que a primeira vez em que Jesus expulsou os cambistas, a guarda do templo exigiu que ele lhes desse um sinal que provasse sua autoridade profética. Dessa vez, a resposta da guarda foi apenas um mudo espanto.) Mas, enquanto toda a guarda permanecia nos bastidores, o Sinédrio silenciosamente renovava sua decisão de eliminá-lo — nessa semana mesmo, se possível.

No que diz respeito a ele, logo depois de colocar os cambistas para correr, Jesus permaneceu, mais ou menos, pela área do templo naquela semana. Os pátios do templo tornaram-se tanto a sala de aula quanto o quartel-general de seu ministério público de ensino, exatamente debaixo do nariz do Sinédrio. A maior parte de Mateus 21,25, de Marcos 11,13, de Lucas 19,21 e de João 12 registra o que ele ensinou e o que aconteceu ali durante aquela semana. Os líderes religiosos vez após vez o desafiavam, tentando enredá-lo ou confundi-lo de algum modo — e sempre falhavam. Lucas diz: "Todos os dias ele ensinava no templo. Mas os chefes dos sacerdotes, os mestres da lei e os líderes do povo procuravam matá-lo. Todavia, não conseguiam encontrar uma forma de fazê-lo, porque todo o povo estava fascinado pelas suas palavras" (19:47-48).

João acrescenta esta sinistra nota sobre as multidões que ouviam os ensinamentos de Jesus naquela semana: "Mesmo depois que Jesus fez todos aqueles sinais milagrosos, não creram nele" (12:37).

Causando um impacto

Alguém pode perguntar por que Jesus continuava a ensinar nos pátios do templo quando sabia que o coração de muitos de seus ouvintes estava entorpecido e indiferente. Com certeza ele sabia também que sua presença provocava os líderes judeus e aumentava a determinação deles de destruí-lo. Estava plenamente consciente de onde tudo isso daria. Um pragmático poderia sugerir que ele deveria evitar chamar a atenção sobre si mesmo — talvez ir para os subterrâneos e ministrar para um público menor, apenas para as pessoas que fossem receptivas, em vez de continuamente antagonizar com aqueles que sabia nunca creriam, de modo algum. Afinal, provocar conflitos como esse não poderia resultar em coisa boa, poderia?

Mas, como vimos desde o início, a verdade era mais importante para Jesus do que o modo como as pessoas se sentiam em relação a ela. Ele não estava procurando maneiras de fazer as pessoas "gostarem" dele; estava chamando pessoas que estivessem dispostas a se inclinar diante dele incondicionalmente e reconhecê-lo como Senhor. Não estava interessado em reforçar um "terreno comum" para as crenças, no qual sua mensagem se justapusesse à visão de mundo dos fariseus. Ao contrário, ele enfatizava (muitas vezes exclusivamente) os pontos em que *discordava* dos fariseus. Nunca agiu como se a melhor maneira de afastar pessoas das danosas heresias da religião dos fariseus fosse fazer com que sua própria mensagem soasse tanto quanto possível como as crenças daqueles dias. Em vez disso, destacava (e reiterava isso vez após vez) os pontos de doutrina que mais estavam em desacordo com a sabedoria convencional do farisaísmo.

Sua estratégia francamente não teria sido mais bem-vinda em um ajuntamento evangélico típico do século XXI do que foi, com certeza, no quintal do Sinédrio.

E, contudo, em termos modestos, mas significativos, Jesus estava causando um impacto. João 12:42,43 descreve o ministério de Jesus naquela semana, nos pátios do templo, nestes termos: "Ainda assim, muitos líderes dos judeus creram nele. Mas, por causa dos fariseus, não confessavam a sua fé, com medo de serem expulsos da sinagoga; pois preferiam a aprovação dos homens do que a aprovação de Deus." Evidentemente, Nicodemos e José de Arimateia eram representantes de um grupo pequeno, silencioso, quase invisível de membros do concílio e de rabinos influentes que ouviam Jesus e estavam persuadidos da verdade de sua mensagem. Por ser o louvor dos homens tão profundamente impregnado em sua visão de mundo, eles se mantiveram em silêncio. Eram cristãos genuínos — homens regenerados — ou sua "fé" era do tipo espúrio, temporário, não redentor?

Observe que João não fala muito bem deles. Qualquer que fosse a natureza da "fé" deles, ainda estavam mais preocupados com o fato de serem membros das sinagogas do que com Cristo. Parece certo que eles, em sua vasta maioria, estavam convencidos, mas não comprometidos, e, portanto, não eram autênticos cristãos — não ainda, pelo menos. Alguns deles podem ter vindo à verdadeira fé algum tempo depois — talvez após a ressurreição. José de Arimateia e Nicodemos eram fariseus — membros do concílio — que vieram a Cristo lenta e hesitantemente, os quais, ao final, mostraram seu real comprometimento com ele em um momento fundamental (Lucas 23:51; João 19:38,39). É bem possível que houvesse outros como eles.

Mas, ao que parece, alguns deles continuavam indecisos. A primeira grande crise doutrinária que se levantou na igreja primitiva nasceu de alguns heréticos que ensinavam que os gentios que vinham a Cristo não podiam ser salvos sem serem circuncidados. Eles, portanto, faziam das obras dos cristãos — em vez da perfeita justiça de Cristo apenas — a base para um relacionamento correto com Deus, e, desse modo, corrompiam a simplicidade do evangelho. Em Atos 15, um concílio foi convocado para tratar desse erro. Lucas registra que os acusados de terem introduzido essa doutrina eram "alguns do partido religioso dos fariseus que haviam crido" (Atos 15:5).

Em outras palavras, alguns dos primeiros hereges na igreja primitiva eram antigos líderes judeus que haviam sido persuadidos da verdade acerca de Cristo, mas, em vez de se arrependerem de seu falso moralismo, trouxeram sua perspectiva farisaica para a igreja, corrompendo a mensagem do cristianismo no processo. O amor pelo louvor dos homens estava tão incrustado em todos os seus pensamentos que, mesmo depois de terem sido persuadidos a respeito da verdade, alguns fariseus eram incapazes de abandonar a orientação baseada em obras de sua religião.

É por isso que o apóstolo Paulo foi tão enfático a respeito de seu próprio rompimento com o farisaísmo. Ele descreve sua antiga religião como "esterco" em Filipenses 3:3-9.

Se o apóstolo João, em 12:42,43, não parece muito entusiasmado com os membros do concílio que haviam "acreditado", mas se mantinham silenciosos em relação a isso, agora você sabe o porquê. Todo fariseu que não houvesse se arrependido completamente de suas "boas obras" pereceria em seus pecados, mesmo que houvesse acreditado que Jesus era o verdadeiro Messias. E estava claro, à época em que João escreveu seu evangelho, que a "fé" espúria de alguns homens já era um problema imenso e disseminado na igreja primitiva — a primeira ameaça realmente significativa para a pureza da mensagem do evangelho.

Entre as pessoas comuns, fé espúria e esperança messiânica indiferente em Jesus eram igualmente um problema significativo. Isso sempre existiu. Lembre-se de que João chamou a atenção para esse problema logo no começo de seu registro: "Muitos viram os sinais milagrosos que ele estava realizando e creram em seu nome. Mas Jesus não se confiava a eles, pois conhecia a todos" (2:23,24). No capítulo 6, João descreve em detalhes como aquela fé sem entusiasmo facilmente cedia à hostilidade. Era o que estava para acontecer novamente. Apesar de aquelas multidões compreensivas ouvirem Jesus avidamente durante a última semana em Jerusalém, com "todo o povo [...] fascinado pelas suas palavras" (Lucas 19:48), havia ali muitas pessoas que entoariam "Crucifica-o!" (Marcos 15:13) antes que a semana terminasse.

No entanto, haviam remanescentes em ambos os grupos — o dos líderes judeus e o das pessoas comuns — que já eram ou se tornariam verdadeiros discípulos. Jesus continuava pregando para o benefício deles, mesmo sabendo perfeitamente que, quanto mais visível seu ministério se tornava aos olhos do povo, mais a decisão do Sinédrio de crucificá-lo se intensificava.

O último sermão

O conteúdo da mensagem de Jesus demonstra, porém, que ele estava ensinando não apenas para o benefício dos remanescentes que acreditavam, mas também como alerta e instrução finais para os próprios líderes judeus.

O último sermão público de nosso Senhor ocorreu na quarta-feira da semana final. Mateus 23:1 diz que ele entregou sua mensagem "à multidão e aos seus discípulos". Mas fica claro, pela própria mensagem, que membros do concílio estavam entre os espectadores, porque Jesus os chamou em alta voz e endereçou partes importantes do sermão diretamente a eles. Eles já não estavam apenas na periferia, como de costume, mas se misturavam, incógnitos, com as multidões e apresentavam-se como ouvintes simpatizantes. Ouviam tudo com cuidado, a fim de encontrar alguma coisa que servisse para enredar Jesus "em suas próprias palavras" (22:15) ou deformar em uma acusação contra ele. É sobre essa cena que Lucas comenta: "Os mestres da lei e os chefes dos sacerdotes [...] tinham medo do povo. Pondo-se a vigiá-lo, eles mandaram espiões que se fingiam justos para apanhar Jesus em alguma coisa que ele dissesse, de forma que o pudessem entregar ao poder e à autoridade do governador" (Lucas 20:19,20).

Sem dúvida, Jesus *ainda* conhecia os pensamentos deles e confrontou-os mais diretamente do que nunca antes. Usou algumas das palavras mais incisivas que jamais empregou. Falou mal deles. Desencadeou ondas de condenação contra a hipocrisia, a distorção das Escrituras e o falso moralismo. Pronunciou ai após ai contra eles. E a expressão "ai" não era uma imprecação suave, mas era a mais forte maldição profética concebível. E você pode estar certo de que eles conheciam bem seu significado.

Como perder amigos e irritar inimigos

Das palavras iniciais à sentença final, Jesus foi severo, franco, apaixonado e intenso — e até fervoroso. Alguém imerso em estilos modernos e pós-modernos de "contextualização" poderia alegar que a mensagem de Jesus e o modo como ele a apresentava eram insensíveis e ofensivos ao seu pretendido público. Isso seria um julgamento muito equivocado. *Sensibilidade* implica ser perceptivo dos sentimentos dos outros. Jesus, que podia ver claramente o coração dos fariseus, não teria falhado, de modo algum, em perceber o que eles estavam sentindo. Além disso, por mais desagradável que pudesse ser encontrar-se na posição de vítima de um ataque como aquele, o que teria sido realmente *ofensivo* seria Jesus fingir que o perigo espiritual apresentado pela doutrina e pelo comportamento dos fariseus não era, no final das contas, tão grave. Assim, como sempre fez, Jesus falou o que eles mais precisavam ouvir, declarando a verdade em uma linguagem sem rodeios. Sob aquelas circunstâncias, isso era o maior gesto de bondade que Jesus poderia ter mostrado. O tom de suas palavras lembra-nos de que a guerra espiritual é simplesmente isto: uma batalha. É um conflito violento contra mentiras espirituais, doutrinas errôneas e danosas, e falsas religiões destrutivas.

É significativo que Jesus, que era o Deus onisciente encarnado, fosse a Pessoa mais sensível que já caminhou na terra, e, ainda em circunstâncias como aquelas, tenha se recusado a amenizar a mensagem, a adotar um tom delicado ou a lidar com seus adversários espirituais como se fossem almas frágeis. Havia muita coisa em jogo.

Ele começou a mensagem de modo comparativamente contido, ridicularizando o falso moralismo arrogante dos fariseus e chamando seus próprios seguidores a serem tão humildes quanto os fariseus eram arrogantes:

> Os mestres da lei e os fariseus se assentam na cadeira de Moisés. Obedeçam-lhes e façam tudo o que eles lhes dizem. Mas não façam o que eles fazem, pois não praticam o que pregam. Eles atam fardos pesados e os colocam sobre os ombros dos homens, mas eles mesmos não estão dispostos a levantar um só dedo para movê-los. Tudo o que fazem é para serem vistos pelos homens. Eles fazem seus filactérios bem largos e as franjas de suas vestes bem longas; gostam do lugar de honra nos banquetes e dos assentos mais importantes nas sinagogas, de serem saudados nas praças e de serem chamados "rabis". Mas vocês não devem ser chamados "rabis"; um só é o Mestre de vocês, e todos vocês são irmãos. A ninguém na terra chamem "pai", porque vocês só têm um Pai, aquele que está nos céus. Tampouco vocês devem ser chamados "chefes", porquanto vocês têm um só Chefe, o Cristo. O maior entre vocês deverá ser servo. Pois todo aquele que a si mesmo se exaltar será humilhado, e todo aquele que a si mesmo se humilhar será exaltado.

A descrição de Jesus ajustou-se aos fariseus e a seus seguidores com precisão.

Observe que Jesus disse: "Obedeçam-lhes e façam tudo o que eles lhes dizem. Mas não façam o que eles fazem" (v. 3). A prática dos fariseus era, sem dúvida, um problema mais visível que suas doutrinas. Apesar disso, Jesus não estava dando um endosso total ao ensinamento deles e criticando apenas a prática. Longe disso. A raiz do problema era seu sistema de crenças, não somente seu comportamento. O modo como eles interpretavam a lei como um todo era falho, e Jesus mostrou isso no Sermão do Monte. Eles "confiavam em sua própria justiça e desprezavam os outros" (Lucas 18:9). Por isso, todo o fundamento de sua soteriologia (sua visão da doutrina da salvação) era torto. Assim, Jesus não estava, de modo algum, indicando que os fariseus eram doutrinariamente ortodoxos e somente errados na prática. Ele exporia alguns dos erros mais flagrantes deles em seus ensinamentos antes que esse sermão terminasse.

Por outro lado, eles não estavam errados em *tudo* o que ensinavam. Seria uma compreensão totalmente errada do ensino de Jesus usar sua condenação da religião dos fariseus e concluir que ele endossou tudo o que parecia ser oposto ao que eles defendiam. Na ênfase que davam à autoridade e à seriedade da lei, especialmente no que regia a moralidade pública, eles estavam, de modo geral, certos. No que diz respeito a esses assuntos, o que Jesus abominava não era o que diziam que as pessoas deveriam ou não fazer, mas era o fato de eles mesmos não viverem de acordo com o que ensinavam. Esse era o maior perigo que sua obsessão com coisas exteriores apresentava. Eles prestavam cuidadosa atenção ao que vestiam, mas não tanto ao que pensavam. Estavam profundamente preocupados com o modo como eram vistos por outras pessoas, mas não se importavam com o que Deus pensava deles. Eram apaixonados por assegurar-se de receber honra na terra, mas dificilmente cuidavam da honra de Deus. *Não ser como eles* era o ponto de partida de todo o sermão.

Então, Jesus voltou a atenção diretamente para os escribas e fariseus que estavam ali: "Ai de vocês, mestres da lei e fariseus, hipócritas!" (Mateus 23:13). E assim iniciou uma crítica pungente contra eles que ocupa o restante do capítulo. Daquele ponto até o final da mensagem, Jesus fala diretamente aos líderes judeus na terceira pessoa — seu mais furioso ataque contra eles até aquele momento.

O sermão é muito longo para ser analisado palavra por palavra,[3] mas vale a pena lermos todo o trecho que foi dirigido à elite religiosa de Israel; com isso, notaremos os principais enfoques do sermão.

> Ai de vocês, mestres da lei e fariseus, hipócritas! Vocês fecham o Reino dos céus diante dos homens! Vocês mesmos não entram, nem deixam entrar aqueles que gostariam de fazê-lo. Ai de vocês, mestres da lei e fariseus, hipócritas! Vocês devoram as casas das viúvas e, para disfarçar, fazem longas orações. Por isso serão castigados mais severamente.
>
> Ai de vocês, mestres da lei e fariseus, hipócritas, porque percorrem terra e mar para fazer um convertido e, quando conseguem, vocês o tornam duas vezes mais filho do inferno do que vocês.
>
> Ai de vocês, guias cegos!, pois dizem: "Se alguém jurar pelo santuário, isto nada significa; mas se alguém jurar pelo ouro do santuário, está obrigado por seu juramento." Cegos insensatos! Que é mais importante: o ouro ou o santuário que santifica o ouro? Vocês também dizem: "Se alguém jurar pelo altar, isto nada significa; mas se alguém jurar pela oferta que está sobre ele, está obrigado por seu juramento." Cegos! Que é mais importante: a oferta, ou o altar que santifica a oferta? Portanto, aquele que jurar pelo altar, jura por ele e por tudo o que está sobre ele. E o que jurar pelo santuário, jura por ele e

por aquele que nele habita. E aquele que jurar pelos céus, jura pelo trono de Deus e por aquele que nele se assenta.

Ai de vocês, mestres da lei e fariseus, hipócritas! Vocês dão o dízimo da hortelã, do endro e do cominho, mas têm negligenciado os preceitos mais importantes da lei: a justiça, a misericórdia e a fidelidade. Vocês devem praticar estas coisas, sem omitir aquelas. Guias cegos! Vocês coam um mosquito e engolem um camelo.

Ai de vocês, mestres da lei e fariseus, hipócritas! Vocês limpam o exterior do copo e do prato, mas por dentro eles estão cheios de ganância e cobiça. Fariseu cego! Limpe primeiro o interior do copo e do prato, para que o exterior também fique limpo.

Ai de vocês, mestres da lei e fariseus, hipócritas! Vocês são como sepulcros caiados: bonitos por fora, mas por dentro estão cheios de ossos e de todo tipo de imundície. Assim são vocês: por fora parecem justos ao povo, mas por dentro estão cheios de hipocrisia e maldade.

Ai de vocês, mestres da lei e fariseus, hipócritas! Vocês edificam os túmulos dos profetas e adornam os monumentos dos justos. E dizem: "Se tivéssemos vivido no tempo dos nossos antepassados, não teríamos tomado parte com eles no derramamento do sangue dos profetas."

Assim, vocês testemunham contra si mesmos que são descendentes dos que assassinaram os profetas. Acabem, pois, de encher a medida do pecado dos seus antepassados! Serpentes! Raça de víboras! Como vocês escaparão da condenação ao inferno? Por isso, eu lhes estou enviando profetas, sábios e mestres. A uns vocês matarão e crucificarão; a outros açoitarão nas sinagogas de vocês e perseguirão de cidade em cidade. E, assim, sobre vocês recairá todo o sangue justo derramado na terra, desde o sangue do justo Abel, até o sangue de Zacarias, filho de Baraquias, a quem vocês assassinaram entre o santuário e o altar. Eu lhes asseguro que tudo isso sobrevirá a esta geração.

Jerusalém, Jerusalém, você, que mata os profetas e apedreja os que lhe são enviados! Quantas vezes eu quis reunir os seus filhos, como a galinha reúne os seus pintinhos debaixo das suas asas, mas vocês não quiseram. Eis que a casa de vocês ficará deserta. Pois eu lhes digo que vocês não me verão mais, até que digam: "Bendito é o que vem em nome do Senhor" (vs. 13-39).

Jesus já havia dito muitas dessas coisas antes. Uma vez, um almoço na casa de um fariseu transformou-se em um conflito[4] quando ficou óbvio que Jesus havia sido convidado principalmente para que os líderes pudessem observá-lo e criticar seus atos, como sua falha em observar as lavagens cerimoniais. Naquela ocasião, na presença de muitos fariseus, Jesus fez uma severa repreenda na qual disse muitas das mesmas coisas citadas anteriormente (Lucas 11:37-54). Esse é o primeiro registro de um ataque público contínuo de Jesus contra o judaísmo oficial — nada menos do que em Jerusalém, no templo.

Oito vezes ele pronunciou *ai* contra os fariseus. Lembre-se de que o Sermão do Monte começa com oito bem-aventuranças. Esses pronunciamentos de ais eram o extremo oposto daquelas e criavam um contraste absoluto. Aqui há maldições e não bênçãos.

E, ainda mesmo nas maldições, há uma aspereza que reflete a tristeza de Jesus. Ele não está manifestando uma *preferência* pela condenação deles porque, afinal, veio para salvar, não para condenar (João 3:17). A palavra *ai* em grego é, como em português, uma *onomatopeia*, uma palavra cujo significado é mais derivado de seu som do que de uma raiz semântica. Ela se parece com um lamento de pesar ou de sofrimento. Há um paralelo verbal com a palavra usada por Jesus para lamentar por toda a cidade (Lucas 19:41-44), o que reflete o mesmo tipo de dor. Essa tristeza, creio, é um reflexo do próprio coração de Deus, não meramente uma manifestação da natureza humana de Jesus. Deus não tem prazer na destruição do ímpio (Ezequiel 18:32; 33:11).

Por outro lado, a profunda tristeza de Jesus pela severa rebeldia dos fariseus não o levou a suavizar suas palavras ou amenizar a realidade da calamidade espiritual que eles haviam trazido sobre si mesmos. De fato, foi por isso que ele lhes entregou essa última mensagem com tamanha paixão e urgência.

Ao lado de "ai", a outra palavra que domina o sermão é "hipócritas" — que também aparece oito vezes. Ao pronunciar os oito ais, Jesus estava se dirigindo a muitos dos erros de doutrina e de prática que ilustravam como eles eram hipócritas deploráveis. Isso incluía suas pretensas orações (v. 14), seus motivos escusos para "ministrar" aos outros (v. 15), sua tendência de jurar despreocupadamente por coisas que são santas, mais o correspondente hábito de agir com irresponsabilidade com relação a seus votos (vs. 18-22), suas prioridades desajustadas, por meio das quais eles haviam colocado preceitos cerimoniais obscuros acima da lei moral (vs. 23,24) e, acima de tudo, sua tolerância displicente com muitas manifestações grosseiras, e frequentemente ridículas, de hipocrisia (vs. 27-31).

Outra característica que faz esse sermão sobressair é o abundante uso, por parte de Jesus, de epítetos depreciativos. Aqueles que pensam que xingar é inerentemente não cristão e sempre inadequado vão ter muita dificuldade com esse sermão. Além das oito vezes em que Jesus enfaticamente os chama de "hipócritas", ainda diz "guias cegos" (vs. 16,24), de "cegos" ou "cegos insensatos" (vs. 17,19), de "fariseu[s] cego[s]" (v. 26) e de "serpentes! Raça de víboras!" (v. 33).

A intenção disso não era conquistar a estima deles. Não era uma tentativa de induzi-los a um diálogo amigável com palavras amenas. Não era o tipo de palavra branda que desvia a ira.

Mas era a verdade, e era isso que os fariseus, assim como os que podiam ser influenciados por eles, desesperadamente precisavam ouvir.

Não tão manso e suave

Infelizmente, esse sermão era também o pronunciamento do julgamento final contra os líderes religiosos e seus seguidores, que haviam rejeitado Cristo e endurecido o coração contra ele de tal modo que jamais poderiam crer. A finalidade do julgamento que Jesus apresenta quando pronuncia a blasfêmia imperdoável dos fariseus é destacada verbalmente e de modo muito claro. O julgamento é também efetivamente expandido para incluir não somente os incrédulos endurecidos, mas também as instituições que se tornaram monumentos daquele sistema religioso corrupto — o Sinédrio, o sacerdócio corrupto, os fariseus e os saduceus —, toda a hierarquia religiosa que havia efetivamente assumido o controle do templo.

Ao fim da mensagem, quando Jesus disse: "Eis que a casa de vocês ficará deserta" (v. 38), ele estava pronunciando *Icabode* ("a glória se foi") no templo. Em vez de o templo ser "a casa de meu Pai" (João 2:16), era agora "a casa de vocês". A Glória de Israel havia deixado o templo para sempre e não retornaria até todo o Israel dizer: "Bendito é o que vem em nome do Senhor."

Antes que aquela geração passasse, os exércitos romanos devastariam o templo de Herodes. Daquele dia até hoje, Israel não tem templo, nem sacrifícios, tampouco meios de cumprir os aspectos mais importantes de sua lei cerimonial, nem outros meios de expiação à parte do Cordeiro de Deus que tirou o pecado do mundo. Assim, a drástica saída de Jesus do templo foi um grande momento decisivo para todo o Israel.

Não é de admirar que ele tenha falado de tal modo apaixonado e intenso. Podemos aprender muito ao observarmos como Jesus lidava com a falsa religião e com aqueles que a sustentavam. A firmeza com que atacava o erro está muito escassa hoje em dia e a igreja está sofrendo por causa disso.

Não precisamos voltar para o tipo de fundamentalismo cujos líderes lutavam todo o tempo e contra praticamente tudo — muitas vezes atacando uns aos outros por diferenças obscuras e insignificantes. Muito menos precisamos persistir no caminho equivocado do assim chamado neoevangelicalismo, em que a preocupação primordial tem sido sempre a respeitabilidade acadêmica, nos quais conflitos e fortes convicções são automaticamente considerados como grosseiros e não civilizados.

Na verdade, a *última* coisa que podemos fazer nesses tempos pós-modernos, enquanto os inimigos da verdade se dedicam a tornar tudo confuso, seria prometer uma moratória baseada na sinceridade ou concordar com um cessar-fogo com pessoas que se deleitam em testar os limites da ortodoxia. Ser amável e afável é, às vezes, simplesmente a coisa *errada* a fazer (veja Neemias 6:2-4). *Devemos* lembrar isso.

Alguém que faz uma sonora profissão de fé, mas constantemente falha em viver de acordo com ela, precisa ser exposto para o bem de sua própria alma. Mais do que isso: aqueles que se arvoram como mestres representantes do Senhor e influenciam outros enquanto corrompem a verdade precisam ser denunciados e refutados. Pelo bem deles, pelo bem de outros que são vítimas de seus erros e, especialmente, pela glória de Cristo, que *é* a Verdade encarnada.

O próprio Jesus nos lembra dessas coisas na última passagem bíblica em que fala à sua igreja.

Como aquele Jesus Cristo de fala doce, manchado de lágrimas, que alimenta nossos pobres e enfeitados cristãos modernos é diferente daquele Cristo de semblante austero dos evangelhos, proclamando em alto e bom som no mercado (com total desprezo pelas conveniências sociais): "Ai de vocês, escribas e fariseus, hipócritas!" Desçam de suas carruagens, seus miseráveis, pois é chegada a hora! [...]
Jesus de Nazaré, entre todos os homens, nada tinha de esmoleiro; ele se compadecia do sofrimento, do pecado e da dor, com uma compaixão infinita, ardente e prestativa, onde quer que se deparasse com isso; mas, da mesma forma, feria com uma indignação fulminante e ilimitada tudo que a merecesse; e, de um modo geral, ia de um lado para outro com um objetivo completamente diferente do de buscar, conscientemente, uma ou outra dessas coisas. "Fazer a vontade de meu Pai" — mesmo que, para isso, fosse escorraçado de sua existência, como um fracasso e um ninguém, e desgraça para o mundo.

THOMAS CARLYLE[5]

Epílogo

Contra você tenho isto: você tolera Jezabel, aquela mulher que se diz profetisa. Com os seus ensinamentos, ela induz os meus servos [...]

APOCALIPSE 2:20

O ÚLTIMO EMBATE PÚBLICO DE JESUS contra os peritos na lei, os escribas e os fariseus, em Mateus 23, não foi, de modo algum, o fim de seu longo conflito com eles. Poucos dias depois de ter dado essa mensagem, as autoridades judaicas entregaram-no aos romanos para ser crucificado.[1] Essa era a forma mais demorada e aviltante de execução à qual poderiam submetê-lo. Assim, a conspiração planejada em João 11:43, por fim, tornou-se realidade. E o verdadeiro mal da instituição religiosa de Israel foi manifestado no mais vil ato de crueldade e de injustiça já cometido. Os "descendentes dos que assassinaram os profetas" (Mateus 23:31) finalmente mataram seu Messias — o único ser humano genuinamente inocente e plenamente justo que já existiu.

Qualquer pessoa que assistisse à morte de Jesus teria pensado que estava observando o triunfo final do Sinédrio sobre seu mais franco Adversário. Era como se Jesus fosse silenciado permanentemente. Da perspectiva dos líderes religiosos, aquilo seria o fim de toda a questão. Eles esperavam que o ensinamento de Jesus fosse se apagando da memória e que o nome dele permanecesse apenas como um alerta para qualquer outro que se inclinasse a se opor à doutrina e à autoridade do poderoso Sinédrio.

Sem dúvida, não foi isso que realmente aconteceu. Dias depois, Cristo ressuscitou triunfantemente do túmulo, incentivando seus seguidores e liberando um exército de discípulos para continuar sua obra. "Vão pelo mundo todo e preguem o evangelho a todas as pessoas", ele lhes disse (Marcos 16:15). "[Ensinem-nos] a obedecer a *tudo* o que eu lhes ordenei" (Mateus 28:20). Implícita nessa comissão estava uma ordem para lutarem pela verdade assim como ele havia feito.

Andando como ele andou

Alguns leitores podem questionar se Cristo é realmente o exemplo que devemos seguir no sentido de confrontar o erro. Afinal, ele era Deus encarnado, com toda a sabedoria da divina onisciência à sua disposição. Ele podia sondar o coração das pessoas e ler seus pensamentos. Conhecia perfeitamente a verdade, sem qualquer das limitações que nós sofremos por sermos criaturas caídas. Somos naturalmente inclinados ao erro; ele era imune a cometer erros de qualquer tipo.

E o próprio Jesus não disse que *não* deveríamos tentar separar o joio do trigo? "Ao tirar o joio, vocês poderão arrancar com ele o trigo. Deixem que cresçam juntos até a colheita" (Mateus 13:29-30). Ele também disse: "Não julguem, e vocês não serão julgados. Não condenem, e não serão condenados" (Lucas 6:37). Afinal, "o Pai [...] confiou todo julgamento ao Filho" (João 5:22). Quem está a fim de assumir esse papel e usurpar a autoridade que é explicitamente dada a Cristo?

Isso está correto no que diz respeito a julgarmos os segredos do coração dos homens — seus motivos, seus pensamentos secretos ou suas intenções ocultas. Não podemos ver essas coisas, por isso não podemos julgá-las adequadamente. Nós nem mesmos deveríamos tentar fazê-lo. "O Senhor é quem me julga. Portanto, não julguem nada antes da hora devida; esperem até que o Senhor venha. Ele trará à luz o que está oculto nas trevas e manifestará as intenções dos corações" (1Coríntios 4:4,5). "Quem é você para julgar o servo alheio? É para o seu senhor que ele está em pé ou cai" (Romanos 14:4). "Deus [julgará] os segredos dos homens, mediante Jesus Cristo" (Romanos 2:16).

Este é o ponto principal da parábola do joio: o joio *se parece* com o trigo em cada aspecto superficial. Enquanto eles não frutificarem e amadurecerem, é praticamente impossível distinguir o trigo do joio. Este, então, representa aqueles que se parecem e agem como cristãos — sua profissão de fé é falsa. Eles se misturam à comunhão da igreja, dão um testemunho que soa bem acerca de sua fé em Cristo e, de modo geral, *parecem* exatamente com cristãos autênticos. Mas não são autênticos. Sua fé é um blefe. Eles são parasitas aproveitadores não regenerados. Sabemos que há joio em qualquer comunhão de cristãos, porque Jesus nos deu essa parábola como ilustração de como seria seu reino na era da igreja e porque, de tempos em tempos, um dentre o joio abandonaria completamente a fé, abraçaria alguma heresia danosa ou se venderia por nada a algum pecado do qual não estivesse disposto a abandonar ou se arrepender. Nesses casos, *devemos* confrontar o indivíduo, chamá-lo ao arrependimento e expulsá-lo da igreja, caso firmemente se recuse a se arrepender (Mateus 18:15-18).

Deus permite que cristãos fingidos e impostores carnais saiam da graça com o propósito de lembrar-nos de que nem todo aquele que se declara cristão o é de fato. "Eles saíram do nosso meio, mas na realidade não eram dos nossos, pois, se fossem dos nossos, teriam permanecido conosco; o fato de terem saído mostra que nenhum deles era dos nossos" (1João 2:19).

Mas note: pessoas que efetivamente *ensinam* erros sérios — em especial doutrinas que corrompem a verdade vital do evangelho — devem ser confrontadas e receber oposição. Suas falsas ideias têm de ser refutadas. Elas devem ser chamadas ao arrependimento. E, se rejeitarem a admoestação e continuarem seu ataque contra a verdade, temos a obrigação de denunciar seu erro e fazer tudo o que pudermos para frustrar seus esforços de espalhá-los. Esses falsos mestres não são "joio" para ser tolerado na igreja; são anticristos malditos (1João 2:18) que devem ser expostos, contraditos, denunciados e repudiados. Paulo foi claro nesse sentido: "Mas ainda que nós ou um anjo dos céus pregue um evangelho diferente daquele que lhes pregamos, que seja amaldiçoado! Como já dissemos, agora repito: Se alguém lhes anuncia um evangelho diferente daquele que já receberam, que seja amaldiçoado!" (Gálatas 1:8-9). De igual modo, o apóstolo João foi inflexível:

> Muitos enganadores têm saído pelo mundo, os quais não confessam que Jesus Cristo veio em corpo. Tal é o enganador e o anticristo. Tenham cuidado, para que vocês não destruam o fruto do nosso trabalho, antes sejam recompensados plenamente. Todo aquele que não permanece no ensino de Cristo, mas vai além dele, não tem Deus; quem permanece no ensino tem o Pai e também o Filho. Se alguém chegar a vocês e não trouxer esse ensino, não o recebam em casa nem o saúdem. Pois quem o saúda torna-se participante das suas obras malignas (2João 7-11).

Como observamos desde o início, precisamos de fato ter a devida cautela quando fazemos julgamentos sobre a seriedade do erro de quem quer que seja. Nunca devemos julgar superficialmente. Precisamos lembrar que nós mesmos somos de fato propensos a julgamentos apressados e erros. "Todos tropeçamos de muitas maneiras" (Tiago 3:2).

É verdade que essas coisas devem nos manter humildes. O fato é que a todo momento as Escrituras apresentam Cristo como nosso exemplo a seguir, com ênfase em sua humildade — especialmente sua disposição em sofrer insultos pessoais sem revidar ou ser hostil:

> Se vocês suportam o sofrimento por terem feito o bem, isso é louvável diante de Deus. Para isso vocês foram chamados, pois também Cristo sofreu no lugar de vocês, deixando-lhes exemplo, para que sigam os seus passos. "Ele não cometeu pecado algum, e nenhum engano foi encontrado em sua boca." Quando insultado, não revidava; quando sofria, não fazia ameaças, mas entregava-se àquele que julga com justiça (1Pedro 2:20-23).

Foi logo depois de lavar os pés dos discípulos que Jesus disse: "Eu lhes dei o exemplo, para que vocês façam como lhes fiz" (João 13:15). E quando o apóstolo João escreve: "Aquele que afirma que permanece nele, deve andar como ele andou" (1João 2:6), o contexto trata de amor.

Em outras palavras, seguir os passos de Cristo começa com a disposição de dar de si mesmo — a disposição de sofrer como ele sofreu, de amar como ele amou e de ser humilde como ele foi. "O fruto do Espírito é amor, alegria, paz, paciência, amabilidade, bondade, fidelidade, mansidão e domínio próprio" (Gálatas 5:22-23). Estamos proibidos de ser combativos e instados a seguir "a justiça, a fé, o amor e a paz, com aqueles que, de coração puro, invocam o Senhor" (2Timóteo 2:22). As Escrituras recomendam-nos mansidão, ordenam que sejamos pacificadores, instruem-nos a ser amáveis e proíbem-nos de julgar o que não podemos avaliar com justiça.

Façam julgamentos justos

Mas nada disso nos dá razão para suspender totalmente o julgamento. Na verdade, seria pecaminoso fazê-lo. Discernimento é responsabilidade de cada cristão: "Ponham à prova todas as coisas e fiquem com o que é bom. Afastem-se de toda forma de mal" (2Tessalonicenses 5:21,22). "Façam julgamentos justos" (João 7:24). Somos chamados também para ser soldados pela causa da verdade. O conflito espiritual entre as forças das trevas e a verdade de Deus é, afinal, uma *guerra*.

Isso significa, entre outras coisas, que temos algumas lutas pela frente. Como vimos ao longo desse livro, a noção popular de que o conflito deve sempre ser evitado é simplesmente errada. Há ocasiões em que *precisamos* ser mais confrontadores do que amistosos. "Há muitos insubordinados, que não passam de faladores e enganadores, especialmente os do grupo da circuncisão. É necessário que eles sejam silenciados" (Tito 1:10-11).

Se você recua diante disso ou pensa que não há como uma atitude agressiva desse tipo ser uma resposta santificada ao erro doutrinário em uma cultura pós-moderna, precisa rever e repensar o que todo o Novo Testamento diz sobre falsos mestres e sobre como os cristãos devem responder a eles — especialmente do ponto de vista de Jesus.

Uma palavra final de Cristo

Mencionei no início deste epílogo que a crucificação de Jesus não colocou fim a seu conflito com a falsa religião. Nem mesmo sua ascensão ao céu o fez.

Em suas últimas mensagens para a igreja registradas na Bíblia, dadas ao apóstolo João em uma visão muitas décadas após a ascensão de Cristo ao céu, vemos que silenciar os falsos mestres ainda era uma das preocupações primárias de nosso Senhor, mesmo estando em seu trono celestial. Ele se dirigiu a sete igrejas: Éfeso, Esmirna, Pérgamo, Tiatira, Sardes, Filadélfia e Laodiceia. Somente duas delas, Esmirna e Filadélfia, foram recomendadas por sua fidelidade sem qualquer motivo para repreensão ou sinal disso. Ambas haviam permanecido fiéis a Cristo apesar da influência "dos que se dizem judeus, mas não são, sendo antes sinagoga de Satanás" (Apocalipse 2:9; 3:9). As outras cinco igrejas receberam diferentes medidas de repreensão, tendo como base o quanto eram corruptas, infiéis ou espiritualmente letárgicas.

Um tema proeminente em praticamente todas as mensagens de Jesus para aquelas sete igrejas era sobre como elas respondiam aos falsos mestres e destacados heréticos no meio delas. Éfeso, sem dúvida, foi a igreja a que Jesus repreendeu com estas palavras: "Contra você, porém, tenho isto: você abandonou o seu primeiro amor" (2:4). Não obstante, Éfeso foi *duas vezes* fortemente elogiada porque os cristãos ali se recusaram a tolerar falsos mestres. Antes de adverti-los sobre o fato de terem abandonado o primeiro amor, Jesus os elogiou por sua firme resistência aos falsos apóstolos: "Conheço as suas obras, o seu trabalho árduo e a sua perseverança. Sei que você não pode tolerar homens maus, que pôs à prova os que dizem ser apóstolos mas não são, e descobriu que eles eram impostores" (Apocalipse 2:2). Mais tarde, lhes disse: "Mas há uma coisa a seu favor: você odeia as práticas dos nicolaítas, como eu também as odeio" (v. 6).

A epístola a Pérgamo é basicamente o outro lado da mensagem a Éfeso. Cristo elogiou os santos de Pérgamo por permanecerem fiéis ao seu nome e não negarem a fé, mesmo morando no lugar onde estava o trono de Satanás. Em outras palavras, eles haviam perseverado com êxito na fé, a despeito das ameaças *exteriores* de perseguição. Ao contrário de Éfeso, não haviam deixado o primeiro amor. No entanto, Cristo tinha uma lista de repreensões contra eles, e estavam todas relacionadas ao fato de tolerarem falsas doutrinas em seu meio. Era como se estivessem completamente insensíveis aos perigos *interiores* que vinham com a atitude tolerante em relação a doutrinas dissidentes. Ele escreveu: "Tenho contra você algumas coisas: você tem aí pessoas que se apegam aos ensinamentos de Balaão [...]. De igual modo você tem também os que se apegam aos ensinamentos dos nicolaítas" (vs. 14-15).

De igual modo, ele escreveu para Tiatira: "Contra você tenho isto: você tolera Jezabel, aquela mulher que se diz profetisa. Com os seus ensinamentos, ela induz os meus servos" (v. 20).

A igreja em Sardes estava espiritualmente morta, e a igreja em Laodiceia era morna e orgulhosa. Essas igrejas já haviam claramente perdido a vontade de opor-se às falsas doutrinas e de limpar o pecado do meio delas. Sua falta de zelo, falta de energia e (no caso de Sardes) falta de qualquer vida era um resultado direto da falha em se manterem, e à comunidade, puras. Elas não haviam sido cautelosas o suficiente com os falsos ensinamentos e, em consequência, não haviam permanecido devotas apenas a Cristo. Os alertas que Cristo lhes dá são lembretes assustadores de que estavam perecendo. Quando isso acontece, dificilmente é porque sucumbem a perigos que vieram de fora. Pelo contrário, é quase sempre porque baixaram a guarda e permitiram que falsas doutrinas fossem disseminadas livremente na igreja. A apatia começa e é seguida, inevitavelmente, pelo desastre espiritual.

Fica claro, a partir dessas cartas para as igrejas em Apocalipse, que lutar contra as heresias é uma responsabilidade à qual Cristo espera que cada cristão se dedique. Quer gostemos ou não, nossa própria existência neste mundo envolve guerra espiritual — não é uma festa ou um piquenique. Se o próprio Cristo dedicou muito de seu tempo e sua energia durante seu ministério terreno à tarefa de confrontar e refutar falsos mestres, certamente isso deve ocupar um lugar de destaque em nossa agenda também. Seu estilo de ministério deveria ser o modelo para nós, e seu zelo contra falsas religiões deve encher nosso coração e nossa mente também.

"Aquele que tem ouvidos ouça o que o Espírito diz às igrejas" (Apocalipse 2:7, 11, 17, 29; 3:6, 13, 22).

APÊNDICE

Josefo acerca das principais seitas judaicas[1]

Entre os judeus, os que faziam profissão particular de sabedoria, estavam, há vários séculos, divididos em três seitas: os essênios, os saduceus e os fariseus, das quais embora eu já tenha falado no segundo livro da guerra dos judeus, penso dever dizer aqui também alguma coisa.

A maneira de viver dos fariseus não era nem mole nem cheia de delícias; era simples. Eles se apegam obstinadamente ao que se persuadem dever abraçar. Honram de tal modo os velhos, que não ousam nem mesmo contradizê-los. Atribuem ao destino tudo o que acontece, sem todavia tirar ao homem o poder de nele consentir; de sorte que, tudo sendo feito por ordem de Deus, depende, no entanto, da nossa vontade, entregarmo-nos à virtude ou ao vício. Eles julgam que as almas são imortais, que são julgadas em um outro mundo e recompensadas ou castigadas segundo foram neste, viciosas ou virtuosas; que umas são eternamente retidas prisioneiras nessa outra vida e que outras voltam a esta. Eles granjearam por essa crença tão grande autoridade entre o povo, que segue os seus sentimentos em tudo o que se refere ao culto de Deus e às orações solenes que lhe são feitas. Assim, cidades inteiras dão testemunhos valiosos de sua virtude, de sua maneira de viver e de seus discursos.

A opinião dos saduceus é que as almas morrem com os corpos; que a única coisa que nós somos obrigados a fazer é observar a lei e é um ato de virtude não querer exceder em sabedoria aos que no-la ensinam. Os dessa seita são em pequeno número, mas é composta de pessoas da mais alta condição. Nada se faz, quase que sempre segundo seu parecer, porque quando eles são elevados aos cargos contra sua vontade e às honras, eles são obrigados a se conformar com o proceder dos fariseus, pois que o povo não permitiria que se opusessem a eles.

Os essênios, a terceira seita, atribuem e entregam todas as coisas, sem exceção, à providência de Deus. Creem que as almas são imortais, acham que se deve fazer todo o possível para praticar a justiça e se contentam em enviar suas ofertas ao templo, sem lá ir fazer os sacrifícios, porque eles o fazem em particular, com cerimônias ainda maiores. Seus costumes são irrepreensíveis e sua única ocupação é cultivar a terra. Sua virtude é tão admirável que supera de muito a de todos os gregos e os de outras nações, porque eles fazem disso todo o seu empenho e preocupação, e a ela se aplicam continuamente. Possuem todos os bens em comum, sem que os ricos tenham maior parte do que os pobres; seu número é de mais de quatro mil. Não têm nem mulheres, nem criados, porque estão persuadidos de que as mulheres não contribuem para o descanso da vida; quanto aos criados, é ofender a natureza, que fez todos os homens iguais, querer sujeitá-los; assim, eles se servem uns dos outros e escolhem homens de bem da ordem dos sacrificadores, que recebem tudo o que eles recolhem do seu trabalho e têm o cuidado de dar alimento a todos. Essa maneira de viver é quase a mesma da dos que chamamos de *plistes* e vivem entre os dácios.

Judas, de quem acabamos de falar, foi o autor da quarta seita. Está em tudo de acordo com a dos fariseus, exceto em que aqueles que fazem profissão de adotá-la, que afirmam que há um só Deus, ao qual se deve reconhecer por senhor e por rei; eles têm um amor tão ardente pela liberdade que não há tormentos que não sofram e não deixem sofrer a pessoas mais caras, antes que dar a quem quer que seja o nome de senhor e de mestre. A esse respeito não me delongarei mais, porque é coisa conhecida de tantas pessoas, que em vez de temer que não se preste fé ao que eu digo, eu tenho somente motivo de temer não poder expressar até que ponto vai a sua incrível paciência e seu desprezo pelas dores. Mas essa invencível firmeza de coragem aumentou ainda pela maneira ultrajosa como *Géssio Floro*, governador da Judeia, tratou a nossa nação e a levou por fim a se revoltar contra os romanos.

Notas

Introdução

1. Alguns leitores podem pensar que estou empregando hipérboles ou exagerando o declínio da convicção evangélica, mas não creio que esteja. Praticamente toda doutrina bíblica que você pode citar (do trinitarianismo histórico à justificação pela fé) está sendo atualmente questionada ou atacada por uma ou outra figura influente do atual cenário evangélico. Não há mais anomalias que pertençam apenas à periferia do movimento. Um dos autores cristãos que mais vendeu livros na década passada é não trinitariano; um empossado presidente da Sociedade Teológica Evangélica recentemente converteu-se ao catolicismo romano, e tem se tornado lugar-comum líderes evangélicos manifestarem ceticismo acerca da autoridade das Escrituras, da justificação somente pela fé, da expiação substitutiva e de praticamente qualquer outra doutrina característica da fé evangélica histórica. Essa enchente de cinismo ergue-se não porque algum novo fato tenha vindo à luz trazendo sérios questionamentos acerca de alguma coisa em que os protestantes evangélicos anteriormente criam, mas simplesmente por não estar mais na moda ter certezas. Documentei muitas dessas coisas, e outras mais, em *A guerra pela verdade* (São Paulo: Editora Fiel); assim, não quero detalhar mais esse assunto aqui.

2. Publicações evangélicas refletem uma obsessão com o relacionamento da igreja com "a cultura". Em termos práticos, isso tem significado familiaridade com modas seculares e um desejo de se encaixar confortavelmente na cultura *pop*. Essa ambição é evidente na exagerada importância que muitas igrejas dão ao fato de serem "contemporâneas". Uma recente pesquisa em sites de igrejas revelou centenas que sustentam na primeira página o *slogan* "Nós somos exatamente como você", ou alguma variante próxima.
3. "An Evangelical Manifesto: A Declaration of Evangelical Identity and Public Commitment", Washington, D.C., 7 de maio de 2008, 9. O Manifesto descreve o fundamentalismo como "um revestimento da fé cristã e [...] uma reação essencialmente moderna ao mundo moderno."
4. Todas essas coisas são boas em proporções adequadas e em circunstâncias apropriadas, sem dúvida. Mas ideais inerentemente subjetivos como esses têm, na verdade, transformado-se em padrões absolutos e invioláveis. (Ironicamente, essa taxonomia pós-modernizada de virtudes é defendida principalmente por pessoas que dizem não gostar nem de absolutos nem de padrões.) Regras sintéticas como essas agora governam as conversas evangélicas, enquanto valores autenticamente *bíblicos* — como ousadia, firmeza, determinação e certeza — têm sido reclassificados como arrogantes e deixados como últimos itens da lista.
5. "CNN Presents: God's Christian Warriors", apresentado em 23 de agosto de 2007. Fui convidado de um episódio do programa de entrevistas de Larry King três dias antes de aquele segmento ter ido ao ar ("God's Warriors: Fighters For Faith" [Guerreiros de Deus: Lutadores pela Fé], apresentado em 20 de agosto de 2007). A Sra. Amanpour mostrou trechos anteriores da série

e Larry King entrevistou um grupo diversificado de líderes religiosos (incluindo um rabino judeu e um teólogo islâmico). Mostrei que o cristianismo autêntico é definido pelas Escrituras e a Bíblia diz que o reino de Cristo não é alcançado por golpe político ou poder militar. Sendo assim, o conceito cristão de guerra espiritual não tem nada em comum com o *jihad* islâmico. O outro homem no painel que professava ser cristão era um político e teólogo liberal. (Apesar de esse homem usar o título de "reverendo", Larry King apresentou-o dizendo crer que fosse um agnóstico.) O homem mal conseguia conter sua discordância em relação a mim, até que chegou sua vez de falar. Ele sugeriu que cristãos que seguem a Bíblia à risca são tão perigosos como os homens-bomba muçulmanos, porque seu entendimento do mundo "divide e torna muito difícil ter o tipo de diálogo de que poderíamos usar para encontrar base e valores comuns, e avançar."

6. http://russandrebecca.wordpress.com/2007/08/27/gods-warriors-wrap-up/
7. http://christianresearchnetwork.info/2007/11/01/jesus-didnt-fight-a-truth-war/

Capítulo 1: Quando é errado ser "simpático"

1. Josefo. *Jewish Wars*, (prefácio, 1).
2. Josefo. *The Life*, 2.
3. Josefo. *Antiquities*, 18:3,4 (veja apêndice 1).
4. "An Evangelical Manifesto: A Declaration of Evangelical Identity and Public Commitment", Washington, D.C., 7 de maio de 2008, 8.
5. Ibid., 9.
6. Ibid., 4.
7. Ibid., 5.
8. Ibid., 3.

9. CAMPOLO, Tony e CLAIBORNE, Shane. "On Evangelicals and Interfaith Cooperation", *Cross Currents,* primavera de 2005, vol. 55, n.º 1. (Disponível em www.crosscurrents.org/CompoloSpring2005.htm.) Campolo não está defendendo o diálogo meramente para o bem da paz política ou da harmonia cultural. Ele está chamando expressamente um diálogo *religioso* entre evangélicos e muçulmanos com o objetivo de uma "cooperação interreligiosa". Subjacente a toda a entrevista parece estar uma sugestão de que os cristãos deveriam tratar o Islã como sendo igual (e como um potencial parceiro) em questões espirituais (começando com a busca pela "bondade"). Claiborne abre a entrevista dizendo que ela foi feita a pedido de um "devoto irmão muçulmano". Embora Campolo declare que esse recém--descoberto espírito de irmandade com outras religiões não significa necessariamente que tenhamos de "abrir mão de tentar converter os outros", imediatamente acrescenta que isso *significa* que devemos parar de dizer que muçulmanos que rejeitam Cristo estão em perigo de condenação eterna. Ele até mesmo sugere fortemente que este é um aspecto em que os muçulmanos são moralmente superiores aos cristãos: "A comunidade muçulmana é muito evangelística, no entanto o que os muçulmanos não fazem é condenar judeus e cristãos ao inferno se eles, de fato, não aceitarem o islã [...] O Islã é muito mais misericordioso em relação aos cristãos evangélicos que são fiéis ao Novo Testamento que os cristãos são com respeito ao povo islâmico que é fiel ao Corão." Ser "misericordioso", na definição de Campolo, parece requerer a recusa de dizer claramente que as crenças de outras pessoas são erradas — até mesmo quando elas estão terrivelmente erradas. Campolo acrescenta: "Eu penso que há irmãos e irmãs muçulmanos que desejam dizer: 'Você põe em prática a verdade como você a entende. Eu vou pôr em prática a

verdade como eu a entendo, e deixemos isso para Deus mostrar no dia do juízo." Ele diz mais: "Há muito na fé cristã que pode sugerir exatamente a mesma ideia." Na verdade, não há *nada* nas Escrituras que justifique aceitar pessoas de outras religiões como "irmãos e irmãs" ou manter esse tipo de diálogo entre crenças. Na verdade, as Escrituras enfaticamente proíbem-nos de buscar terreno espiritual em comum ou cooperação com religiões falsas (2Coríntios 6:14-17).
10. MCLAREN, Brian. *A mensagem secreta de Jesus: desvendando a verdade que poderia mudar tudo*. Rio de Janeiro: Thomas Nelson Brasil, 2007.
11. Veja a nota 1 na Introdução.
12. *The Interpretation of St. John's Gospel*. Columbus, OH: Wartburg, 1943, p. 207.

Capítulo 2: Duas Páscoas

1. *The Interpretation of St. John's Gospel*. Columbus, OH: Wartburg, 1943, p. 207.
2. Ao longo de seu evangelho, João usa a expressão "os judeus" para referir-se ao Sinédrio e seus representantes. Não é uma referência ao povo judeu em geral. (Alguns têm sugerido que o evangelho de João tem um tom antissemita porque, quando ele menciona "os judeus", normalmente é de forma depreciativa. Mas lembre-se de que o próprio João era judeu. Com certeza, não estava fazendo uma repreensão à sua própria herança étnica.) Uma cuidadosa comparação de todas as passagens em que João cita "os judeus" confirma que ele nunca usa a expressão em um sentido negativo para falar do povo judeu em geral. Na verdade, João faz uma clara distinção entre "os judeus" (falando dos líderes) e "o povo" (falando das pessoas comuns de Israel) em 7:11-13. Em raras ocasiões, ele usa a expressão

"os judeus" em contraste com samaritanos ou romanos. Mas, em cada caso em que faz esse tipo de distinção étnica, sua referência é positiva (4:22) ou neutra (18:33). Toda vez que João menciona "os judeus" em sentido negativo, é sempre uma referência abreviada aos líderes judeus ou seus representantes. Uma versão abreviada da expressão de João é encontrada em Lucas 7:3: "Líderes religiosos dos judeus."
3. SWINNOCK, George. "Do You Worship God", um sermão da era puritana sobre 1Timóteo 4:7, reimpresso em *Free Grace Broadcaster*, edição 177, verão de 2001, p. 21-22.

Capítulo 3: Uma entrevista à meia-noite
1. The Shining of the Face of Moses, 1890.

Capítulo 4: Este homem diz blasfêmias
1. THOMAS, Robert L. e GUNDRY, Stanley N. *Harmonia dos Evangelhos*. São Paulo: Editora Vida, 2004.
2. Nazaré está situada em uma depressão côncava entre colinas. A cerca de 2,5 km ao sul da cidade está uma proeminente elevação conhecida como Monte do Precipício, com um declive escarpado em sua face meridional. Esse é o lugar tradicionalmente tido como aquele pelo qual as multidões tentaram arremessar Jesus para a morte. Se Jesus caminhou até ali, sendo levado por essa multidão indignada, a determinação da multidão de matá-lo talvez fosse mais impetuosa e menos impulsiva do que pode parecer à primeira vista. Há ali também uma saliência de pedra menor com um declive acentuado de 12 metros na ponta de uma colina a uma pequena distância *acima* de onde se imagina que a sinagoga estivesse localizada. Isso também corrobora com a descrição de Lucas acerca do "topo da colina"
3. "Sweet Savour", 1866.

Capítulo 5: Violando o sábado

1. Para obter mais detalhes sobre a conversão de Mateus, veja MACARTHUR, John. *The Gospel According to Jesus*. Grand Rapids: Zondervan, 2008, p. 73-79.
2. Lucas parece sugerir que os fariseus reagiram com uma pergunta sobre por que os discípulos de João Batista e seus próprios discípulos jejuavam enquanto os discípulos de Jesus não o faziam. Mas uma comparação entre os evangelhos mostra que o uso que Lucas faz "deles" é genérico; Mateus expressamente diz que foram alguns discípulos de João Batista, não dos fariseus, que subsequentemente levantaram uma questão com respeito ao jejum.
3. "Quando já estava chegando a Páscoa judaica, Jesus subiu a Jerusalém" (2:23). "Estava próxima a festa judaica da Páscoa" (6:4). "Mas, ao se aproximar a festa judaica das cabanas" (7:2). "Celebrava-se a festa da Dedicação, em Jerusalém. Era inverno" (10:22). "Ao se aproximar a Páscoa judaica, muitos foram daquela região para Jerusalém" (11:55).
4. A Páscoa do ano seguinte é mencionada em João 6:4, e a Festa das Cabanas daquele ano está em 7:2. Se a festa mencionada em 5:1 é também a Festa das Cabanas, então os capítulos 5 e 6 podem indicar a passagem de um ano todo no evangelho de João, e é o que parece melhor se encaixar com tudo o que podemos legitimamente deduzir das Escrituras a respeito da cronologia da vida de Jesus.

   Além disso, não é característico do apóstolo João referir-se à Páscoa meramente como "a festa". Ele consistentemente refere-se a ela como "a Páscoa" (2:13, 23; 6:4; 11:55; 12:1; 18:28, 39; 19:14) ou "a Festa da Páscoa" (13:1). Em 7:2, no entanto, João descreve eventos da Festa das Cabanas do ano seguinte, e, então, repetidamente refere-se a ela apenas como "a festa" (vs. 8, 10, 11, 14, 37). Com toda probabilidade, João 5:1 é uma referência

à Festa das Cabanas, que ocorreu no final do verão, no segundo ano do ministério público de Jesus.
5. Omiti uma parte dessa passagem porque ela não aparece nos mais antigos e melhores manuscritos do evangelho de João. A parte tinha as marcas de uma nota marginal inserida por um escriba que encontrou o lugar dela em cópias posteriores do texto atual. A seção omitida tenta explicar a agitação da água mencionada no v. 7 ao sugerir que isso era obra de um anjo e resultava na cura miraculosa da primeira pessoa no tanque após a água começar a se mover. Mas nada mais no texto menciona um anjo ou sugere que o poder curativo das águas fosse sobrenatural. Mais provavelmente o tanque fosse alimentado por uma nascente intermitente de água mineral com qualidades medicinais, e a movimentação das águas ocorria quando a nascente fluía, indicando uma nova infusão de calor aliviante e de minerais. O comentário do homem no v. 7 pode indicar uma crença popular ou supersticiosa: quando a água começasse a fluir, a primeira pessoa no tanque se beneficiaria mais.

Incidentalmente, essa é também a única menção a Betesda nas Escrituras. A existência do tanque — descrito aqui como uma larga cisterna cercada por cinco colunatas cobertas — foi questionada por céticos até arqueólogos descobrirem-no no século XIX, completo com as ruínas dos cinco pórticos.
6. CARSON, D. A. *The Gospel According to John,* em The Pillar New Testament. Commentary. Grand Rapids: Eerdmans, 1991, p. 243.
7. A afirmação de que "o Pai [...] concedeu ao Filho ter vida em si mesmo" possivelmente não significa que a *existência* do Filho é derivada do Pai, pois isso iria categoricamente contradizer a asserção de que ele tinha vida em si mesmo. A expressão simplesmente reconhece a distinção pessoal que existe entre Pai e Filho, ao mesmo tempo em que afirma a absoluta igualdade de

essência que eles partilham. Isso, sem dúvida, é um dos maiores mistérios da Trindade. É idêntico às dificuldades propostas pela expressão "unigênito" (o único gerado) em João 1:14, 18; 3:16, 18 e em 1João 4:19. Como Cristo pode ser "gerado" e ainda ser eterno e autoexistente? A resposta, sem dúvida, é que a palavra "gerado" com respeito a Deus, o Pai, e Cristo, o Filho, descreve o *eterno relacionamento* entre o Primeiro e o Segundo Membros da Trindade, não a *origem ontológica* do Filho, pois ele não tem começo nem no tempo nem na eternidade, mas sempre foi (Apocalipse 1:8, 11).

Aqui em João 5, Jesus não está dando uma palestra sobre os melhores pontos da Trindade; ele simplesmente está declarando sua absoluta igualdade com Deus. Todo o contexto apresenta esse argumento de forma clara, e os líderes religiosos de Israel certamente entenderam isso, apesar de arianos contemporâneos e outros que negam a deidade de Cristo às vezes tentarem deturpar o versículo 26 para fazer com que pareça uma negação daquilo que ele mesmo assevera.

8. De igual modo, em João 14:28, quando Jesus diz aos discípulos: "Se vocês me amassem, ficariam contentes porque vou para o Pai, pois *o Pai é maior do que eu*", a declaração (itálico do autor) tem de ser interpretada em seu contexto maior. Alguns momentos antes, Jesus havia dito a Filipe: "Quem me vê, vê o Pai" (v. 9), claramente afirmando, mais uma vez, sua absoluta igualdade e unidade de essência com Deus. O versículo 28, portanto, está falando de modo claro acerca da glória divina. Cristo desceu daquela glória durante a encarnação e, nesse sentido e *apenas nesse sentido,* o Pai era "maior que" o Filho. Jesus estava para retornar aos céus e voltar à plenitude da glória divina; por isso, ele diz aos discípulos: "Se vocês me amassem, ficariam contentes." No contexto, então, João 14:28 não apresenta conflito nenhum com as muitas afirmações claras da deidade de Jesus no evangelho de João; o versículo afirma simplesmente que,

uma vez que Cristo ressuscitasse e fosse glorificado, retornaria à plena glória da Deidade. Lido corretamente, é ainda outra afirmação da deidade de Jesus.
9. Para obter uma exposição completa de todo o capítulo, veja MACARTHUR, John. *The MacArthur New Testament Commentary: John 1-11*. Chicago: Moody, 2006, p. 169-216.
10. Partindo do princípio de que João 5 descreve eventos que ocorreram durante a Festa das Cabanas (veja nota 4), isso deve ter transcorrido por volta da terceira semana de outubro em nosso calendário. Também seria o tempo da colheita de grãos. Assim, os eventos de João 5 e a controvérsia sobre as lavouras de cereais (descrita em Mateus 12:1-8; Marcos 2:23-28 e Lucas 6:1-5) podem muito bem ter ocorrido em sábados sucessivos.
11. Os herodianos eram um partido político, não uma seita religiosa. Como o nome sugere, eles apoiavam a dinastia herodiana — o que levava a diferenças com os fariseus em muitas questões espirituais. Mas eles acreditavam que Herodes era o verdadeiro rei dos judeus; portanto, tudo o que Jesus dizia sobre o Reino de Deus deve ter sido profundamente perturbador para eles. O fato de os fariseus conspirarem com eles contra Jesus revela apenas como a elite religiosa de Israel estava desesperada para se livrar dele. Perto do fim do ministério terreno de Jesus, os herodianos aparecerão mais uma vez trabalhando em acordo com os fariseus contra Jesus (Mateus 22:15,16).
12. *Seu Deus é pequeno demais*. São Paulo: Editora Mundo Cristão, 2007.

Capítulo 6: Dura pregação

1. Para obter uma exposição versículo a versículo do Sermão do Monte, veja *The MacArthur New Testament Commentary: Matthew 1-7*. Chicago: Moody, 1985, p. 130-489. Para obter o sermão sobre o Pão da Vida (João 6), veja *The MacArthur New*

Testament Commentary: John 1-11. Chicago: Moody, 2006, p. 217-74.

2. O evangelho de Mateus não é um registro estritamente cronológico. Às vezes, ele dispõe os incidentes na forma de tópicos. Sua narrativa ordenada das controvérsias sobre o sábado, por exemplo, que incluem o incidente das lavouras de cereais e o homem com a mão atrofiada, está em Mateus 12. Embora o Sermão do Monte tenha vindo *após* a primeira controvérsia sobre o sábado em qualquer levantamento cronológico do ministério de Jesus, o Sermão foi tão importante no sentido de resumir o ensinamento de Jesus que Mateus o colocou o mais próximo possível do início de seu evangelho; desse modo, antes de seu registro dos conflitos acerca do sábado. Mateus também registra o Sermão com muito mais detalhes que Lucas (o único outro evangelista que inclui um registro daquela mensagem). Concluído o Sermão (Mateus 8:2), Mateus começa a tratar dos eventos da vida de Jesus de modo mais cronológico. Mesmo assim, ocasionalmente ele agrupa incidentes de diferentes períodos do ministério de Jesus na Galileia em ordem de tópicos mais do que em sequência estritamente cronológica. Ele faz isso deliberadamente, mas os leitores precisam ter o objetivo de Mateus em mente ou a cronologia pode se tornar confusa.

A declarada intenção de Lucas, para fazermos um contraste, é escrever "um relato ordenado" (1:3). Mesmo que a expressão não necessariamente exclua uma ordem lógica e por tópicos em oposição a uma linha do tempo estrita, Lucas parece seguir a cronologia real mais de perto do que os outros evangelhos. (A ordem da narrativa de Lucas e de Marcos é essencialmente a mesma.)

Lembre-se de que o espaço não nos permite examinar cada versículo do sermão; estamos limitados aqui a uma visão pano-

rámica dos temas principais. Aqueles que me conhecem sabem que o modelo de ensino que prefiro é o versículo por versículo, mas, nesse caso, o quadro mais amplo é o mais importante.
3. Sem entrar em muitos detalhes dos vs. 13-16, no entanto, é necessário acrescentar, como nota de rodapé, que esses versículos são uma perfeita transição das bem-aventuranças para a seção em que Jesus expõe de modo sistemático o pleno sentido da lei. As bem-aventuranças são um sumário primoroso dos princípios morais da lei de Moisés. Além disso, essas qualidades enumeradas nas bem-aventuranças *são* o sabor do sal do qual Jesus fala no versículo 13 e o brilho que ele menciona no versículo 14. Ele está dizendo a seus discípulos que, ainda que o mundo desvalorize as virtudes e persiga os justos, se aqueles que de fato creem viverem sua fé ousada e abertamente, seu caráter e comportamento santos terão um efeito como o do sal, para preservar e dar sabor, e como o da luz, para brilhar e mostrar o caminho, em um mundo normalmente tenebroso e insípido. Alguns tentam interpretar essa passagem como uma ordem para o ativismo político ou cultural, mas não é isso. É simplesmente um chamado para uma vida ousada e santa, ainda que diante da perseguição.
4. Lucas 11:1-3 registra uma versão um pouco diferente e mais curta da oração em um contexto diferente mais adiante no ministério de Jesus.
5. No próximo capítulo, olharemos mais de perto os motivos que fizeram o Sinédrio tão determinado a rejeitar e destruir Jesus.
6. REED, Jonathan L. *Archaeology and the Galilean Jesus*. Harrisburg, PA: Trinity, 2000, p. 83.
7. João 6 não trata de transubstanciação (a doutrina católica romana de que os elementos da eucaristia se transformam literalmente em carne e sangue). Não há nem mesmo referência à ordenança da comunhão, que ainda não havia sido estabele-

cida. A linguagem simbólica que Jesus usa emprega a mesma figura da comunhão cristã, a qual descreve nossa participação pela fé da obra expiatória de Jesus (que, sem dúvida, envolveu a entrega de sua carne e de seu sangue). Mas, quando falou de "comer a carne" e "beber o sangue", Jesus estava descrevendo o que a ordenança significava, não a ordenança propriamente dita. Caso contrário, os elementos da comunhão seriam os instrumentos de nossa justificação, e as Escrituras são claras ao ensinar que apenas a fé é o instrumento da justificação (Romanos 4:4,5).

8. *Letters to a Diminished Church*. Nashville: Nelson, 2004.

Capítulo 7: O pecado imperdoável

1. Lucas 12:10 vem em um momento diferente do ministério de Jesus, mas sob circunstâncias muito semelhantes ao que ocorre em Mateus 12. O pecado que Jesus chama de imperdoável em Lucas 12:10 deve, portanto, também ser entendido à luz dessa passagem. Ambas claramente advertem contra um pecado específico e não estabelecem uma ampla categoria de pecados que são considerados imperdoáveis. E é o mesmo pecado em cada um dos dois incidentes.
2. De fato, Lucas 11:14-36 é tão similar a Mateus 12:22-45 que alguns comentaristas acreditam que ambos descrevem o mesmo incidente. Jesus cura um homem e alguns fariseus o acusam de ter usado poder satânico para isso. Mas o cenário e alguns detalhes são diferentes. Lucas, que segue mais de perto a ordem cronológica, descreve um evento que aconteceu cerca de um ano mais tarde, na Judeia. Assim, parece ser um grupo diferente de fariseus em uma situação muito parecida, igualmente dizendo a mesma blasfêmia imperdoável contra o Espírito de Deus.
3. *The Everlasting Man*. Nova York: Dodd, Mead, 1925, p. 187.

Capítulo 8: A1

1. Tradicionalmente comemora-se a entrada triunfal de Cristo no Domingo de Ramos. O Novo Testamento não é específico quanto ao dia, porém, e a cronologia da Semana Santa parece funcionar melhor se considerarmos segunda-feira como o dia da entrada triunfal. Veja HOEHNER, Harold. *Chronological Aspects of the Life of Christ*. Grand Rapids: Zondervan, 1977, p. 91.
2. Especialistas bíblicos às vezes debatem se houve realmente as duas purificações do templo. Aqueles que acreditam que Jesus purificou o templo somente uma vez normalmente sugerem que João apenas faz seu registro fora de ordem. Há muitas razões para rejeitar esse ponto de vista. Em primeiro lugar, se considerar-mos que o registro de João é confiável, não há nada que possa indicar que ele tenha pulado a cronologia nessa parte de sua narrativa. Se estivesse descrevendo o mesmo evento de Marcos 11:15-18, João não teria tirado de ordem apenas esse evento, mas teria movido um evento maior do final do ministério público de Jesus para o começo. Em segundo lugar, os detalhes dos dois registros são significativamente diferentes. No primeiro incidente, por exemplo, Jesus faz um açoite e o usa para expulsar os animais. No incidente posterior, ele vira mesas e cadeiras, e expulsa os mercadores ímpios, mas não há menção nem de açoite nem de debandada de animais.

    As palavras de Jesus também são diferentes. Os evangelhos sinópticos dizem que ele citou Isaías 56:7 e Jeremias 7:11, mas, no evento que João descreve, ele fala suas próprias palavras, sem citar as Escrituras. Além disso, *somente* João registra que ele disse: "Destruam este templo, e eu o levantarei em três dias" (2:19). Mateus e Marcos dizem que os fariseus citaram aquela declaração contra ele nos julgamentos (Mateus 26:61; Marcos 14:58) e que as multidões hostis jogavam aquela frase em sua

face quando ele estava na cruz (Mateus 27:40; Marcos 15:29). Mas o único evangelho que registra quando e onde Jesus de fato disse essas palavras é João.
3. Um comentário completo da passagem está disponível em *The MacArthur New Testament Commentary: Matthew 16-23*. Chicago: Moody, 1988, p. 353-404.
4. Aqui estava uma oportunidade perfeita para Jesus ter uma conversa amigável com seus adversários, se ele acreditasse que isso seria uma maneira efetiva de ministrar a eles. Esse não era um ambiente formal. Não era em uma sinagoga ou em um lugar público onde Jesus pudesse se preocupar com a impressão que uma abertura amigável pudesse causar em espectadores inocentes. Era uma refeição casual na casa de um fariseu. E, ainda assim, a conduta de Jesus e seu diálogo não foram diferentes — não mais gentis nem mais cordiais — do que em qualquer outra oportunidade em que desafiou a hipocrisia dos fariseus.
5. Citado em CUMMING, Mark. *The Carlyle Encyclopedia*. Madison, NJ: Fairleigh Dickenson University, 2004, p. 251.

Epílogo

1. Veja MACARTHUR, John. *The Murder of Jesus*. Nashville: Word, 2000, para obter uma exposição da narrativa bíblica que trata da prisão e da crucificação de Jesus.

Apêndice

1. O seguinte trecho foi extraído de *História dos hebreus*, de Flávio Josefo, Livro Décimo Oitavo, capítulo 2, parágrafo 760; tradução de Vicente Pedroso. (Rio de Janeiro: CPAD, 1999.)

Este livro foi composto em Minion 12/16 e impresso pela Vozes sobre papel Avena 80g/m² para a Thomas Nelson Brasil em 2022.